真理の探究　17世紀合理主義の射程

真理の探究

—— 17 世紀合理主義の射程 ——

村上勝三編

知泉書館

序　文

一七世紀合理主義の現代的意義

デカルトからマルブランシュ、スピノザを経てライプニッツに連なる四つの独立峰、遙か遠くから見晴らすならば同じ山系をなしている。この山系が一七世紀合理主義と呼ばれる。人間理性という岩盤を掘り当て、理由の系列として体系を構成する。説得と納得を追求する哲学である。「今」という時代から遠望すると、霞の向こうに頂《いただき》ばかりが見える。隔たりが大きい。離れすぎて実像が歪められる。遠くのものが歪んで見えるのには二つの理由ないし原因がある。一つは間を占める空気、もう一つは見る者の心根。

一七世紀合理主義を捉える上で、いや、過去の歴史的遺産を評価する上で「今」を生きているという傲慢は大きな障害になる。技術の進歩と思索の無時間性との区別を弁えていなければ、過去の哲学を「素朴」とする傲慢に陥る。夜道を懐中電灯で照らすのと、カンテラで照らすのと、思索の上での優位を競うのは幼稚である。もう一つの障害は、現在までに辿られ得られた哲学的な道具を用いて遠くの眺望を測定する点にある。障害と言ったが、これはまた唯一有効な手立てでもある。これまでに培われ、安定しつつある思考の術を使わずに遠見の頂を測定することはかなわない。しかし、そのことによって生じる褶曲をも組み入れながら測定をしなければならない。一七世紀合理主義を解釈する場合に、ヒュームとカント以来いわば常識のように考えられていることに警戒を発しなければならない。

デカルト哲学が近代の出発点におかれ、その出発点を刻む指標がヒューム・カント的ことばで語られるときに、一七世紀合理主義を理解する上での歪みは大きくなる。私たちが教わってきた哲学史はこのような歪みをもっている。いまは四つの点について簡潔にだけ指摘しておくことにする。ヒューム・カント的空気を間に挟むときに、一七世紀合理主義から見失われる四つの点である。第一は、「である」と「べきである」の分離。「存在Sein」と「当為Sollen」との区別とも表現される。ヒューム以来「常識」とされていることである。何々であるisということから、何々をなすべきであるoughtということを引き出すことはできない。このような考えを議論なしに認めるようになったのは、たかだか三〇〇年にもならないことであろう。

第二に、「である」と「がある」の隔離ということがある。「である」こと「本質essentia」と「がある」こと「実在existentia」との区別は一六世紀、たとえばスアレスの哲学においては既にしてその方式の分類が成立している事態である。しかしその場合にも、根底にはこの両者の一つになるところとしての「神」概念が見据えられている。実在と本質とが共に存在において摑まれるという構えは盤石であった。一七世紀合理主義においてもこの構えは踏襲されている。しかし、ヒュームによる哲学の知覚場への限定、カント的な認識批判の根底性、それらにおいては実在を実在として問うことには問いとしての場が見出されない。実在についての問いは、前者においては「がある」と思うに至るのはどのようにしてなのかという問いへと還元され、後者においては「がある」という概念が完全性perfectio（実象性《じっしょうせい》realitas）から追放されることによって問いとしての位置を失う。

第三に、智恵の主体としての「私」が見失われる。ヒュームの言う「知覚の束」という把握は「私」の外に出ることを妨げ、カントの「超越論的自我」は経験的な〈この私〉からの「私」の乖離を結果としてもたらす。それをデカルトに投げ返してコギトが超越論的主観性の表現として捉えられるとき、デカルトの言う「私」が「思うもの」であり、「思う実体」であり、情念の主体でもあるということが見失われる。デカルトばかりではなく、マルブランシュにもスピノザにもライプニッツにも当てはまることである。一七世紀合理主義は「私」を「あなた」と等分に見据える視点をもっている。第四に付け加えるならば、ショーペンハウワーが強烈な非難を加えたように、一七世紀合理主義者たちは「原因ないし理由」と言うことのできる立場をもっている。物理的事象にのみ「原因」概念を適用するというのも、たかだかこの三〇〇年にもならないことなのである。これら見失われたものを見失って、今だになお見られている悪夢が骨の髄までの相対主義である。二一世紀に入り、今さらのごとくこの状況を抜け出すべく、制度の緻密化が喧伝され、要するに相互監視を結果し、人間を人として育て合うという視点が失われることになる。一七世紀合理主義は「まったき私」と「無限」という思索をもち、現状打破の方途を示している。本書が「今」の澱みを流す弾みを与えると願うのは無謀な野望であろうが、茫々たる荒野を寥々《りょうりょう》としかし渺々《びょうびょう》と照らす灯火《ともしび》たれと祈念するのは奇矯《ききょう》なことではあるまい。

本書の構成

次に五つの部分からなる本書の構成について若干を記しておこう。第一部はデカルト（René Descartes, 1596–1650）についての二つの論考からなる。小泉論文は、近代自然科学における機械論的自然観の確立と看做されてきたデカルト自然観のうちに生命の在処を探り、生命と機械とを一つに摑むマテーシスを構想する。香川論文は、心と身体が一つになっている人（「私」）の情態を「病理学 pathologie」が照らし出す眺望を開き示す。第二部はマルブランシュ（Nicolas Malebranche, 1638–1715）を論じる。鈴木による第一論考は、「意識」概念を切り開いた哲学者が存在からの呼び声をいかにして「かすかな知性的知覚」として聞き取るのか、その精妙なるありさまを提示する。伊藤による第二論考は、「かすかな」しかし「きわめて事象的な」この知覚・観念が「思弁的真理」と「実践的真理」との根底にあることを見出す。第三部はスピノザ（Baruch/Benedictus de Spinoza, 1632–77）哲学を場として二つの考究がなされる。まず、佐藤の解明によれば、「方法」とは真である端緒によって根拠づけられることである。既にもたれている真理という観念と、端緒である観念としての真理への方向づけとの「生動」関係として真理が看て取られる。かくして哲学は方法であることが示される。次に、上野の考究によって、スピノザの真理観は、「対応説」にも、「整合説」にも、「検証説」にも当てはまらず、思考の真理を思考そのものへとおさめる境地として示される。第四部にはライプニッツ（Gottfried Wilhelm Leibniz, 1646–1716）についての二つの論文が置かれている。その第一のものにおいて松田は、ライプニッツの真理観が「真理の正当化」を通して「必然的真理」にも「経験的要素」を介入させる柔らかさをもち、真理は多様でありながら「経験と論理」との往来のなかで統一性を獲得することを解き明かす。また、佐々木による第二の論考はライプニッツにおける「合理主義」の意味を明らかにしつつ、その広がりと多様性を提示する。第五部はデカルト、マルブランシュ、スピノザ、ライプニッツの哲学をいわば大局的に論じる。彼らの哲学と真理との関わり合いのなかでも、とりわけても一つは「神」へと焦点を絞り（山田論文）、もう一つは「意識」の問題へと説き及び（谷川論文）、最後のものは「存在」問題を提起しつつ論じる（村上論文）。こうして「今」が見逃し、見失っている問題が再考され、「今」の眼差しの下におかれる。

出版までの経緯

本書の構想は日仏哲学会における二〇〇二年春と秋とのシンポジウムを発端にもつ。小林道夫の『デカルトの自然哲学』（岩波書店、一九九六年）を対象とする学士院賞受賞と山田弘明の『真理の形而上学』（世界思想社、二〇〇一年）の公刊を記念して、日仏哲学会シンポジウムとして「合理主義と真理」が構想された。その始まりは二〇〇一年四月四日に求められる。この日に八名の発表予定者に依頼書が送られ、受諾された。ここから本書の生誕に向けての歩みが始まった。依頼書にはその目的として、一七世紀合理主義における基本概念を精確に規定すること、基本用語に対する訳語の統一などが含まれていたが、第一に設定されていた目的は次のものであった。つまり、「一七世紀合理主義は（形而上学的、数学的）真理に関して（人間的）相対主義に陥ることはけっしてない。それはなぜであるのか、この点を明晰に提起することは現代の哲学的閉塞状況に克服の理（ロゴス）を与えることになる」ということであった。「合理主義と真理」という総合タイトルの下に、デカルト、マルブランシュ、スピノザ、ライプニッツ、それぞれの哲学に二人ずつが担当して発表することになった。その担当者はそのまま本書「第一部」から「第四部」までの執筆者である。まず、二〇〇一年九月までと区切って、春のシンポジウムに発表する人たちに概要の提出を求めた。それを以下に記す二名のコメンテーターと二名の司会者を含めて全員に配布し、意見の交換を行った。さらに、同じ年の後半から二〇〇二年の春にかけて、秋担当の発表者に同様のことを依頼した。それとともに、春担当者に発表草稿の提示を求め、秋担当者に質問の用意を依頼した。秋開催の前にも同様なことを行った。こうして一年間の準備過程を経て、二〇〇二年三月三〇日と九月一四日に春秋連続して日仏哲学会シンポジウムとして開催された。多くの参加者に支えられて充実した討論がなされた。シンポジウムの発表者・題目、コメンテーター、司会者は以下の通りであった。なお、これらシンポジウムの発表内容は『フランス哲学思想研究』（第八号、二〇〇三年、日仏哲学会）に掲載されている。

春のシンポジウム（二〇〇二年三月三〇日、京大会館）

小泉義之　デカルトのマテーシス――精神・機械・生物

鈴木　泉　マルブランシュにおける無限と存在――「存在一般についての漠然とした観念」をめぐって

佐藤一郎　スピノザと真理――序説：『エチカ』まで

松田　毅　モナドロジックな「心」の哲学の可能性

コメンテーター　山田弘明　司会　村上勝三

秋のシンポジウム（二〇〇二年九月一四日、法政大学）

香川知晶　「第六省察」の射程

伊藤泰雄　マルブランシュにおける魂の闇と「実践的真理」

上野　修　スピノザと真理の規範

佐々木能章　理性・理由・真理――ライプニッツの合理主義

コメンテーター　小林道夫　司会　谷川多佳子

用語索引について

成果は大きかったものの、訳語の統一という共同作業に着手できなかったという反省の上に立ち、この点を少しでも補い、将来的な訳語統一の足場にするために用語索引を工夫することにした。この索引を作るに際して以下の三項目を設定し、各執筆者に担当部分索引の提出を依頼した。

（一）　項目の選択、および、訳語の選定は各執筆者の裁量にゆだねること。

(二)　項目には、それが翻訳語である場合には原語を付け加えること。

(三)　書物の名前は拾わないこと。

さらに、その後、同一言語に対応する複数訳語を明確にするために、煩瑣をいとわず矢印(↓)で交差的参照を付け加えた。

訳語が一つにおさまらない理由は主に次の五点にあると思われる。(a)原テクストに表現されている思索の忠実な再現、(b)原語の忠実な再現、(c)概念間の差異を明確にするために別の表現を求めること、(d)日本語との適合性への配慮、(e)分かり易さ、である。実際にはこれらの理由が複合的に働いて訳語が選定されているであろう。それを敢えて単純化して例示してみよう。(a)が主な理由であると考えられる場合に、たとえば、スピノザの『エティカ』における《imaginatio》を「表象」と訳す場合を上げることができよう。この語は「想像」ないし「想像力」ないし「想像作用」と訳されるのを通例とする。スピノザの当該語の使用はこの枠を超えていると看做される。「曖昧な経験 experientia vaga」という表現との同質性を訳語においても表現したいのである。ライプニッツのとりわけても『モナドロジー』で使用される《perception》を「表象」と訳す場合も同様であろう。宇宙を映し出す生きた鏡としての「モナド」の働きを示しているからである。(b)が主な理由と考えられる場合は、《cognitio reflexiva》を「反照的認識」と訳す場合、《realitas》を「事物性」、「事象性」と訳す場合などが考えられる。(c)については、《sentiment intérieur》を「内的感得」と訳す場合を上げることができるであろう。この場合には《sens》を「感覚」と訳し、これと区別するためにこのように訳される。また、内容的にも《sentiment intellectuel》「知的サンティマン」という表現も原語で可能であるために「感得」という語が用いられる。また、《perceptio/perception》が「知得」と訳される場合の理由の一つもこれであろう。このラテン語は、感覚器官を発端にもつ感覚内容を身体とのつながりの下に示すことはないと思われるからである。この事態が「知覚」と呼ばれる場合と区別するために「知得」という訳語が選ばれたと考えられる。(d) これに対して、「感得」という言葉が日本語では日常的には使いにくいという理由で「内的感覚」という訳語もなされるのであろう。また、《notio/notion》という表現が「概念」、「想念」、「知見」などと訳されるのは、《conceptus/concept》「概念」(「抱懐」)との対比の下に日本語における適切な訳語が探られていることをも示しているであろう。(e) の分かり易さという理由は、誰でもが求めるところであるが、たとえば、《ideatum》を「観念対象」と訳すのは内容を掬い取り成功している場合であろうし、《realitas》を一七世紀的文脈のなかで「実在性」と訳すのは、分かり易そうで誤解に誘導しかねない訳語の選定であろう。しかし、これらの事情のなかにあっても、原語と訳語との一対一の対応をできるかぎり維持することが求められるのも確かなことである。

哲学が優れて言語的な営みであり、いずれの国語であれ、国語というものが何世紀にもわたる文化の累積の表現であることを考えるならば、異なる言語体系によって刻まれた思索をもう一つの言語体系に写し取るのは甚だしく困難である。しかしながら、そのような労苦を通して自らの文化における表現を鍛え上げることなしには、文化は自閉へと陥り、廃墟と化すばかりであろう。日本語ではない言語で示されている古典的な思索を日本語で表現し、要をなす概念を日本語に移す努力を通して日本語と自分の思索を鍛えること、このことの重要性をいささかなりとも軽んずることはできない。その意味で訳語の統一は大事な作業である。その反面、それぞれの研究者によって選ばれた訳語はそれなりの理由をもち、また、その研究者の思索を表現するためには代替訳語ではかなわないという事態も生じる。ただし、どのような経験を意味するのか不明な高度に抽象的な用語を振り回して、煙に巻き、あたかもそれが哲学的論争であるかのような自己満足に堕す。その点は痛切に反省しなければならない。もちろん、私たちの経験を精確に表現するためには、多くの言葉を厳密に使うことが必要であり、そうでなければ真理の探究、哲学はそもそも不可能である。やさしい表現は、やさしいだけその使用範囲を拡げ、それだけ不精確になるというのも当然である。日常経験を掬い取りながら、哲学用語を鍛え上げなければならない。自分たちのことばを鍛えること、つまり、伝統的な使用を参照しながら使用範囲の核心を作り、そこからすっかりとは逸れてしまわないようにすること、自らの哲学を自らのことばで語ること、少なくともこれらのことを心がけなければならない。

このような経過を辿り、二回にわたるシンポジウムとその討論を経て、さらにそれぞれの発表者とコメンテーターと司会者がこれらを再検討し、その成果の上に立って、二〇〇四年九月締め切りという期限付きで書き下ろしたものが本論文集に収められている各論考である。四年間の意見交換、討議から得られた収穫である。ここにシンポジウムにおいて貴重なご意見を賜った参加者各位に、この企画を取り入れて下さった日仏哲学会理事の各位に感謝の意を表したい。公刊に際しては、学術図書出版についてのきわめて困難な状況に鑑みて、科学研究費補助金（研究成果公開促進費）の申請を行ったが、残念ながら「十分に市販性があるものと思われる」という理由により不採択になった。採択率が五〇パーセントを切るという現状を前にして致し方のないこととも考える。だが学術図書の出版をめぐる状況の厳しさがいやましていることも周知のところであろう。それにもかかわらず、多大な負担を呑み込んで出版を引き受けて下さるとともに、公刊に向けてご尽力いただいた知泉書館小山光夫氏と髙野文子氏に篤く御礼申し上げたい。執筆者各位にも負担を強いることになってしまった。今は、願わくば、不採択理由が現実のものであるようにと祈るばかりである。

村上　勝三

目次

第II部　マルブランシュ、真理と存在

第Ⅲ部　スピノザ、規範としての真理

第Ⅳ部　ライプニッツ、多様なる真理

第V部　合理主義と真理

真理の探究

―一七世紀合理主義の射程

第Ⅰ部　デカルト、真理の生成

一　思惟する魂
——機械・作品・マテーシス——

小泉義之

一　機械論的自然観と生命観

デカルトは機械論的自然観を確立したとされる。本稿では、機械論的自然観をめぐって、『方法叙説』と『省察』を通して改めて考えてみたい。

直ちに提起されるべき問題は、機械とは何か、自然とは何か、自然全体を機械として捉えることができるか否かということであるが、さしあたり、機械論的自然観とは、世界の内部のすべての事物、自然界の内部のすべての自然物を機械として捉えることであると解しておく。そのとき、幾つかの問題が提起されざるをえない。

自然物を大きく非生物と生物に分かつことに何らかの意味があるとするなら、非生物を機械として捉えることと生物を機械として捉えることは、異なる意味を持たざるをえない。生物の特殊性を考慮に入れながら機械論的自然観を仕上げるためには、非生物を機械として捉える方式を生物に外挿して適用するだけでは足りないはずである。また、生物を人間と人間以外の生物に分かつことに何らかの意味があるとするなら、とりわけ人間の特殊性を考慮に入れるべきであるとするなら、人間をことさらに機械として捉えることがいかにして可能なのかが示される必要がある。それだけではない。機械論的自然観を採用するのは、ほかならぬ人間である。そのとき、すべての自然物を機械として捉える限りでの人間が、いかなる事物であるのかということが問題にならざるをえない。その人間は、世界内部の事物であるのか、自然界内部の自然物であるのか、それとも、自然界内部の特別な生物であることになるのかということが問題にならざるをえない。これは人間において精神と身体を区別するだけで片の付くことではない。人間の精神をも世界内部の事物として捉えるや否や、人間精神と人間ないしは人体との区別と関連が問題にならざるをえないからである。そして、強調すべきは、これらの問題を解くことなくして、機械論的自然観を確立することなど不可能であるということである。

ところで、『省察』には、副題として『そこでは神の実在と魂の身体からの区別が論証される』という句が付されている。『省察』が自然学の形而上学的基礎付けを行なう書物であるからには、神の実在と魂の身体からの区別は、機械論的自然観の確立に関与しているはずである。また、「魂」という用語が生命に関係するものであるからには、伝統的魂論と機械論的自然観の関係を考慮に入れているはずである。実際、デカルトは、『省察』「第五答弁」で、「魂」の意味について次のように書いている。

「おそらく最初の人間たちは、われわれが栄養摂取し生長する際の原理とわれわれと獣に共通なことを遂行する際の原理を、われわれが思惟する際の原理から区別しなかっただろうから、両者をいずれも「魂」と称したのである。その後、思惟は栄養摂取と区別されることに気づいた者が、思惟するものを「精神」と呼び、この精神が魂の主要部分であると信じたのである。しかし私は、われわれが栄養摂取する際の原理は、われわれが思惟する際の原理とは類的に区別されると気づいたので、「魂」という名称は両方に解されるなら両義的になると言ったのである。かくて、「魂」という名称が、特に人間の第一現実態、すなわち、人間の主要な形相と解されるためには、われわれが思惟する際の原理だけが知解されるべきである。私は両義性を回避するために、大抵は「精神」という名称で呼んできた。というのも、精神は魂の部分ではなく、思惟する魂の全体であると考えるからである」(AT VII 356)(1)。

デカルトは、伝統的魂論を廃棄しようとしているのではなく、むしろそれを精錬しようとしている。伝統的に魂に帰せられてきた能力は、植物にも見られる栄養摂取能力、「われわれと獣に共通な」能力、思惟能力である。生物の生物性、生物の生命現象は、これら三種類に区分されてきた。これに対して、デカルトが主張していることは、「われわれ」においては、思惟能力が帰せられる原理が、人間の第一現実態にして主要形相、人間の魂そのものであるということである。ということは、人間が生物に数え入れられるとするなら、あるいはむしろ、人間だけがすぐれて生物として捉えられるとするなら、人間に固有の生物性は精神において知られなければならないということになる。デカルトは、生命を蒸発させてしまうのではなく、生命を知るべき場所を厳格に指定しようとしているのである(2)。

魂論を精錬するためには、自然物と生物の差異についても考えておかなければならない。自然物は、生成し消滅するし、場所的に移動する。そうした変化と運動を引き起こす作動原因は、当の自然物の内部に存せずに、当の自然物の外部の諸自然物の連関に存すると見ることができる。したがって、これら自然物に運動変化をもたらす作動原因を指定することができるなら、自然物を外部の動力源によって駆動される機械として捉えることは比較的容易である。生物もまた、生成し消滅するし、場所的に移動する。この限りにおいては、生物は自然物である。ところが、生物は、自発的に場所的に移動し、自然発生的に生成して消滅するように見える。自然発生的に生まれて生長して死んでいくように見える。したがって、そうした運動変化を引き起こす作動原因・形相原因・質料原因は、当の生物の内部に存すると考えざるをえない。この生物に内在する原因も、伝統的に魂と呼ばれてきた。しかし、デカルト自身も強調したように、駆動装置を内部に装塡された機械、すなわち、自動機械が存在する。この自動機械は、外部の制作者によって制作されたものであっても、運動変化の原理を内蔵している。とすると、自然物を機械として捉えるや否や、生物を自動機械として捉えなければならなくなるように見える。

したがって、機械論的自然観を徹底しようとするなら、人間精神における自発性・自然発生性・自動性を改めて解明しなければならないし、人間における精神性と生物性と自然物性の複雑な関連を解きほぐさなければならない。いずれにせよ、自然物を機械として捉え、生物を自動機械として捉えるとしても、生命現象が蒸発してしまうわけではなく、むしろ生命現象を特異な仕方で際立たせてしまうのである。そしてデカルトは、人間における自然物性を最大限に見積もることによって、生命を知るべき場所を明確に指定していくことになろう。

二　機械モデル――『方法叙説』「第五部」

デカルトは『方法叙説』「第五部」において世界創成論から人間論までを略述し、最後に機械をめぐる議論を提出している。

デカルトは、世界創成に関しては、世界に時間的な始まりがあると想定した上で、その始原に「混沌たるカオス」を想定する。これは世界全体に関する大域的な想定である。そしてデカルトは、このカオスから、「神が定めた法則」に従って、天空・光・天体・地球などの各種の自然物が生成し、現在の状態に到ったと説明する。言いかえるなら、デカルトは、いわば世界全体という種子ないし胎から各種の自然物の総体である自然界が発生分化すると見なしているのである。この意味において、世界全体と自然界は区別されていることに留意しておきたい。

次にデカルトは、「動物、とくに人間」の議論へと進むが、ここでは世界創成論の方式を採用できないことを明確に認めている。すなわち、動物と人間については未だ「十分な認識」を得てはいないので、「原因によって結果を論証し、また、いかなる種子から、いかなる仕方で、自然が動物や人間を産出するのかを示す」スタイルを採ることができないというのである（AT VI 45）。ここにおいて、デカルトは、本来なら同じスタイルで自然界全体と生物を取り扱うべきあるとしながら、生物の固有性を種子からの発生に求めている。発生という概念を拡張して、分化と生長だけでなく老化と死去もそこに含めておくなら、生物の固有性を、たんなる生成と消滅から区別されるところの、種子から生長し老化し死んでいく過程に求めているのである。デカルトが率直に認めていることは、この生物の固有性を具体的に解明するための認識を未だ獲得していないということにほかならない(3)。とすると、機械論的自然観を確立していく道筋において、この生物の固有性はどのように理論的に捌かれていくのかということが問われることになる。この点で注意しておきたいのは、デカルトが、世界創成論において、「神が世界を創造したときの作用」は「神が今世界を保存する作用」と同じであると強調していることである（AT VI 45）。これは、神を参照するなら、生起の原因と存在の原因を同じものとして扱うことができるという主張にほかならない。デカルトは『省察』「第五答弁」でこう書いている。

「建築家は家の、父親は息子の、たんに生起（fieri）に関する原因であるにすぎず、それ故に、作品が放たれたときには、作品はその種の原因なしで存続しうる。しかし、太陽がそれから発する光の原因であり、神が創造された事物の原因であるのは、ただ生起に関してだけではなく、存在（esse）に関してでもある。そのような原因は、結果に対して、結果を保存するために、常に同じ仕方で流れ込まなければならない」（AT VII 369)。

動物と人間は種子から発生する。精確には、種子全体が内部的に分裂・分化を繰り返して動物と人間の形相を仕上げていく。とすれば、動物と人間の生起の原因は種子全体に求められなければならない。しかも、動物と人間は種子全体が内的に変化して仕上げられたものであるからには、動物と人間の存在の原因も当の種子全体に求められなければならない。この限りにおいて、種子は動物や人間の作動原因・形相原因・質料原因である。しかし、もちろんこの言い方は十分ではない。このように種子が動物と人間の生起の原因と存在の原因として働くためには、当の種子の外部の原因、生殖と発生の過程を支える胎、生長・老化・死の過程を支える原因なども必要不可欠だからである。要するに、種子全体は自律しても自足してもいないのである。だからこそ、世界創成論以上に生物発生論は困難である。この理論的困難を回避して、発生と生起の作用と存在の保存の作用を縮約して同一化するために、デカルトは、いわば次善の策として、神を導入した機械論を採用するのである。

「私は以下のように想定することで満足した。すなわち、神は、肢体の外的形状も器官の内部構造も、われわれの一人とまったく類似した一人の人間の身体を、私が記述した物質だけで構成して形作り、最初は、その人体の中に理性的魂も、植物的あるいは感覚的魂の用をなすものを何ら置き入れずに、その人体の心臓に光なき火の一種を点らせたと想定した」(AT VI 45-46)。
デカルトの機械論的自然観、ひいては機械論的生物観は、一貫してこの理論的想定の下で展開されている。神が人体に類似した機械を制作したという想定は、神が人体に似た機械を生起させただけでなくその存在を維持しているという想定である。言いかえるなら、神の制作は、発生作用と存在維持作用を統一しているという想定、具体的には、生老病死の過程と生存維持を統一的に支えているという想定である。この想定はさまざまな理論的紛糾を呼び込まずにはおかないだろうが、ともかくデカルトは、このように動物と人間の機械モデルを提示した上で、人間に帰されてきた諸機能から機械に帰されるべき諸機能を取り除いていく。

「この身体に生じうる諸機能を検討して、私はそこに、われわれがそれについて思惟することなくともわれわれの内にありうる諸機能だけを見出した。すなわち、思惟することだけを本性とし、身体から区別される部分であるわれわれの魂が、そこに寄与することなくともわれわれの内にありうる諸機能だけを見出したのである。これらの諸機能はすべて、理性のない動物がわれわれに似ていると言えるような機能である。だが、私はそこに、思惟に依存し、人間としてのわれわれだけに属する機能をひとつも見出しえなかった」(AT VI 46)。

神は人体に似た機械を制作しうる。「われわれ」人間は、人体に似た機械に装塡可能な機能を考えてみることができる。「われわれ」人間は、思惟が寄与する機能だけは、人体に似た機械にも内蔵不可能であると考える。しかし同時に、「われわれ」人間は、思惟が寄与しない機能のすべては、人体に似た機械に内蔵可能であると考える。

とすれば、「われわれ」人間の内には、神が制作する機械に相当する身体が内蔵されていると考えることができるはずである。こうして、デカルトは、心臓と血管系の仕組と血液運動を詳しく説明し、とりわけ「肢体を動かす力」を発揮するような人体の仕組を説明する（AT VI 55）。さらにデカルトは、覚醒・睡眠・夢、感覚・情念・記憶・想像、「意志が肢体を導く」以外の仕方での行動を、同様に説明できるとする。

「以上のことは、人間の巧知が、各動物の身体内にある多数の骨・筋肉・神経・動脈・静脈などの部分に比較して、実に僅かな部品しか使わずに、いかに多様なオートマトン、すなわち、動く機械を作りうるかを知っている人びとには、少しも奇異には映らないであろう。これらの人びとは、この人体のことを、神の手によって作られ、人間が発明しうるどんな機械よりも、比較を絶してよく整序され、より見事な運動を自ら行なう一つの機械と見なすであろう」（AT VI 55-56）。

人間の身体を機械として捉えることができるとして、人間から身体をいわば引き算すれば何が残るのか。思惟することを本性とする魂が残る。では、魂と身体の差異は何か。魂と機械の差異は何か。デカルトによるなら、「われわれの身体に似ていて、実際上可能な限りのわれわれの活動を真似る機械があるとしても、だからといってそれは真の人間ではないと認知するための極めて確実な二つの手段がある」（AT VI 56）。これは、制作者としての神でさえも、人体に似た機械を制作するような仕方では、「真の人間」を作り出すことはできないということを示すための議論であると解さなければならない。「二つの手段」とは、第一に、機械が「面前で語られるすべてのことの意味に応答するために、言葉をさまざまに配置する」とは、「われわれは認められない」ということである。これは機械と人間の関係性に関わる論点なので、いまは措いてもよい。第二に、機械は、認識と意志に発する仕方で、しかも「生活のあらゆる場面」に応じる仕方で動くことはできないということである。言いかえるなら、フレーム問題を克服しえないということである。したがって、機械と区別される理性的魂とは、認識と意志に発し、フレーム問題を解決するかのような仕方で身体を動かす能力の原理のことである。デカルトは、同じ二つの手段によって、「人間と獣（bêtes）の差異」もわかると続けている。(4)

ここまでのデカルトの議論を振り返るなら、人間の魂は、神が制作する機械と区別されるものの、その存在論的な位置が曖昧であることに気づかされる。人間身体や動物を機械として捉えているはずの魂は、世界の内部の事物の一つであるのか、あるいは、世界の外部に存在する何かであるのかが曖昧なのである。

これに関連して、『方法叙説』「第五部」では、二つの論点が提示されている。第一に、「理性的魂」は、「物質の力」からは導出されえず、「特別に（expressément）創造されなければならない」（AT VI 59）ということ、第二に、「神が理性的魂を創造し、それを私が記述するような仕方でこの身体に結合したと想定すると、人間としてのわれわれだけに属する機能を見出す」（AT VI 46）ということ、具体的には「われわれのものに似た感情と欲求」（AT VI 59）を見出すということである。すなわち、魂は特別に創造されるものである。創造されるものであるからには、世界内部の事物である。しかも魂は、身体に結合して創造される世界内部の事物である。したがって、機械論的自然観の徹底化は、魂と身体機械の区別と結合の効果として生命現象を知る道を開くはずである。この点は、『省察』「第六省察」の課題になるが、以下、その手前の「第五省察」までについて予備的考察を行なう。

三　思惟する事物——魂論の精錬

デカルトは、「第一省察」において、学問を大きく二種類に分類している（AT VII 20）。一つは「自然学、天文学、医学」であり、これらは「複合された事物」を取り扱う。これらに関しては、複合された事物が「事物の自然」に存在するか否かが問われる。もう一つは「代数学、幾何学」であり、これらは、「単純で一般的な事物」を、すなわち、「物体的自然一般とその延長」、および「延長した事物の形状、量、大きさと数、場所、時間」を取り扱うが、単純で一般的な事物が「事物の自然」に存在するか否かを「ほとんど気にかけない」。

ここで二つ指摘しておきたい。第一に、自然学・天文学・医学は、自然物と生物を取り扱い、これらを複合された事物と見なすが、それが何によって複合されるべきか、とりわけ、単純で一般的な事物によって複合されるべきかは簡単には決まらない(5)。第二に、単純で一般的な事物が、予め物体的自然などと同一視されている。代数学と幾何学が取り扱うべき空間が、予め物体的自然と見なされているのである。

「第一省察」における欺く神の懐疑は、これらの論点を神の全能性と創造者性に関連付けている。「私の精神には、古くからの思想（opinio）が、すなわち、何ごとも為しうる神が、現に実在するように私を創造した神が存在するという思想が刻み付けられている」（AT VII 21）。デカルトはこの思想から二つの懐疑を引き出している。一つは「地球、天、延長した事物、形状、大きさ、場所」が存在しないとしても、実在すると見えるように神がしなかったとどうやって知るのかという疑いである。複合された事物と単純で一般的な事物の双方が、たんなる構築物でしかないのに、事物の自然に内在すると思い込んでしまわないかという疑いである。もう一つは「二に三を加えたり四角形の辺を数えたりするたびに私が欺かれるように」神がしなかったとどうやって知るのかという疑いである。この疑いは神の創造者性に関わっていることに注意するなら、ここで問われていることは、数学的操作を遂行して何ものかを構築する「私」がいかなるものであるのかということと、同時に、そのような「私」が何ものかとして創造されたものであるとしたら、そのことは数学的な構築物の真理性にどのように効いてくるのかということである。以下、主として後者の問いをめぐって検討していく。

「第二省察」において、デカルトは、「私は存在する、私は実在する」を真なる認識として確立し、直ちに「存在する私は何であるか」と問う。この問いに答えるために、デカルトは、「私は人間である」と考えてきたとした上で、「私とは何であるかを考察するたびに、自発的かつ自然に私の思惟に何が従来立ち現われてきた」のかを吟味していく。ここでも「古くからの思想」が吟味されるのである。

「第一に、私が、顔・手・腕、ならびにそれら肢体の機械全体を持つことであり、死体にも看取されるこの機械を私は「身体」という名称で指示していた。第二に、私が、栄養を摂り歩行し感覚し思惟することであり、これらの活動を私は魂に関係付けていた。しかし、その魂が何であるかについては、私は気に留めていなかったが、そうでなければ、私の粗大な部分に注ぎ込まれた、風や火やエーテルのような、何か知らないが微細なものを想像していた」(AT VII 26)。

「私とは何であるか」という問いに対する「従来」の答えはこうなる。「私」は身体機械を持つものである。身体機械は死体にも看取されるから、生体から死体への変化は機械の変化と見なされる。「私」は生命活動と見なされる諸活動をなすが、それら諸活動の原理ないし原因としての「私」の魂は、微細なものとして想像される。ところで、デカルトはこう付加している。「従来」から、「物体の自然」は判明に認識していたが、「自己自身を動かす力、感覚する力、思惟する力」が「物体の自然」に属するとは考えてはいなかったので、「これらの能力が物体に見出されることに私は驚いていた」のである。とすると、どういうことになるのか。

ここでの身体機械は、感覚によって判別されることのできる比較的粗大な部分によって組み立てられた複合物として捉えられている。それはいわば解剖学的な機械である。しかし、その運動変化の原理ないし原因は、解剖学的な機械に含まれる部分機械に存するとは考えられないために、解剖学的な機械の全体に充満するいわば生理学的な微細なものとして想像される。想像の水準においては、生命活動と生命現象は、この微細なものに帰せられるわけである。したがって、「古くからの思想」にあっては、「私とは何か」ということについては、「私」は解剖学的な機械以上のものであるが、生理学的な微細のもの以上のものではないかもしれないということになる。デカルトは、この微細なものが物体的自然として捉えられるか否かを決めかねているのである。だからこそ、ここで欺く神の全能性が持ち出される。

「今私は、極めて力能のある、そう言ってよければ、悪意のある欺瞞者が、万事において殊更に力の限り、私を騙していると想定している」(AT VII 26)。

この全能性は、「私」の何たるかについての想像に関わっている。「私」は魂を微細なものと想像するが、微細なものとしての魂は「事物の自然」に存在していないかもしれない。それは想像によるたんなる構築物であって、およそ自然物の資格を持ち得ないものであるかもしれない。これに対して、デカルトは、「私」から思惟することだけは切り離せないと主張して、こう続ける。「私は、抽き出してのみ言えば、思惟する事物である。言いかえれば、精神、霊魂（animus）、知性、理性である。それらは以前にはその意味が識られていなかった言葉である」（AT VII 27）。ここにおいて注意すべきは、「魂（anima）」が挙げられていないことである。「魂」は以前からその意味が微細なものとして識られていたからである。

次に、デカルトは、思惟することとは何かと問いを立てて、疑うこと、知解すること、肯定すること、否定すること、意志すること、意志しないこと、想像すること、感覚することを列挙する。これらの作用のうち、想像することと感覚することは、一旦は身体の存在に依存する活動であるとして退けられていたが、今度はそこに思惟活動が寄与する限りでの作用として、思惟活動に数え入れられる。この点に関して、欺瞞者の創造者性が引き合いに出されている。

「これらのうちには、常に私が眠っているにせよ、また、私を創造した者が、自己の内にある力の範囲で私を騙しているにせよ、私が存在するということと同程度に真であるのではない何かがあるだろうか。私の思惟から区別される何かがあるだろうか。私自体から分離されると言われうる何かがあるだろうか」（AT VII 29）。

「私」は思惟する事物であり、「私」には魂がある。では、「従来」から魂に帰せられてきた活動、自己を動かす活動と感覚する活動はどうなるのであろうか。自己を動かす活動については、自動機械を考えることができるからには、それを直ちに魂に帰すわけにはいかないが、感覚する活動については、どうしても魂に帰せざるをえない。

とすると、「私」が魂を微細なものとして想像し、その想像作用は思惟作用として魂に帰せられるなら、「私」は思惟する事物であることと、魂が微細なものであることの関係が問題化せざるをえない。だからこそ、「私」を創造した者が問題化するのである。

こうして、「第二省察」の後半は、「微細なもの」と「自己を動かす力」を検討することになる。「第二省察」後半は、数的に区別される自然物、すなわち、この一つの蜜蠟、この一つの地球、この一つの身体など、「個別的な一つの物体」(AT VII 30) の生成・変化・消滅をめぐる考察である。

この一つの物体は、当初は、堅く、冷たく、容易に触れることができ、指で叩けば音を発する。ところが、これを火に近づけて熱すると、色が変わり、形状は崩れ、大きさが増し、液状化し、熱くて触れ難くなり、叩いても音を発しなくなる。こんな風に、物体は絶えず生成変化する。それでも同じ一つの物体が存続していると考えられる。では、それは何であるのか。また、それを把握する能力は何であるのか。

数的に区別されながら存続するものとは、「変形可能で変化可能な延長した何か」「無数の変化を容れうる」物体(AT VII 31) である。それを把握する能力とは、感覚能力でも想像能力でもなく、人間精神の何か別の能力である。すなわち、生成・変化・死滅を通して同じ一つの身体として存続するもの、生体から死体へと変化しながらも存続するものは、感覚で判別される粗大なもので複合されるような解剖学的な機械でもなく、想像で思い描かれるような生理学的な微細なものでもない。そうではなくて、感覚や想像とは別の精神能力によって把握されるものである。とすれば、「私」の魂を精確に知るには、感覚と想像を離れて、別の精神能力を使用しなければならない。そして、この段階では、魂は、無数の変化を容れうる延長した何か、空間的な何かとして把握されなければならない。

生物は世界内部に存在する。生物の生命活動の原理たる魂も、世界内部に存在する。とすれば、魂は何か空間的なものであるのでなければならない。ここで注意すべきは、感覚や想像によってではなく、精神によって把握されるその空間性は、知性的で理念的な空間性であるということである。また、魂が「不可分」（AT VII 13）とは、計量化できないものということであり、順序ないし位相を入れることのできないものということではない。この魂をマテーシスによって複合できるかどうかが問題になりうるわけであるが、いずれにせよ、このように「古くからの思想」は精錬されるのである。このことを念頭に置きながら、自動機械の議論も検討しておく。

「われわれは、蜜蠟がそこにあれば、蜜蠟自体を見ると語り、色や形状からして蜜蠟がそこにあると判断するとは語らない。そのために、直ちに私は、独り精神だけの洞観によるのではなく、眼の視覚によって蜜蠟を認識すると結論してしまうことにもなる。しかし、かつて私は街路を通り過ぎる人間たちを窓から眺めたことがあったが、蜜蠟の場合と同様に慣行に従って、それら人間たちを私は見ると語る。しかし、帽子と衣服以外の何を私は見ているのか。それらの下には自動機械が隠れているかもしれないのに。それでも私は人間たちがいると判断する。そしてこのようでなければ、眼の視覚で蜜蠟を認識すると結論してしまうのである。かくて、私が眼で見ると思うものを、私の精神の内にある判断能力だけによって私は把握しているのである」（AT VII 32）。

デカルトの議論の趣旨は、帽子と衣服の下に自動機械が隠れているとしたら「人間は存在する」という判断は誤りであるということではなく、帽子と衣服の下に自動機械が隠れていても人間精神は「人間が存在する」と判断するということである。眼下を通り過ぎる自然物、自己運動している生物、これを人間として捉えるのは、感覚や想像ではなく、人間精神であるということである。ただし、この人間精神は、生きた人間が存在すると判断する際に、その魂を何か空間的なものとして把握するにとどまるわけである。

ここまでの読解を要約する。デカルトは、生命的とされてきた諸活動、すなわち、自己を動かす力、感覚する力、思惟する力が、物体ないし身体に見出されることに驚いてきた。しかし、ともかく、それらの力を、物体ないし身体に宿る魂に帰してきた。ところが、その魂が何であるかを考えるとき、感覚に頼るなら、解剖学的な部分で複合されるだけの機械や自動機械を想定してしまうし、想像に頼るなら、生理学的な微細なものを想定してしまう。それでも思惟する事物が魂であることは動かないとすれば、また、思惟する事物にこそ生命的とされるべき諸活動が帰せられるとするなら、思惟する事物ないし思惟する魂を把握するには精神に頼らなければならない。そこから再出発して、自然物とは何か、生物とは何かを考え直さなければならない。こうして、その精神がいかなるものであるかを定めることが「第三省察」と「第四省察」の課題になる。

四　完全な機械と完全な作品

「第三省察」の最初で、デカルトはこう書いている。いわゆる明証性の規則の提示である。

「私は、私が思惟する事物であることを確知している。そうであるなら、何らかの事物について私が確知するために何が要求されるかも知っているのではないか。この最初の認識のうちには、私が肯定するものについての明晰判明な知得以外には何もない。もしこのように明晰判明に私が知得したものが偽であるということがいつか起こりうるとしたら、その知得は、私が事物の真理について確知するには足りないということになってしまうだろう。したがって、今や私には、すこぶる明晰判明に私が知得するものはすべて真であるということを、一般的規則として確立することができると思われる」(AT VII 35)。

「事物の真理」をめぐり幾つか注意しておきたい。第一に、「私は思惟する事物である」が最初の認識であり、最初の事物の真理である。第二に、この最初の事物の真理の条件が、明晰判明な知得として縮約されて概念化されている。第三に、最初の事物の真理の条件が、それに続くべき別の事物の認識と別の事物の真理の条件と同じであることが要請されている。あるいはむしろ、真理の条件が同じでなければ認識されないような、そのような事物の真理の探究が始められようとしている。その限りでは、一般的規則は十分に確立している。しかし、第四に、一般的規則が実効的に使用されるためには、思惟する事物の真理の条件の下で認識される事物、あるいはむしろ、思惟する事物と存在者的にも真理条件的にも同格の事物があることを確立しなければならない。このことは同時に、思惟する事物が存在論的にはいかなる事物であるかの更なる探究を要請する。(6)

神の実在証明を通して、思惟する事物がいかなるものであるかが定められていくが、その到達点を要約する「第三省察」の末尾にはこんな一節がある。

「神が私を創造しながら、神の観念を、制作者が自己の作品に刻印する印のごとくに置き入れたということは、決して奇異なことではない。しかもその印が作品自体と別の事物である必要もない。そして、神が私を創造したということこの一事からして極めて信じうることは、私がある仕方で神の像と似姿として作られたということ、また、神の観念を含んでいるその似姿が、私が私自体を知得する能力と同じ能力で知得されるということである」(AT VII 51)。

この「信」の内容はこうなっている。「神」:「私」=「制作者」:「作品」。そして、「神の観念」=「制作者の作品の印」=「作品自体」。さらに、「私」=「神の観念を含む神に似た作品」(7)。

ここでは、人間精神が何であるかという問いは、神の作品であると答えられている。とすれば、人間精神と同格の別の作品が実在することを証明し、これに明証性の規則を適用するならば、別の事物の真理を獲得できることになる。そこを考える前に、作品と機械の関係について考えておく。

デカルトは、『省察』「概要」で、「第三省察」での神の実在証明に関して、こう書いている。『省察』本文では、読者を感覚から引き離すために、「物体的事物との比較」をしなかったが、『省察』「答弁」では、「われわれの内部にある最高に完全な存在者の観念が、最高に完全な原因によることなくしてありえないほどの、対象的な事物性を持つ」ということを、「すこぶる完全な機械との比較」を用いて解明したことである。そしてデカルトはこう続けている。

「すこぶる完全な機械の観念の対象的な技術は、何らかの原因を持つのでなければならない。つまり、制作者の知識、あるいは、制作者にその観念を与えた誰か別の者の知識を持つのでなければならない。それと同様に、われわれの内部にある神の観念は、神自体を原因として持たないことはありえない」(AT VII 14-15)(8)。

「比較」はこう設定されている。「完全な機械の観念」：「何らかの原因（制作者の知識）」＝「神の観念」：「神自体」。この比例式において、比較の前項を取り出すなら、完全な機械の観念は神の観念に相当し、比較の後項を取り出すなら、原因としての制作者の知識は神自体に相当すると解することができる。では、約めて、完全な機械は神に相当すると解することができるだろうか。

『省察』「第六省察」には、こんな一節がある。「一般的に観られた自然とは、神自体、あるいは、神によって制定されたところの創造された事物の共秩序にほかならない」（AT VII 80）。したがって、「第五省察」を経た後で、神自体を一般的自然界と解し、一般的自然界全体を機械として捉えることができるなら、デカルトが神を完全な機械に比較することはありえないことではないと言うことができる。しかし、この解釈には「第三省察」の段階では難がある。たしかに、神が自己原因者であることからすると、神が完全な機械かつ完全な機械の制作者であるなら、神は自己を制作する機械になるので、比較の筋は通るように見える。そして、一般的自然界自体をそんな自己制作者として想像することもそれほど難しいことではない。しかし、「第三省察」の段階での神は、一般的自然界以上の何かである。また、神が完全な機械の観念を持つことは確かであろうが、「私」も完全な機械の観念を持つのである。にもかかわらず、その「私」は、完全な機械の制作者でも自己制作者でもない。しかも、神の実在証明を通して、その「私」は神の作品であることが示された。すなわち、完全な機械の観念を持つ者が、制作する者ではなく、制作される者であることが示されたのである。とすると、どうなるのか。そこで、完全な機械の観念よりは、知識ないし技術の所在に着目してみる。『哲学原理』「第一部」からも引用しておく。

「もし誰かが極めて技巧的な機械の観念を自己の内に持つなら、いかなる原因によってその観念を持つのかと当然問うことができるであろう。すなわち、別人が作ったそんな機械をどこかで見たのか、機械学の知識をかくも精確に学んだことがあるのか、あるいは、どこでも見たことのない機械を自分で案出できるほどの知力があるのかと問うことができるであろう。実際、その観念の内に対象的にのみ、すなわち、いわば像の内にあるかのように含まれているすべての技術は、いかなる原因であるにせよ、原因の内に、たんに対象的あるいは表象的にではなく、事物自体として形相的か優越的に含まれていなければならない」(AT VIII-1 11)。

機械論とは、機械を制作する制作者が持つべき知識の探究であると解することができる。自然物を機械として捉えることは、自然物を制作する制作者が持っているはずの知識を当の自然物の運動変化の原理ないし原因として捉えることである。仮に人間が充全に自然物を機械として捉えることができるなら、人間自身がその制作のための知識を持つことになるし、原理的にはその自然物を実際に制作することができるはずである。しかし現実には人間が自然物を制作することなどできてはいない。人間は、自然物=機械の観念の原因たる知識を発見する途上にいるからである。とすると、自然物は人間精神よりも完全な機械であるということにもなりかねないが、これはデカルトの採るところではないだろう。物体の観念には人間精神以上のものは含まれてはいないし含まれるべきではないからである。言いかえるなら、人間精神には、自然物=機械の観念の原因たる知識を獲得する可能性が開かれているし開かれていなければならないからである。いずれにせよ、人間は自然物よりも完全なものと考えられるであろうから、個々の自然物を完全な機械と見なすわけにはいかない。

とすると、残るところ、人間精神こそが完全な機械と見なされていると解さなければならない。人間精神は、自己を完全な機械として捉え、完全な機械の観念を持つ。人間精神は、人間のことを、機械以上のもの、微細なもの以上の物体的なものとして捉え、しかも思惟する魂でもあると知っているからである。しかし、人間精神は、その制作者ではないし、制作するための知識を持つはずもない。人間精神は、人間のことをすぐれて生物であると知りながらも、そのことについて「十分な認識」を持たないが故に、制作された機械と想定せざるをえないからであり、しかも、神の実在証明を通して、自己が制作された作品であることを知るにいたったからである。以上のことが意味するのは、人間精神は自己を制作する制作者が持つはずの知識を探求する途上にいるということである。こうして、人間精神は、完全な機械に譬えられもする神の特別の作品である。「第四省察」では、この作品が世界の中に位置付けられる。

デカルトは、「私」なる作品が過誤にとらわれていることは、その不完全性を示すだけではなく、当の作品の制作者の不完全性をも示すことにならないかと問いを立てる。「制作者が熟練していればいるほど、制作者はより完全な諸作品を作り出すとすれば、すべての事物の建設者によって、あらゆる面で絶対的ではないような何かが作られたということがありうるだろうか」(AT VII 55)。しかしデカルトはこう応じていく。「神の諸作品が完全であるかどうかをわれわれが探究するとき、ある一つの被造物を分離して観るのではなく、諸事物の総体を観なければならない」(AT VII 55)。そのように事態を観るならば、また、「神の広大無辺な力能」を考えるなら、神は多くのものを作りうることがわかるから、「私は事物の総体の内部での部分という相（ratio）を保持する」ことがわかってくる。だから、それだけを分離して観れば不完全であっても、「世界の内部での部分という相を持つもの」としては極めて完全でありうることがわかる（AT VII 55-56)。すなわち、「私」は世界の内部の部分である限りにおいて完全な作品なのである。(9) まさにこのことによって、デカルト自身が『省察』「概要」で明確に指摘していたように、「第四省察において、明晰判明にわれわれの知得するもののすべては真であるということが証明される」（AT　VII

15）のである。

「すべての明晰判明な知得は疑いもなく何かであり、したがって無に由来することはありえず、必然的に神を作者とするから……疑いもなく真である」（AT VII 62）。

人間精神は、神の作品であり、世界内部の作品である。神は制作者の知識を持ち、作品のすべての機能と能力を制作する。人間精神は、思惟する事物以外の事物の真理を探究しているが、まだ発見してはいない。それでも、人間精神が明晰判明な知得を持つとするなら、その作用面も対象面も含んだ明晰判明な知得は、神を作者とする作品であると言わなければならない。

次に問われるのは、明証性の規則を真理の規則として実効的に使用できるところの、世界の中に作られた人間精神以外の作品は何かということになる。それを定めるには、制作者たる神の知識について、ある種の限定を加える必要がある。制作者たる神の知識は、人間精神にも獲得可能な知識へと限定されなければならないからである。それがマテーシスにほかならない。

五　マテーシスと人間

「第五省察」では、物質的事物の真理の探究が開始される。そのためには、物質的事物を人間精神と同格の作品として捉えることができなければならない。そして、そのためには、神の制作者の知識を人間精神に相応しいものに限定しなければならない。こうして、物質的な事物と、「代数学や幾何学、あるいはむしろ純粋で抽象的なマテーシス」（AT VII 65）との関係が論じられることになる。

議論はこう進められる。物質的事物についてはさまざまな観念がありうる。しかし今は、物質的事物の真理を探究しているのだから、それらの観念のうち、混乱したものを捨てて、判明なものを選り分けなければならない。では、物質的事物についての混乱した観念とは何か。物質とはとりわけ感覚されうるものの質料のことであるからには、直ちに挙げられるのは感覚されるものについての不分明な観念であろう。加えて挙げられるべきは、魂として想像された微細なものについての観念である。これに対して、物質的事物についての判明な観念がマテーシスの対象にほかならない。すなわち、「量化された事物の長さ・広さ・深さにおける延長と、延長の多様な部分の数・大きさ・形状・位置・場所的運動・持続」（AT VII 63）である。言いかえるなら、「単純で一般的な事物」である解析幾何学的空間と空間内部の変項である。さらに言いかえるなら、順序だけが入れられた位相空間と計量が入れられた空間内部の変項である。その上で、デカルトは、証明論的方法を駆使して、これらマテーシスの対象に不変性があることを証明する。そして、人間精神はマテーシスの対象に関しては「真にして確実な知識」（AT VII 69）を持つことを証明する。その際に、デカルトは、マテーシスの対象を予め物体的な自然であるとした上で、物質的事物を物体的自然として捉えることを正当化する。このことが「第五省察」における神の実在証明を通してなされていると解することができる。

人間精神は神の作品である。言いかえるなら、マテーシスを行使し、マテーシスの対象を構成して知る作品である。ところで、「第五省察」における神の実在は、マテーシスの対象の不変性を証明するのと同じ方法で、同じ「真理の規則」によって証明されている。とすると、その証明論的方法によって神の実在が証明されるからには、同じ証明論的方法によって神の作品たる物質的自然の本質も証明されるはずである。当の証明論的方法を通して、その神は、マテーシスを知識として作品を制作する制作者として限定されるからである。こうして「第五省察」の結論が導き出される。「今や無数のものが、一つには神自体と別の知性的諸事物について、一つには純粋なマテーシスの対象である物体的自然のすべてについて、私には全面的に識られうるし確実である」(AT VII 71)。そして「物質的事物は純粋なマテーシスの対象である限りにおいて実在しうる」(AT VII 71)。マテーシスの対象を「神が実現しうる」ことは疑いないからである。

ここまでの読解を要約する。神の作品は人間精神である。神自体をマテーシスによる制作者として捉えられる限りにおいては、神の作品は、「幾何学の原理が染み込んだ」(AT VII 69) 人間精神と物体的自然界全体である。これらは、世界の中に部分として特別に創造された二つの完全な作品である。そして、たんなる機械以上の何かであるという意味において、完全な機械である。したがって、これはあくまで比喩にすぎないが、人間精神は自然界全体と同じ意味において生きていると語ることは可能である。しかし、機械論的自然観を確立するためには、物体的自然界全体ではなく、個別的な自然物に焦点をあてなければならない。そして、そのとき初めて、個別的な生物の生物性がどう捉えられるべきかが真に問題になってくる。完全な機械ないし完全な作品はマテーシスによって構成されると言ってよいが、個別的なものはマテーシスによって構成されるか、また、そのとき生物の生物性はどのように知られるのかが真に問題になってくる。これが「第六省察」の課題になる。

「第六省察」では、「物体的な事物は実在する」と証明される。「明晰判明に私が知解するものはすべて、言いかえるなら、純粋なマテーシスの対象において把握されるところの一般的に観られたすべては、物体的事物の内に存在する」(AT VII 80)。この「一般的に観られた自然」は、「神自体か、あるいは、神によって制定された、創造された事物の共秩序」（AT VII 80）である。逆に言えば、神自体は、被造物の共在の秩序とともに、マテーシスの一般的な対象なのである。「第六省察」の課題は、この空間に計量を入れるプロセスと、一般的自然から個別的自然へ移行するプロセスが対応するのか、絞って言うなら、マテーシスによって構成される個別的事物が、個別的自然物の真のモデルになりうるのかを決めることである。すなわち、「個別的な私の自然」、すなわち、「神によって私に賦与されたものすべての複合体」（AT VII 80）、これがマテーシスによって知られうるかを決めることである。これに解決が与えられなければ、解剖学的な機械論や生理学的な機械論と区別された数学的な機械論は確立されようがない。[10]

ところが、「第六省察」後半には、マテーシスという語は登場しない。また、作品という語も機械という語も登場しない。これは何を意味するのだろうか。われわれはまだ十分な見通しを得ていないので、それを謎として残したまま本稿を閉じざるをえないが、ここで指摘しておきたいことは、デカルトがその自然観を仕上げていく過程で、人間の生物性と生命現象を知るべき場所として指定するのは病気にほかならないということである。「病気の人間も、健康な人間に劣らず、真に神の被造物である」（AT VII 84）。おそらく、病気の人間が「真の被造物」であると知ること、ここまでの『省察』の到達点を踏まえて知ること、あるいは、到達点に抗して知ること、まさにそのことが、人間の自然の弱さを認めて閉じられる『省察』の最高の到達点になるだろう。

（1）デカルトの著作からの引用に際しては、その末尾にアダン・タヌリ版全集（略号AT）の巻数と頁数を記す。なお、本稿では、Mathesis を「数学」と訳さず「マテーシス」と表記する。
（2）「われわれと獣に共通な」こと、とくに発生分化の現象、感覚する能力、自己を動かす能力の原理は人間の魂の部分をなすのか。人間と植物を「生物」と称するなら、その「生物」なる語は両義的に使用されているとして、人間と獣を同じ一つの意味で「生物」と称することはできるのか。これらは人間と動物の差異、行動と行為の理解に関わるが、われわれの見るところ、デカルトの立場は全面的に確定しているわけではない。

（3）この認識は、現在も獲得されてはいない。さまざまな生物モデルが提案されてきたが、それらは発生現象を完全に取り逃がしている。

それらのモデルは、多細胞生物である有機体の発生分化をシミュレートする際にも、相互に外在的に区別された複数の細胞を想定して、それらの相互作用がある種の創発性を示すことをもってシミュレーションと称している。ところが、生物の発生分化とは、唯一の「種子」が内部分裂を繰り返して内的に分化していく過程である。生殖に関してはモデルすらないが、発生分化に関してもそれをナイーヴに表象＝再現せんとするモデルすらない。なお、デカルト自然学における発生の重要性、あるいはむしろ、発生の重要性をデカルトが十分に認知していたことについては、以下の研究がある。Francois Duchesneau, *Les modèles du vivant de Descartes à Leibniz*, Vrin, 1998.

（4）『方法叙説』「第五部」の動物機械論に関しては、次の研究が有益である。Thierry Gontier, *De l'homme à l'animal —— paradoxes sur la nature des animaux Montaigne et Descartes*, Vrin, 1998.

（5）デカルトは『屈折光学』などでさまざまな自然学的モデルを試しているが、「複合された事物」とはこのモデルのことである。これに対して、デカルトが代数学的で幾何学的なモデルを構想していたか否かが本稿の関心の一つである。

（6）マリオンは、真理の一般的規則は「エゴに妥当する真理の形式的条件は、他のすべての真なる認識に妥当する」ということを意味すると正しく指摘している。しかしマリオンは、「誠実」や「循環」は「解釈者の論理の幻影」であると退ける勢いが余って、『省察』において一般的規則は進展するのではなく、そこには「主観性」の「内在平面」ないし「超越論的な場」の拡大だけがあると見なしている。だからマリオンにとって、「主観性は存在者の中の一つの存在者とは見なされない」し、見なされては困るわけである。このマリオンの解釈はデカルト研究の水準を押し下げるものであると言わざるをえない。Jean-Luc Marion, *Question cartésiennes II —— sur l'ego et sur Dieu*, PUF, 1996. "II La «règle générale» de vérité. Meditatio III, AT VII, 34-36".

（7）「第五答弁」では、アペレスの絵画作品自体と区別されないアペレスの印とは、アペレス作であることを示す「模倣し難い技巧」であるとされている（AT VII 372-373）。

（8）「第二答弁」の当該箇所を引用しておく。「すでに十分にさまざまな箇所で確認したように、私が論じているところの（神の：仏訳補足）観念の対象的な完全性ないし事物性は、極めて巧妙に考案された機械（について制作者が持っているところ：仏訳補足）の観念の内にある対象的な技術と同じく、観念の内に対象的にのみ含まれているものすべてを実際に含んでいる原因を要請するのである」（AT VII 134-135）。

（9）なお、『省察』において世界の存在は根本的に前提とされている。「第二省察」には「私は世界の中には天・地球・諸精神・諸物体はないと自らを説得した」（AT VII 25）とある。つまり、世界の中にはそれらがありうるのである。とくに精神は世界の中にありうるものである。「第三省察」には「世界の中に私独りが存在するのではなく別の事物が存在すると証明できるだろう」（AT VII 42）と、また、「私以外に、世界の中に、人間たち、動物たち、天使たちが存在しないとしても」（AT VII 43）とある。つまり、「私」は世界の中に存在するのであり、とくに天使という純粋知性的事物も世界の中に存在しうるのである。「第四省察」には懐疑を総括して「世界の中に何かが実在するかを吟味した」（AT VII 58）とある。

（10）以下の論稿で、「第六省察」後半でマテーシスが適用される個別的なものがあるとすれば、脳を含む身体における微細なものの運動変化の変換であろうとの推測を行なった。小泉義之「デカルトのマテーシス——精神・機械・生物」『フランス哲学思想研究』第8号（日仏哲学会、二〇〇三年）。

二　合一体の真理

——形而上学・自然学・医学——

香川知晶

一　はじめに——哲学の木

デカルトが『哲学の原理』の「仏訳序文」で哲学を一本の木にたとえたことは、よく知られている。

「かくて哲学全体は一本の木のようなものであって、その根は形而上学であり、その幹は自然学であり、この幹から出ている枝は他のもろもろの学問であり、これらは三つの主要な学問、すなわち医学と機械学と道徳とに帰着する。ここにいう道徳は、最も高い最も完全な道徳であって、他の諸学問の認識を前提し、知恵の最後の段階である」(AT-IX-2, 14)(1)

ここには、デカルトが哲学全体に対して立てた見通しがはっきりと示されている。形而上学から自然学を介して医学と機械学と道徳に至り、その最終的な道徳において人間の知恵は完成される。

こうした見通しの大枠は、すぐに見るように、デカルトの思索のごく早い時期から立てられていたものである。

この見通しの下では、哲学の木を構成する諸学問はどのように関係するのか。特に根にあたる形而上学と枝となる諸学問とはどのように関係するのか。ここでは医学を例にその関係の一端を探ることによって、デカルトの形而上学が哲学の最後に来るべき諸学問をも見通し、医学の対象となる合一体の真理に触れるものであったことを示したい。

二　『哲学の原理』「仏訳序文」

「仏訳序文」における哲学の木の比喩をデカルトにおける「最も完全な道徳」の可能性の観点から取り上げたカンブシュネルは、そこに示されている諸学問の順序が必ずしも目新しいものではなかったことを指摘している。[2]トミスムの伝統では、道徳哲学は形而上学の後に来るものであった。それだけではなく、十六世紀末の近世スコラ哲学においては、道徳哲学が自然学に後続することが強調されていた。道徳哲学は「霊魂の医学（animae medicatrix）」であり、霊魂の本性と能力を明らかにする自然学の認識を前提にしているとされたからである。[3]その意味では、「仏訳序文」の比喩は、当時のスコラにおける一般的な哲学体系の理解に従ったものだと見ることができる。

そのため、カンブシュネルは、この比喩にデカルトの独創を求めるとすれば、哲学を構成する諸学問の順序そのものではなく、そうした順序についてのデカルトの理解の仕方に注目すべきだとしている。その理解は、哲学を構成する諸学問の同型性に関わる。デカルトの場合、例えばアリストテレスに見られるような、理論知と実践知との原理的、本性的な区別は考えられていない。哲学体系を構成する諸学問は、形而上学から道徳に至るまで、本性的に同一である。カンブシュネルによれば、「最も完全な道徳」についても、「それぞれの領域で最も完全な厳密性を達成している諸学問の認識を基礎としている限りで、道徳はそれ自身厳密学とならなければならない」(4)。

デカルトの独創は、哲学を構成する諸学問が同じ厳密性の要求に従う同質性をもつとする点にあった。その点を、この比喩が登場する「仏訳序文」によってさらに確認しておこう。一六四七年の「序文」は、『哲学の原理』の主題と意図、そしてそこから得られる利益を明らかにする形をとりながら、デカルトの構想した哲学全体への平易な勧めとなっているからである。

「序文」は、哲学とは何かを規定することから始められる。哲学という言葉は「知恵の探求（l'etude de la sagesse)」を意味する。これは周知の規定である。問題は、この場合、知恵として何を理解するかにある。「知恵とは単に実生活での分別だけではなく、生き方に関しても、健康の維持やあらゆる技術の発明に関しても、人間の知りうるあらゆることについての完全な認識をも指す」（AT-IX-2, 2)。これがデカルトによる知恵の規定であった。哲学が探求すべき知恵は「人間の知りうるあらゆることについての完全な認識」でなければならない。

デカルトによれば、知恵は、省察を凝らさずとも獲得できるごく明晰な概念から始まり、感覚経験、他者との談話、そして、読書によって養われていく。こうした四つの段階によって、実生活での分別という通常の知恵はすべて獲得することが可能である。しかし、知恵の発達段階には、その後にさらに、「他の四つの段階とは比較にならぬほど高くて確実な」（AT-IX-2, 5)、第五の段階がある。それは「人間の知りうるあらゆることについての完全な認識」を探求する段階である。本来的な意味での哲学という言葉は、この知恵の第五の段階にこそあてはまる。

では、そうした「完全な認識」はどのようにして探求されうるのか。それは何よりも「第一の諸原因、すなわち、原理の探求」（AT-IX-2, 2）という形をとらなければならない。そこで探求される「第一原因」の備えるべき条件は二つある。「その一つは、それらがきわめて明晰できわめて明証的であって、人間精神がそれらを注意深く考察しようと心がけるかぎり、その真理性を疑いえないほどであるということ、もう一つは、他の事物の認識がそれら原理に依存しており、したがって、原理は他の事物をまたずに知られうるが、逆に、他の事物は原理なくしては知られえないということ」(*ibid.*)である。真理であることが疑いえない明証的な原理と、そこから引出される他の事物の認識が完全な認識を構成する。もちろん、他の事物の認識は原理に依存し、そこから引出されるとはいっても、原理が見出されれば、他の事物の認識が論理的手続きにしたがって自動的に演繹されるわけではない。われわれには、原理から明白なもの以外は何も含まないような形で他の事物の認識を導くように努力することが求められる。こうして、第五段階の知恵の探求、すなわち、「完全な認識」の探求としての哲学は、「第一の原因すなわち真なる原理を求め、そこから人の知りうるあらゆることの理由を引出す(deduire)」(AT-IX-2, 5)努力となる。そうした努力によって構成される諸学問は、諸原理から始まる認識の体系として、カンブシュネルが解釈したように、同じ厳密性の要求に従う同型性をもつことになる。

さらに、この完全な認識に認められる第一原因とそれに依存する他の事物の認識との関係は、哲学の木を構成する諸学問の関係にもそのままあてはまる。その点は、デカルトの説明する「自ら学ぶためにとるべきだと思われる順序」(AT-IX-2, 13)、哲学を探究する際にとるべき順序によって確認できる。デカルトによれば、知恵の第五段階を目指そうとする者は、それに先立って「何よりもまず、実生活の行動を律するに足るような道徳を自分のために定めるように努める」(*ibid.*)ことが必要である。それに続いてさらに、論理学を研究し、真理を見出す習慣をある程度身につけた後にはじめて、「真の哲学と真剣に取り組む」(AT-IX-2, 14)べきである。すでに『方法序説』が説いていたように、「暫定的道徳」と方法的修練がデカルト哲学への不可欠な前提となる。その哲学は認識の諸原理を含む形而上学に始まり、自然学へと至る。自然学では物質的諸原理を出発点として、全宇宙の構成から、個別的な物質の本性へと探求を進め、さらに「やはり個別的に、植物の本性、動物の本性、そしてなかんずく人間の本性を調べ」（*ibid.*）なければならない。それは、「その後で、人間にとって有益な、他のもろもろの学問を見出すことを可能にするため」なのである。こうして、カンブシュネルのいう「厳密学」としての諸学問は全体として一つの連続性をもつ厳密学を構成する。「かくて」、「仏訳序文」では冒頭に引用した、哲学の木の比喩が続くことになる。

いうまでもなく、こうした諸学問の連続性の主張は、デカルトの場合、『規則論』以来のものである。「規則一」（AT-X, 360-361）は、トマス流の対象の違いによる諸学問の区別を誤謬として退け、「あらゆる学問は人間的な知恵（humana sapientia）にほかならず」、「すべての諸学問は相互に結びつき、互いに依存している」ことを宣言していた。そうした知恵の探求によって、「人生のそれぞれの場合に知性が意志になすべき選択を示す」ことが、学問の目標であった。「仏訳序文」も、完全な認識の探求が、「われわれの行動を律してこの世の生においてわれらを導くために」（AT-IX-2, 3）きわめて重要であるとともに、そこで得られる認識がわれわれに満足を与えてくれる精神の「真の糧」（AT-IX-2, 4）だと述べている。「第一原因による真理の認識」こそ、人間にとっての「最高の善」（*ibid.*）であり、そこに哲学の効用も求められる。理論知が実践知と連続し、さらには最高善へと至るのである。学問と知恵、理論知と実践知は分断されることなく、一つの連続性のもとに理解される。

デカルトは、こうして哲学の木の比喩を提示し、「哲学の主要な効用」は、その木の枝になる実として摘みとられるべき諸学、医学と機械学と道徳の効用にあるとした。だが、同時に、その木の枝となるべき諸学については、「ほとんど何も知らない」とも述べている（AT-IX-2, 15）。実際、『哲学の原理』も、個別的な物質の本性を述べるところで終わり、植物や動物、さらには人間の本性を論じるまでには至っていない。「最後に、医学と道徳と機械学とを厳密に（exactement）論じる」（AT-IX-2, 17）ことはついに果たされずに終わった。構想された計画を完全にやりとおすには、なお「数世紀はかかる」（AT-IX-2, 20）であろうとさえいわれるのである。その意味では、哲学の主要な効用をデカルトは示すことができなかったといえる。

しかし、こうした事態は、哲学の主要な効用となるべき諸学問については、厳密学という同型性の要請のみが示されたにすぎないということではない。デカルトは「もろもろの真理の壮大なつながり」（AT-IX-2, 20）を引出すことのできる諸原理はすでに置いたと述べている。それらの諸原理とは、形而上学、自然学、そして機械学・医学・道徳という哲学の木が示す順序を可能にするものである。その順序において、先行する学問は後続する学問をまたず知られるが、後続する学問は先行する学問なくしては知られえない。後続する学問は先行する学問に依存しているからである。ということは、先行する学問は後続する学問をある意味で含んでいなければならないことにもなる。哲学の木を構成する諸学問の連続性は一方向的な算術的加算関係ではありえない。その連続性は、後続するものが先行するものへ浸透している関係でもある。『規則論』が語っていたように、人間的知恵にほかならない諸学問は「相互に結びつき、互いに依存している」。したがって、デカルト哲学は、「厳密に」論じるには至らなかったとはいえ、機械学・医学・道徳についてある意味ですでに語っていると考えるべきである。では、そのある意味とはどのような意味なのか。その点を明らかにするために、医学に焦点を合わせ、自然学、さらには形而上学とのデカルト的な連続性について見ることにしたい。まずは、『方法序説』によりながら、医学と自然学との関係を確認しておこう。

三　『方法序説』における医学

デカルトは『方法序説』第六部（AT-VI, 61-63）で、『宇宙論』の刊行を断念し、『序説』を刊行するに至った経緯に触れながら、スコラの理論哲学に代わる「一つの実際的哲学（une［philosophie］pratique）」について語っている。それは『哲学の原理』「仏訳序文」における哲学の木の思想の先駆となる構想であった。この実際的哲学は、「自然学に関する一般的概念」から出発して、「人生にきわめて有益なもろもろの認識に至ることを可能に」することによって、「われわれ自身をいわば自然の主人かつ所有者たらしめる」。それは「地上世界における果実とあらゆる便宜とを労せずして享受することを可能にしてくれる無数の技術の発明」に結びつくとともに、「また主として、明らかにこの世の生の第一の善でありかつあらゆる他の善の基礎であるところの、健康の保持（la conservation de la santé）という点からも望ましい」。哲学の木は自然学を幹として、まずはその実を摘むべき枝が機械学と医学として構想されていた。そして医学について、『序説』は次のように付け加えている。

「というのは、精神でさえも体質と身体諸器官の配置とに依存するところまことに大であって、人間をだれかれの区別なしに今までよりもいっそう賢明かつ有能（plus sages et plus habiles）ならしめる手段が何か見出されうるものならば、それは医学のうちにこそ求むべきである、と私には思われるほどなのである」

このように、「最も高い最も完全な道徳」への明示的な言及がなされていない『方法序説』においては、人間を賢明かつ有能にする最終的な手段が医学に求められていた。その医学は「健康の保持」、さらに詳しくいえば、病気の治療と長寿を可能にしてくれるべきものであった。「身体ならびに精神の無数の病気について、またおそらくは老年の衰弱についてすらも、もしそれらの原因と、自然がわれわれに与えているあらゆる療法とを、十分に知るならば、ひとはそれらをまぬがれうるであろうと私は確信する」。

確かに、「現在医学において知られているすべてのことは、これからなお知るべく残されていることと比較すれば、ほとんど無に等しい」。しかし、デカルトは他方で、「間違いなくその学問の発見に導いてくれると思われる一つの途（un chemin）を見出し」（AT-VI, 63）ていた。必要なのはその途をさらに進むための時間と実験である。こうして、デカルトは、「医学に対して今までの規則よりも確かな規則を与えうるような、ある種の自然認識を得ようと努めることにのみ、私は私の余生を用いようと決心している」（AT-VI, 78）と述べ、『方法序説』を閉じることになる。

では、デカルトが見出したという「一つの途」とはどのようなものであったのか。それは自然学に直接後続する医学という途であった。(5) その点は、『方法序説』「第五部」に展開される心臓の運動論によって確認することができる。

デカルトは「第五部」で、「これら〔形而上学の〕第一の真理から私が引出した他の真理の連鎖のすべて」（AT-VI, 40）について言及し、その一部として『宇宙論』の概要を説明していく。それは、『哲学の原理』「仏訳序文」に示された自然学のプログラム、つまり、宇宙の生成から始めて、「無生物体と植物の叙述から、動物特に人間への叙述へ移る」（AT-VI, 45）というプログラムの提示であるが、『序説』においても、動物や人間についての知識が不十分であるために、十分な論述は不可能だとされている。だが、その欠を補うために提示されたのが、心臓の運動論であった。デカルトは「想像的空間」(AT-VI, 42) のなかに生み出された想像上の機械として人体を記述し、その機械としての人体の心臓について論じていく。それは、どのような仕方で人間を論じたのかを例示するためのものであった。その議論の背景には、いうまでもなく、デカルトの生前には刊行されることなく終わった『宇宙論』に続く『人間論』の記述があった。

ビトボル・エスペリエスが指摘しているように、『序説』が刊行された一六三七年当時を考えると、心臓の運動については、論じること自体が非常に野心的であった(6)。まず、伝統的に心臓論は精神と身体の媒介者の役割を脳と心臓のいずれに求めるかという問題との関連で医学の論考において重要な位置を占めており、十七世紀前半においてもその点が論争の的であった。デカルトが、『情念論』において、媒介者の役割をする「その部分は、通常、脳か、もしくは心臓だと信じられている」(AT-XI, 352) と述べた問題である(7)。そもそも、解剖学的に見ても十分な観察器具を備えていなかった十七世紀前半にあっては、心臓の構造を十分に記述することも容易ではなかった。ましてや、その運動ということになると、いっそう観察の対象となりにくい。そのため、当時の医学書では、「この絶え間ない運動の本性と原因はあまりにも曖昧で、多くの困難によって紛糾しているために、かの博識なるフラカストロもそれを真に認識しているのは神と自然のみであると考えたほどであった(8)」とされていた。さらに、デカルトが高く評価していたウイリアム・ハーヴェイの『動物の心臓ならびに血液の運動に関する解剖学的研究』も、一六二八年の「出版後十年あまりの間は……ほとんど黙殺されるか、あるいはいたずらに解剖学者たちの強い反発を招くにとどまって(9)」いた。こうした状況のなか、デカルトは、いわば当時の医学におけるカレント・トピックスを反発も予想される立場から論じることによって、新しい実際的哲学を例示しようとしたのである。

もちろん、血液循環に関しては、「医学的にはハーヴェイの心臓ポンプ説が正しく、デカルトのボイラー説は誤りであり、心臓に熱があるとする古い説に立っている」ことが指摘されてきた。しかし、そう簡潔に指摘した山田も続けて述べているように、そこには「新しい見方」があったことも認めなければならない。[10] デカルトのその誤りは、心臓と精神とを切り離し、霊魂論による身体機能の説明を否定することによって、当時の医学的な伝統、さらにはハーヴェイとの「根本的な断絶」[11] を可能にするものであった。

根本的な断絶については、デカルトが刊行を断念した『人間論』を引くべきであろう。そこでは、真の人間に可能な限り完全に類似しているその機械がもつ機能について、次のように語られている。

「それらの機能すべては、この機械においては、器官の配置のみに由来する自然の結果であり、その点で時計やその他の自動機械の運動が重りと歯車の配置によるのと何ら変わりがない。したがって、そうした機能のために、この機械のなかに、その心臓においてたえず燃えており、無生物体における火と何ら本性の異ならない火の熱によって運動させられている血液と精気以外には、植物霊魂や感覚的霊魂や他の運動と生命のいかなる原理を想定してはならないのである」(AT-XI, 202)

デカルトの場合、「心臓に熱があるとする古い説」が生命現象の特権性を否定し、人体という機械を自然学のもとで理解することを可能にした。そこに、アリストテレス以来の伝統をもつ霊魂論、さらには、それに傾倒し、心臓を「生命の源泉、小宇宙の太陽」としていたハーヴェイとの決定的な違いがあった。[12] そして、『序説』のデカルトはこの心臓の運動論からさらにすすんで「動物精気の発生」(AT-VI, 54) にまで連続的に説き及ぶプログラムを提示している。いっそう大胆に、脳の生理学を提示しようとするプログラムである。それは、デカルトのいう「自然学に関する一般的概念」から出てくるプログラム、機械論的自然学の徹底と呼ぶことのできるものであった。

このように、デカルトの場合、解剖学や生理学といった医学の基礎は自然学の直接的な延長として構想されていた。そこに、「健康の保持」を可能にする医学を「厳密に」論じることが後続するはずであった。哲学の木の幹とその枝の一つは確かに連続している。そして、その幹をなす自然学が形而上学の真理から引出されるものである以上、医学も究極的には根である形而上学に連なるのは当然だといえることになろう。だが、医学と形而上学との間には、そうした自然学を介した連続性のみが認められるわけではない。より直接的な関係も指摘することが可能である。以下では、その点を「第六省察」に徴して、明らかにしたい。

四　「第六省察」における医学

『省察』本文には、医学に関連する記述がいたるところに見出せる。(13) だが、徹底した懐疑をもって始まり、自然学、天文学、医学、代数学、幾何学といった諸学問を懐疑していく『省察』においては、特に注目すべきは「第六省察」の議論であろう。懐疑の対象となった諸学問の復権を考えると、小泉が指摘するように、「「第六省察」前半で自然学が、「第六省察」後半で医学が復権する」(14) からである。「第六省察」の議論を順に追うことにしよう。(15)

四・一　想像する力

「第六省察」は、「残っているのは、物質的な事物が存在するかどうかを、吟味するということである」(7113-14) という言葉で始まる。それまでの省察の日々によって、「第六省察」冒頭においては、物質的な事物は「少なくとも純粋数学の対象であるというかぎりでは、存在しうる」(7114-15)ということはすでに知られている。しかし、自然学の対象としての物質的な事物の存在はまだ確かめられていない。

これに先立つ「第五省察」は、まず「物質的な事物の本質について」(6302) 解明することに向けられていた。そして、例えば私の想像する三角形が「私の思惟の外」(6413) ではどこにも存在しないとしても、そこには「不変にして永遠な、或る特定の本性、いうなら本質、いうなら形相がある」(6414-16) こと、しかも、それが「私によって作り成されたものではなくて、私の精神に依拠していない」(6416-17) ことが示された。これによって幾何学的延長のもつ独自の存在性格とその延長についての論証の可能性が明らかにされた。

こうして、「第一省察」で疑われた数学あるいは幾何学は、いわば復権されたのである。その復権は同時にそこで働く想像の役割を確認することであり、想像の復権をも意味するものであった。物質的な事物の本質は、知性に助けられた想像によって明晰判明に知得される。しかし、そこでは、物質的な事物が「私の外に存在するかどうか」(6312-13) という問題は、「私自身すなわち私の精神の自然本性」の問題とともに、先送りされていた (6306; 6312-13)。

こうした議論の後を受けて、「第六省察」は、「私のうちにある想像する力 (vis imaginandi)」(7305-06) の吟味から開始される。想像は「私が物質的な事物に従事する際に使用するのを経験する能力 (facultas)」(7121-22) だからである。「第五省察」では私の想像から議論が始められていたが、想像する能力という言葉は出てこない。これに対して、「第六省察」では、一貫して「特殊な或る種の仕方で思惟する能力、すなわち、想像する能力と感覚する能力 (facultas imaginandi et sentiendi)」(7821-23) が問題となる。その能力の行方がこの省察前半の議論を形成している。

では、能力あるいは力としての想像はどのように捉えられるのか。それは知解する能力との差異として考察されていく。両者の違いは、「想像する力が、知解する力（vis intelligendi）とは異なるのに応じて、私自身の、いいかえるなら私の精神の本質には必要とはされない」（7306-07）という点に帰着させられる。

認識能力としての想像は精神としての私のうちに見出される。私は確かに想像する力をもつ。しかし、それは私の本質には必要とはされない。いいかえると、想像の能力は私の本質だけでは説明がつかない。それが知解する力との大きな違いである。この違いが、「私とは別個の何らかの事物」（7310）の存在を予想させる。想像する能力は、「何らかの物体が存在していて、このものに精神が、このものをいわば洞観することへと随意に自らを傾注するように、そのように結合しているとすれば」（7311-13）説明がつくような能力である。想像は、いうまでもなく、身体、さらに特定すれば、脳内の腺に描かれる像を予想させる。[16]

しかし、ここではそうした身体的像をいきなり前提することは出来ない。そこで、デカルトは純粋な知性認識との対比で、想像を「この思惟の様態」（7314）という形で規定していく。純粋な知性認識は「自己を自己自身へと或る意味では振り向けて、精神そのもののうちに内在する観念のうちの或るものに注視する」（7315-17）ことである。他方、精神の様態としての想像は、精神が「自己を物体へと振り向けて、自己によって知解されたり、感覚によって知得された観念に合致する何ものかをそこにおいて観る」（7318-20）ことだと規定される。

この規定は、想像の働きが物体との関係において媒介項を置くものであることを明らかにしている。媒介項は二通りに与えられる。想像する際、精神は自らの知解する観念に合致するものを観ることもあれば、感覚によって知得された観念に合致するものを観ることもある。

前者の働き方は、「第五省察」が認めていた幾何学において働く想像の規定である。そこでは知性が想像の材料を供給する。それに対して、ここでは判明な想像という思惟様態には、知性の協力、知解によって供給される観念が必要だということさえ確認されればよい。三角形の想像と千角形の想像との対比の議論も、知解と想像の差異を導くために用いられていた。重要なことは、思惟様態としての想像がさらに他の思惟様態によって媒介されていることである。脳内に描かれた図形を想定するにしても、それとの間には知解作用を介在させなければならない。問題の物体はいわば知解の向こうにある。そのために、想像からは物体の存在は直接導けない。

他方、そうした想像の被媒介性という点では、いうまでもなく、「感覚によって知得された観念」による想像についても、事情は変わらない。

能力としての想像は私とは別個の何らかの事物の存在を予想させた。しかし、思惟様態としての想像が物体と取り結ぶ関係は、いわば知性や感覚から供給される観念によって隔てられており、間接的なものでしかありえない。私の内にある想像する力は知解する力とは違って、私の本質に必要とはされないとはいえても、物体を直接的に示す形でその帰趨が定まるのではない。したがって、能力としての想像の吟味からは、「蓋然的に、物体が存在する、と推量」(7323)されるしかない。物体の存在をいうためには、物体と直接的な関係を取り結ぶ能力に目を向けなければならない。こうして、感覚によって知得される観念が問題にされることになる。

四・二　外部感覚

感覚の吟味は『省察』の思索の歩みに特有な形、省察以前の経験を回顧することから始められる。「従来、感覚によって知覚されたものとして、真であると考えたものは、いったいいかなるものであるかを、そして、そう考えたその原因を、回顧してみることとしよう」(7411-13)。

では、何が感覚されたと思われていたのか。それは実に多様である。まずあげられるのは、「内部感覚（sensus internus）」（7628）である。そして次に列挙されるのは、「外部感覚（sensus externus）」（7627）である。[17]

これらの多くのことを感覚したと思ったのには、それなりの理由があった。外部感覚は、私の意図とは無関係に他の事物から到来するとしか思えなかったし、しかも判明なものに思われた。他方、身体的な内部感覚についていえば、私は身体からは切り離しえず、欲求と感情を身体において、身体のために感覚していた。「しかし、多くの経験がしだいに、感覚に対して私のもっていたすべての信頼をぐらつかせた」（7621-22）。

こうして、デカルトは、これまでの省察であげられた疑いの理由を振り返る。まず、「第一省察」における懐疑理由である。それは、夢と覚醒との区別がつかないという理由と、「私の起源の作者」（7715）の問題に要約される。さらにデカルトは、感覚を信じ込んだ「原因」との関係で、「第三省察」における観念の三分類をめぐる議論、すなわち、単なる「或る種の自発的な傾動性（impetus）」（3825）としての自然の教えという位置づけと、「そうした観念の作動者たる、まだ私には十分に認識されていない何らかの他の能力が私の内にあるかもしれない」（3910-12）という可能性を想起する。このように想起した後、いよいよ、「今はしかし（Nunc autem）」（7728）とデカルトは述べ、議論を転換していく。

転換された議論は、いうまでもなく、その直前でまとめられた感覚に対する信頼をぐらつかせたさまざまな理由のすべてについて、最終的な決着をつけることを目標とする。そこで、まず扱われるのが、「第三省察」における「何らかの他の能力」の問題であり、それが心身の実在的区別の論証から、物質的事物の存在証明へ至る議論を構成する。それによって、自然学は最終的に基礎づけられることになる。

「第一に」（7802）展開されるのは、心身の実在的区別の論証である。その可能性は、「私自身と私の起源の作者とについていっそうよく知り始めている」ことから直接的に導き出される。「私の本質が、思惟する事物であるという、この一事において存立する」(7812) ということと、神の誠実を置けば、「私が私の身体から実際に区別されていて、身体にまつことなしに存在しうるということは、確実なのである」(7819-20)。

この第一の議論、「それに加えて」第二に展開されるのが、物体的な事物の存在証明である。それは心身の実在的区別を前提としながら、私が私のうちに見出す能力を吟味し、それらの能力のありかを決する形で行われる。能力としての感覚を吟味することが、物体の存在を結論させる。

デカルトは「第二省察」で私の存在に至った後、存在する私を規定するために、手がかりを求めて、「それでは、私とはいったい何であると従来考えていたのか」(2525) ということを回顧していた。その回顧の過程で、「自己自身を動かす力、さらには感覚する力、あるいは思惟する力をもつことは、いかなる仕方でも物体の本性には属さないと判断していたが、そのような能力が或る種の物体のうちに見出されることに驚いていた」(2620-23) と述べていた。

この「第六省察」においてデカルトが私のうちに見出す能力も、「第二省察」でいわれていた「力」にほぼ重なる。だが、そうした身体的操作的能力は、「第二省察」の回顧の場面と違って、もっぱら延長する実体、心身の実在的区別によって区別された身体へと送り返される。それは身体機械のもつ能力である。確かに、それが今ここでも私のうちに見出されるというのは驚くべきことかもしれない。しかし、それが或る種の物体のうちに見出されることには、ここでは驚くべきところはない。その能力は延長する実体に内在していて、知解する実体には内在してはならないからである。したがって、この私のうちに見出される身体的操作的能力には精神としての私が物体の存在へ至りうる通路はない(18)。

そこで、そうした分類を経た後で、あらためて、「私のうちにある感覚する或る種の受動的な能力」(7907-08)が検討されることになる。それのみが知解する実体と延長する実体をともに要求する能力である。

感覚する能力は「感覚的な事物の観念を受納し認識する能力」(7908-09) である。しかし、私のうちには「そうした観念を産出しあるいは創り出す或る種の能動的な能力」(7911) は見出せない。感覚的観念は、「私が協力しなくとも、そしてしばしば意に反してさえ」(7913-14) 生み出される。その観念に関しては、想像の場合のような被媒介性を想定する余地は見当たらない。感覚する能力は精神としての私の外を直接に指し示す。精神とは区別されるものなしには、それは成り立ちえない。そのうえ、「第三省察」が示唆したような能動的原因として神やその他の何らかの被造物については、それらの存在を認知する能力がこの私には欠けている。今や誠実な神を知っているのであるから、示唆された可能性は恐れることなく排除できる。「したがって、物体的な事物は存在する」(8004)と結論しなければならないのである。

ところで、デカルトは先にあげたように感覚すると思われたものを回顧して、実に多様なものをあげていた。この物体の存在証明にあたって、そうした多様な感覚のうち、特に念頭においていた感覚を特定することは可能であろうか。[19]

デカルトは「第六答弁」(ATVII, 436-437) の中で、感覚の確実性に関して三つの段階を区別している。[20] この感覚の三段階との関係でいえば、感覚する能力の帰趨を決する形で物体の存在が証明できるのは、その第二の段階のみである。それは「第六省察」で回顧された感覚すると思っていたことのうちの内部感覚と外部感覚をともに含んでいる。物体的事物の存在を結論したすぐ後でいわれる「光、音、苦痛、およびこれに類するもののように、いっそう明晰には知解されないもの」(8013-14) がそれを例示している。しかし、証明そのものが行われる部分では、具体的な感覚知覚の例示はされておらず、問題の感覚の段階は特定されていない。あえて感覚の三段階との関係をいえば、感覚として語られるのは、第二段階とともに第三段階の感覚でもあり、その点にむしろ積極的な意味があると考えられる。物体的事物の存在証明は、感覚の認識論的価値の確認にもなるからである。[21]

しばしばいわれるように、デカルトの物質的な事物の存在証明は、自然学を基礎づけるものであった。自然学は「第六省察」前半で復権されたといってもよいであろう。しかし、それは、「純粋〈数学〉の対象において把握される、一般的に観られたもののすべては、それら物体的な事物において現にある」(8009-10) ということだけを意味しているのではない。「第五省察」の数学の復権がある意味で知性に助けられた想像の復権であったのと同じように、ここでの自然学の復権は知性に助けられた感覚の復権でもあった。

外部感覚は確かに物体的な事物の本質に関して、「すこぶる不明瞭で不判明」(8007) にしか把握しない。それは物体の存在を教えるが、本質は教えない。しかし、感覚の認識論的価値はゼロではない。感覚は、物体が存在することだけではなく、「例えば、太陽がしかじかの大きさもしくは形状をもつということ等々のような個別的なもの」(8012) や「光、音、苦痛、およびこれに類するもの」(8013-14) についても教える。それらは確かにいっそう不明確で、すこぶる疑わしくて不確実ではある。しかし、神の誠実を置けば、「それらのものにおいても真理に達する確実な希望が私に示される」(8018-19)。

それはどのような確実な希望であろうか。これまでの考察からだけでも、少なくとも、多様な感覚知覚から、物体のうちに「それらに対応している多様性があることを正しく結論する」(8119-22) ことは可能である。個別的なものに関わる自然学にあっては、感覚による知得が認識論的価値をもつのでなければ、その基礎づけは十分には果たされない。実際、知性と感覚との協働の可能性は「第二省察」の蜜蠟の分析にすでに予示されていた。もちろん、

「知性によるあらかじめの吟味」(8229)を経ることは不可欠である。感覚的な知得の役割は実践的なものに限定されているのではない。知性に助けられた感覚の認識、その可能性を示すことではじめて、自然学は基礎づけられる[22]。物体の存在証明の過程で、感覚による知得に関して、例えば感覚の第二の段階の感覚といった形で限定されるような形で、具体的な例示が行われなかったことの意味はそこにある。

だが、いうまでもなく「第六省察」はここで議論が終わるのではない。なお、「第三省察」のもう一つの問題と「第一省察」に関わる問題はそのまま残されている。そうした問題に答えるのが、自然の教えをめぐる「第六省察」後半の議論である。それは自ずと自然学の後に来るべき医学を展望する形になるものであった。

四・三　自然の教え

デカルトが回顧によって設定した課題のうち、残されている問題は、「第一省察」と「第三省察」の議論にかかわっていた。まず扱われるのは、「第三省察」で提出された自然の教えをめぐる問題である。「個別態における私の自然とは、私に神から賦与されたものすべての綜体に他ならない」(8024–26)。とすれば、そこにおける神の誠実が確認されなければ、神は欺く者ではないとはいいきれないからである。「神は欺く者ではないということ」(8015)、それが「第六省察」後半の議論を主導していく。

「第三省察」で批判された自然の教えは、感覚的観念が外物に「類似している」(3814)という感覚の類似性テーゼに関わるものであった。それが自然の光による認識との対比で「或る種の自発的な傾動性」に過ぎないとされていた(3825–27)。感覚がもちうる認識論的な価値が素朴な類似性テーゼにないことは、すでに示された。だが、「第三省察」でもすでに、その傾動性が関わるのは認識論的な場面だけではないことも指摘されていた。デカルトは、「自然的な傾動性についてならば、すでにしばしば幾度も私は、善きものを選ぶことが問題であったのに、私がそれによっていっそう劣悪なものの側へと駆りやられた、と判断したことがあった」（3901–04）と語っていたのである。

感覚の認識論的な位置づけが完了したこの「第六省察」の場面では、語り残された「善きものといっそう劣悪なもの」というレヴェルで自然の教えが吟味されなければならない。それを誠実なる神が要求する。こうして、感覚されていたこととして回顧されたもののうち、内部感覚の意味が吟味されることになる。それらは「都合の良し悪し」（7421–22）という観点から導入されていたからである。

内部感覚を論じることは、「身体と精神とから複合されているというかぎりでの全体としての私」（8124–25）へと議論を移行させることを意味する。「というのも、そうした渇き、飢え、苦痛、等々の感覚が、精神が身体と合一していてさながら混じり合っているかのようであるということから生じた、不分明な或る種の思惟する様態より他の何ものでもないということは、確かだからである」（8111–14）。

デカルトは、神から私に賦与された綜体としての自然を三つに区別している（8217–25）。このうち、われわれの外に置かれてある事物について「真なるものを知ることは、ただ精神のみに属している」（8230–8302）。それは、これまでの議論を敷衍していえば、知性と知性に助けられた想像と感覚の働きによる。それが精神としての私の自然を構成する。これに対して、「苦痛の感覚をもたらすものを忌避すること、および快楽の感覚をもたらすものを追求すること、ならびにその類いのことを教える」（8225–27）のは、合一体としての私の自然である。この自然は、内部感覚が「本来、もっぱら、いったいいかなるものが、精神を自らの一部とする合一体にとって都合が好いか、あるいは都合が悪いかの合図を精神に送るために与えられた」（8316–19）ものであることを教える。ここでは、自然の教えは心身合一体としての私に対して実践的な価値を教えるものに限定され、「そのかぎりでは十分に明晰判明」(8319) であるとして復権される。精神としての自然から明確に区別すれば、自然の教えを単なる傾動性として退けることはできないのである。しかし、そこには「新しい困難」(8326) が立ち現れてくる。「自然の真の誤謬」(8523-24) の問題[23]である。

内部感覚をめぐる新しい困難は、あくまでも合一体としての私にとっての困難である。水腫病に冒されている人間の場合、有害な水を欲しがるのは、その「自然が駄目になっている」(8411-12) からだといえる。しかし、自然が駄目になっているとしても、その人間の身体のみに注目すれば、機械としての身体は「厳密に自然の法則のすべてを守っている」(8416-17) としかいえない。自然学のレヴェルから見れば、水腫病の自然が駄目になっているというい方は、「私の思惟に依存する命名であって、いわれている事物にとって外面的な」(8511-15) ものにすぎない。しかし、「合一体、あるいはそのような身体と合一している精神」(8322-23) にとっては、水腫病には、確かに「自然の真の過誤」があることが認められる。「それゆえここには、いかにして神の善性は、このように解された自然が欺くものであることを妨げないでいるのかが探求されるべく、残っているのである」(8525-27)。

自然の真の過誤と神の善性との関係の探求は、どのように行われるのか。問題との関連で、デカルトが「気づく」のは四つの点である。第一は、心身の実在的区別という形而上学の帰結の再確認である。この差異に続いて第二、第三としてデカルトが確認するのは、いずれも「私に自然学が教えた」(8705) ことである。こうした自然学の教える機械論的生理学の知見を受けて、神経のどの箇所を動かしても同じ運動が生じるという事態が「よりよい」(8722) こととして位置づけられる。その判断を導いているのは、「身体の維持」(8812)、より正確には「健康な人間の維持」(8724) という観点、すなわち医学的な観点である。こうして、デカルトは、「以上のところよりして、神の広大無辺な善性にもかかわらず、精神と身体とから複合されているものとしての人間の自然が、時としては欺くものたらざるをえないということはおよそ明瞭である」（8819-22）と結論する。

このように、新しい困難を合一体としての私の誤謬として位置づけることによってデカルトは、「病気の人間」と「健康な人間」（8512-13）という対が機械論的な自然学には場所をもたないことを明らかにしている。そうした対が単なる命名以上の意味をもつのは、自然学ではなくて、自然学の後に来て、「健康の保持」に役立つことが期待される医学にとってである。自然の真の過誤の問題は自然学の後にまで踏み込まなければ、完全には答えられない。その点を、自然の真の過誤をめぐる探求は示している。

五　おわりに――合一体の真理

『省察』は、「いつか学問のうちに堅固でゆるぎないもの打ちたてることを欲して」（1707-08）始められた。その思索の歩みは、最後に私の自然のうちに真の過誤を見出し、「われわれの自然の弱さ」（9015-16）を認めることで終結する。しかし、その弱さを認めるに至る省察は、同時に、そうした過誤を「強制するか、回避するか、そのいずれかが容易にできるというためにも、はなはだ寄与するところが多い」（8910-11）ものであった。知性に加えて想像も感覚も記憶も使うための基本線が示され、自然学の基礎が置かれただけではない。考察は、合一体としての私に関わる「よさ」にまで踏み込んでいた。それは医学や道徳の次元にまですでに入り込んでおり、省察している間も私が決して離れることのなかった「人間的な生」（9014）にまで届いている。私は精神としての私だけではなく、合一体としての私でもある。だが、今や、「自然の秩序を紊乱するのを通例としてきている」（8315）ことのしだいが明らかにされたのである。こうして、「過ぐる日々の誇張された懐疑は、一笑に値するものとして、退場させられなければならない」(8919–20)。

デカルトの『省察』は神を知り、自己自身を知るという道によって自然学の基礎を見出そうとしたものであった。しかし、神を知り、自己自身を知る道はいわば自然学の先にまで続いている。すなわち、医学などの哲学の木の実りが定位されるところまで見通すことがなければ、神と私をめぐる形而上学の省察は完結しない。合一体の真理は自然学に後続する医学(そして道徳)の真理である。哲学の木の根はその枝に連続しているし、形而上学に医学は浸透している。そうであるからこそ、『省察』は、「私の行動において明らかに見、この世の生において確信をもって歩むために、真を偽から区別するすべ」を私に告げ知らせることになるのである。その点を「第六省察」の議論は明示しているように思われる。

(1) デカルトからの引用はアダン・タヌリ版により、ATの後に巻数と頁を示す。翻訳は、野田又夫訳『方法序説』(中央公論社)、所雄章訳『デカルト『省察』訳解』(岩波書店)、井上庄七・水野和久・小林道夫・平松希伊子訳『哲学の原理』(朝日出版)と白水社版『デカルト著作集』に負っている。

(2) D. Kambouchner, 1997, "Descartes et la perfection de la morale," in P. Soual et M. Vetö (eds.), *Chemins de Descartes*, L'Harmatta, pp. 97ff.

(3) カンブシュネルがあげるのは、G. Gilson, *Index scolastico-cartésien*, Vrin, 1979, n° 360 の *Commentaires des Collèges de Coïmbre, Physicae Proemium*, 5, 1 (1592) である。そこでは自然学が学の順序において道徳哲学に先行し、自然学が魂を問う道徳哲学、魂の医学にとって不可欠であることが説かれている。

(4) Kambouchner, op. cit., p. 98.

(5) デカルトにおける医学については、山田弘明、二〇〇四年、「デカルトと医学」、『名古屋大学文学部研究論集・哲学五〇』、一—三九頁が、「生理学、病理学、解剖学、胎生学、血液循環論、心臓医学、……それに加えて健康医学（長寿法、健康法）、治療医学（臨床医学）、精神衛生学などを含む」「デカルト医学」一般について、総覧しており、きわめて有益である。本稿もこの論文に負うところが大きい。

（6） A. Bitbol-Hespériès, 1998, "Descartes, Harvey et la tradition médicale," in A. Bitbol-Hespériès et al., *Descartes et son œuvre aujourd'hui*, Mardaga, pp. 29ff.

（7） もちろん、デカルトは、同じ『情念論』三一節で、「精神が直接的にその機能を及ぼす身体の部分は決して心臓ではないし、脳全体でもなく、もっぱら脳の部分の最も内側の部分の、一つのごく小さな腺」（AT-XI, 352）であると論じていく。

（8） André du Laurens, 1610, *L'Histoire anatomique...*, cf., Bitbol-Hespériès, *op. cit.*, p. 44, n. 3. ちなみに、ハーヴェイもフランカストロの同じ指摘に言及している（参照、ハーヴェイ、暉峻義等訳、一九六一年、『動物の心臓ならびに血液の運動に関する解剖学的研究』、岩波文庫、四二頁、および四五頁註1）。

（9） 川喜田愛郎、一九七七年、『近代医学の史的基盤（上）』、岩波書店、二六〇頁。

（10） 山田、上掲論文、一四頁。

（11） Bitbol-Hespériès, *op. cit.*, p. 30.

（12） 川喜田（上掲書、二五四頁以下）はハーヴェイがパドヴァで受けたアリストテレス主義の影響を過大視する解釈（ビトボル・エスペリエスの上掲論文や、A. Bitbol-Hespériès, 1990, *Le principe de vie chez Descartes*, Vrin, pp. 178ff. もそうした傾向がある）に対して、その実験研究者としての側面を強調して、一定の留保をつけているが、心臓を小宇宙の太陽とする議論には、「節度のある筆を失いそうな気配をまま見せることもまたどうやら否めない」（一八頁）と述べている。

（13） 『省察』における医学関連の記述については、山田、上掲論文、二四—二五頁、参照。

（14） 小泉義之、二〇〇三年、「デカルトのマテーシス—精神・機械・生物—」、日仏哲学会『フランス哲学思想研究』第八号、三頁。

（15） 以下の「第六省察」をめぐる議論は、香川知晶、二〇〇三年、「「第六省察」の射程」、日仏哲学会『フランス哲学思想研究』第八号、五五—六六頁を基にしている。なお、『省察』本文については、アダン・タヌリ版全集第Ⅶ巻の頁と行数のみ（7313は七三頁一三行目）を本文中にあげることにする。

(16)　『ビュルマンとの対話』AT-V, 162、及び、小林道夫、一九九五年、「物質的事物の本質と存在」、『デカルト哲学の体系』勁草書房、第II部第六章、二七一－二七四頁、参照。

(17)　デカルト哲学全体にわたる内部感覚（及び外部感覚）をめぐる議論を検討したものに、村上勝三、一九九六年、「内的感覚論――デカルト哲学における個人倫理の基礎」『思想』八六九号がある。

(18)　「身体的操作能力」という語は、野田又夫（一九七一年、「デカルトにおける形而上学と自然学」、『デカルトとその時代』筑摩書房、一九三頁）の解釈を引き継ぐ形で、小林道夫（上掲書、二八一－二八二頁）が、私が私のうちに見出す「或る種の他の能力、たとえば、場所を変ずる能力、様ざまな形を具有する能力、及びこれに類する能力」（7828-29）について与えている刺激的な解釈によっている。小林は、この身体的操作能力について、それが「物体的実体に内在するものと認められる。こうして外的感覚、それも場所を変えたり、様ざまな姿勢を取るという延長を伴う身体的操作能力において、主観性を脱却して外的物質的事物の存在と表裏一体となった事態が発見されるのである」と述べ、続く「感覚的な事物の観念を受納し認識する能力」（7908-09）をめぐる議論を、身体的操作能力をめぐる「事態の特質がさらに究められることになる」ものと解釈している。しかし、物体の存在を証明するためには、何らの知解作用も含まないとされる身体的操作能力ではなく、感覚能力に訴えることが必要である。感覚能力は、その形相的概念のうちに何らかの知解作用を含み、物体の存在証明への通路を提供しうるからである。したがって、身体的操作能力と感覚能力をめぐる議論は、「さて実はしかし（Jam vero）」（7907-08）で切れていると解釈すべきだと思われる。

(19)　この点に関しては、村上（上掲論文、二一六頁）の次の解釈を念頭においている。「物体の実在証明においては物体に対する外向きの能力としての感覚のありようが基軸となっている。この「感覚」は外的感覚と内的感覚を一括りに捉えた感覚である。その「形相的概念」のうちに「知解作用」を含むものとして捉えられた感覚である。狭い意味での物体の実在証明において痛み、飢え、渇きは役に立たない。これらは身心の厳密な結びつきの露呈以外の何ものでもないからである」。

(20)　第一の段階は外的対象による身体器官の変様であり、その精神における直接的結果が第二の段階であり、さらに第三段階は「身体器官の運動を機会として、われわれが幼い頃から下す習慣のあったわれわれのあらゆる判断を含む」とされる。

(21)　山田弘明（一九九四年、『デカルト『省察』の研究』創文社、三四五－三四七頁）は、この「感覚の認識論的価値」を検討して、「デカルトにおいて感覚の認識論的価値は本来低いものであった」と結論しているが、この結論は否定的にすぎるように思われる。
(22) この自然学の基礎づけに関する感覚の認識論的価値の評価については、村上、上掲論文、及び、村上勝三、二〇〇二年、「デカルト哲学」、『哲学を生きる』知泉書館、三四頁に負っている。
(23) この問題の解釈については、小泉(上掲論文、一〇－一一頁)に負うところが大きい。

第II部　マルブランシュ、真理と存在

一　存在の響きとしてのかすかな知覚

——マルブランシュにおける真理の場と超越の形象[1]——

鈴木　泉

はじめに

「真理は事象的な関係に他ならない。［……］三種類の関係ないしは真理（des rapports ou des vérités）がある。諸観念の間、諸事物と諸観念との間、そして、ただ諸事物の間の、関係ないしは真理がある。」（OCII286-7）[2]と述べるマルブランシュにとって、真理は関係である。一六八〇年代のマルブランシュにおいて、諸観念の間の関係としての真理の内容が拡大されて体系的に整備され、「大きさの関係」に関する思弁的真理と「完全性の関係」即ち「秩序」に関する実践的真理が区別されるに至るにせよ、この点に変わりはない。[3]そして、算術的であれ幾何学的であれ数学的な関係をモデルとする思弁的真理は、それが物体の本質を対象とする場合に叡知的延長（étendue intelligible）の理説として展開され、他方、実践的真理は諸観念の完全性のヒエラルキーを構成して法の力を有することによってマルブランシュの道徳論の基礎となるが、両者は共に人間と神とに共通な真理の場としての「御言（le Verbe）」（OCXI17）＝「普遍的理性（Raison universelle）」（OCXII190）によって支えられている。さて、本稿で考察したいのは、マルブランシュにおける真理概念そのものではなく、その関係としての真理を支える真理の場そのものが、どのように開示され、どのような形象において捉えられているか、という問いである。関係としての真理は、それが関係＝比（ratio）に関するものである限り、（近世）合理主義の合理性の意味を測定する特権的な主題であるかも知れない。しかし、その関係は、「存在しない関係」（OCXI21）とは区別されるまさしく事象的なものとして「存在するもの」（OCII286）であり、対象操作的な理性によって形成される整合的な関係に解消されるものではなく、存在との重要な関わりを有する。とすると、関係としての真理を、事象的に存在する真理として捉えることを可能にする真理の場が、一義的な理性に留まらずに、まずもって存在概念との関わりにおいて切り開かれていなければならない。

一般的に言うなら、「神においてすべてを見る」とするマルブランシュの哲学は、原因による可知性の探求とも言えよう機会原因論の理説も含めて、関係としての対象一般の現れの条件を表象とする〈表象の形而上学〉の完成形態の一つである。(4) しかしながら、マルブランシュ哲学の哲学としての偉大さと特異性は、〈表象の形而上学〉つまりは神と被造物とに一義的な〈真理の形而上学〉（山田弘明）の構築を完成させると同時に、関係としての真理を支える真理の場という根拠の次元を（幾つかの困難を回避しながら）マルブランシュ独自の極めて風変わりな超越の形象において解明したところにある。本稿の課題は、思弁的真理にその考察を絞り、真理の場としてのマルブランシュ的な超越の形象を正確に描くことである。

その形象を捉える考察の発端に位置する問いは次のようなものである。「神においてすべてを見る」という理説、そしてその発展形態である叡知的延長の理説は、対象一般ないしは存在者総体をそれらの関係として「神において見る」ことに他ならないから、存在者総体とそれら（の表象）を支える神、言うなら真理と真理の場との区別、そして真理の場の開示という問いを喚起する。言い換えれば、真理の場としての神なる超越性の開示の問いである。

この問いを導きの糸にして考察を進めるが、より具体的には、「存在一般についての漠然とした観念の内密な現前」(OCI456)の内実の検討を本稿の中心的課題とする。というのも、マルブランシュは最初の著作である『真理探究論』初版(一六七四年)の極めて重要な箇所(第三巻第二部第八節)——即ち、件の理説を含む認識様式の積極的な提示を行った箇所のすぐ後、初版のほぼ末尾——において、マルブランシュに特有の神認識の独自性と問題性とを[5]この表現に集約させているからである。この書の序文が雄弁に語っているような理性を介しての神との合一が、神中心主義、さらにはキリスト中心主義を基調とするマルブランシュ哲学の根本的な前提である以上、これはその前提の別の表現であるかに思われかねないが、(1)マルブランシュにあって、超越としての真理の場の次元は、存在者総体と区別される「存在そのもの」「存在一般」ないしは「普遍的存在」等々として解明されるとして、(2)「出エジプト記」に由来する存在概念を軸とする超越の次元は、しかしながら、その存在の観念が「漠然とした」ものであるという規定を受け取っており、漠然とした観念の現前に超越の形象を見出すことは困難であるように思われる、(3)にもかかわらず、この表現こそが、晩年に至るまでのマルブランシュ特有の超越の形象の独自性と問題性とを浮かび上がらせる集約的な一節であるように思われる、からである。

超越の形象を探る試みは、マルブランシュ哲学の体系における一連の概念群の中への位置づけを必要とするし、またテクスト及び理説の漸次的発展というマルブランシュ哲学固有の事情があるので、一連の概念群の整理と理説の漸次的発展に対する考慮を行いつつ、一/マルブランシュにおける神認識の場の確定・問題の除去・前提の確認、二/「存在一般についての漠然とした観念の内密な現前」についての主題的検討、三/そこで取り出された「かすかな知覚」の意義の考察、の順で検討を進める。[6]

一　マルブランシュにおける神認識の場の確定・問題の除去・前提の確認

本稿の議論の場を限定し、一連の誤解を避けることを目的として、マルブランシュにおける神認識の場を簡単に整理した上で、本稿の議論をそこに位置づけ、次いで、議論を可能にする最低限の前提を（除去されるべき問題と共に）手短かに確認しておこう。

神認識の場の確定　マルブランシュ哲学の出発点となる前提は、既に述べたように神と魂との合一であるが、この合一が、神の三つの位格に対応して、知の場面（＝御子なる理性）、意志ないしは愛の場面（＝聖霊）において議論の主題となる。[7] さて、知の場面に他ならない神認識に関する議論は、次の点を基本とする。

認識の四つの様式と神認識：（ｉ）『真理探究論』第三巻第二部第七章において、事物を見る認識様式が四つ、即ち、（1）神をそれ自体で見るという神認識、（2）観念による物体認識、（3）意識（ないしは内的感得）による魂の自己認識、（4）推論による他我認識、に区別されており、この点がマルブランシュの認識論の大きな前提をなす（cf. OCI448-455; OCXIII35）。（ii）これに先立つ第六章において「すべての事物を神において見る」というマルブランシュの有名な理説が論証されるが、ここで言われる「すべての事物」は正確に言うならば、物体という事物の（本質の）関係の総体のことであり、したがって、この理説は、物体という存在者の（本質の）関係の総体の認識が神においてある観念によって可能になる、ということを述べたに過ぎず、自己の魂・神・他我はこの理説の示す存在者の総体とは異なる位置づけを有する。（iii）神認識そのものは、それ自体による認識として「直接的でじかに見ること（vue immédiate & directe）によって見る」（OCI449, var. b）とされる。そして、神認識の直接性は、神が叡知的（intelligible）存在であり、そのことによって我々の精神に見出されることに求められ（cf. OCI448-449）、これはアウグスティヌスに由来する「いかなる被造物も介さずに（nulla creatura interposita）」（ex. gr. OCI449; OCIX963; OCXIII8; OCXV48）という表現に集約される。

神の実在証明：神の実在の証明ないしは証拠（preuve）は、有限な存在である被造物には無限者を表象（＝代提示）（représenter）[8] することが出来ないという無限の表象不可能性に求められる。即ち、有限な存在である被造的な精神は無限者を思惟し（penser）、覚知（apercevoir）しているが、被造的な精神が有限である以上、無限の事象性を有していないから、無限者を表象することは出来ず、その無限の事象性を有する無限者としての神が実在しなければ無限者の思惟や覚知は成立しない。したがって、無限者としての神は実在する、というのである（cf. OCII96-103）[9]。

しかしながら、神の直接的認識であれ、その実在の証明であれ、神についての何らかの把握を必要とするから、その把握の場に応じて様々な問題を喚起するが、マルブランシュの場合には、次のおよそ三つの議論の場を有しているように思われる。

1/英知（sagesse）ないしは理性を介しての神認識という上昇の道
2/神名と神の属性をめぐる神の概念把握
3/神そのものの現前[10]

重なりつつも固有の意味を有する以上の神認識に関する議論において、何が問題とされたのか、ということも確認しつつ、最低限の前提を纏めておこう。まず、1に関しては次が最低限の前提である。

1/英知ないしは理性を介しての神認識という上昇の道：マルブランシュの場合、物体認識は神と異なることのない永遠の理性との結合によって可能になるから、永遠の理性における物体認識から神認識へと進むという上昇の道が神認識の中心になる。換言すれば「神において見る（voir en Dieu）」ことと「神を見る（voir Dieu）」ことは密接な関係を有するのであり、これらの理説の解釈をめぐっては、研究史において以下の問いが提起され、それぞれに次のような解答が与えられている。

（i）「神を見る」ことと観念：観念による物体認識と神認識が峻別される限りで、神認識を観念によって可能にすることは、術語上の問題を多く孕むはずだが、実際にはマルブランシュは、「神の観念」や「無限に完全な存在の観念」等々の表現を無数に用いており、この点に関しては、アルノーがいち早く批判的な指摘を加えている。[11] だが、この術語上の曖昧さは表面上のものに過ぎない。確かに、デカルトに由来する観念の定義を一般的に踏襲し、広義の意味で観念なる語を用いて「神の観念」という表現を採用する場合があるのはテクスト上の事実だが、神認識を正確に語る場合には先の認識様式の四つの区別を堅持した上で、観念の語を物体認識に限定しているのであって、神認識が表象作用を行う観念によって可能になると積極的に語ることはない。[12]

（ii）神認識と見神：だとすると、神認識は観念による認識とは異なる、まさしく〈見神〉として直接的ないしは直観的な見ることを意味することになりそうだが、そこには留保が必要である。確かに神のみを「直接的でじかに見ることによって見る」とマルブランシュは当初から述べているが、この直接的な〈見神〉には、「いまだかつて、神を見た者はいない」（「ヨハネによる福音書」1・18）とする聖書によっていわゆる至福直観（vision béatifique）の禁止というブレーキが予めかけられている。問題はまさに「見る」ということの意味に他ならず、この直接的な〈見神〉が、神の本質を見ることではない、と繰り返し言われている以上、これを神秘主義的〈見神〉と同一視することは出来ない。[13]

(iii) 神認識と叡知的延長：だが、「神において見る」という理説が、「第十解明」(『真理探究論』第三版、一六七八年）以来、叡知的延長の理説へと展開されることによって、神認識と（神の内なる）叡知的延長による物体認識との関係が重要な問題として浮上する。実際、例えば『キリスト教的省察』において「叡知的延長は永遠的、広大無辺、必然的である。それは神的存在（l'Etre divin）の広大無辺さである」(OCX99）とも言われ、ときに神それ自体と叡知的延長とが同一視されるかに思われることもある以上、創造主としての神と被造物である物体の原型としての叡知的延長との区別、言い換えれば、創造主としての神の超越性の確保が（スピノザ主義との差異化と共に）問われることになる。さて、この点に関する解釈上の議論の方向は既に最低限定まっている。まず、叡知的延長は神の存在を認識させるが、その本性を認識させるわけではない。これが前提である。[14] そして、叡知的延長は神の御言としての永遠の英知ないしは理性にその場を有し、神も有限な知性も共にこの英知ないしは理性を介して物体の認識を可能にするのだから、神認識と叡知的延長による認識との関係は、神とその第二の位格たる御子との三位一体の秘義に結局は帰着する。[15] そして、この三位一体を背景にしつつ、神それ自体の超越性の確保の可能性が、被造物の認識を可能にする水準における存在や無限性から神それ自体の水準における存在や無限性を——例えば「すべての類において無限に無限な存在一般」や「普遍的存在」として——切り離すことによって、それぞれの仕方で探られることになる。[16]

以上の事態を、事柄として明らかにして問題をはっきりとさせるために、少しだけ手綱を緩めて、私たちなりに解説を加えよう。

神認識と物体認識をめぐる問題系において、マルブランシュはおよそ三つの水準を区別している。(a) 神それ自体の認識の水準、(b) 叡知的延長の認識の水準、(c) 個々の物体の観念の認識の水準、がそれである。叡知的延長は諸観念の関係の場に他ならず、そこから個々の観念が切り出されてくる地平に他ならないとするなら、(a)の神認識の水準とは、物体の感性的な現出と地平そのものの現出双方を可能にしている、現出そのものの可能性の条件としての限界概念である、と言うことが出来よう。

しかしながら、現出そのものの可能性の条件としての神認識の水準は、観念による認識とは異なるとされる一方で、(b)の水準との（三位一体を根拠とする）関係を有するのであり、したがって、それ固有の認識様式の解明を受け取ってはいないように思われる。神認識がある種の直接的な〈見神〉であるとして、その正確なあり方はどのようなものなのか。現出そのものを可能にする最終的な地平としての神はそれ固有の水準においてどのように開示されるのか。冒頭に挙げた問いは、このように定式化することが出来よう。

手綱を締め直して考察に戻るなら、現出そのものを可能にする最終的な地平としての神の、それ固有の水準における開示は、マルブランシュのテクストにおいて二つの仕方で示されているように思われる。それが既に挙げた2/神名と神の属性を巡る議論と3/神そのものの現前を巡る議論に他ならない。即ち、神においてある観念ないしは叡知的延長から神の認識へ至るという上昇の道が既に触れた幾つかの問題を孕む以上、予めそのような議論に先立って神を捉えておくことが求められており、それが、一方では、神の名や神の属性として概念において（＝2）、他方では、概念とは異なる神の現前という仕方において（＝3）、議論されているのである。まず、マルブランシュにおける神の概念把握の模様に関して最低限の前提を纏めた上で出来るだけ問題を浮かび上がらせることにしよう。

2/**神名と神の属性を巡る議論**：神名と神の属性を巡る議論は、円熟期（＝ψ4）の体系的な主著である『形而上学と宗教についての対話』に集約されている。この書を中心にその議論を纏めるなら、次の通りである。

（ⅰ）存在そのものとしての神：マルブランシュの神名論において、特権的な名は存在そのものである。神は「無限に完全な存在（Etre infiniment parfait）の短縮された表現である」（OCXIII74; cf. OCV179）とされるが、「真の神、それは存在（l'Etre）である」（OCXIII83）という一節に示されているように、力点は存在そのものにある。特定の個別的な存在とは区別される存在そのものという「出エジプト記」に由来するこの神の名が出発点にある。[17]

（ⅱ）無限性：他方、神ないしは神性（la divinité）は「無限（l'infini）」（OCXIII74）とも語られる。神は「無限に無限に無限なもの」（OCXII52）として、あらゆる意味において無限であり、「神の本質的な属性はその無限性」（OCXII205）に他ならない。神は「あらゆる意味において無限なもの」（OCXII183）である以上、その認識において我々には「包括的に把握出来ない（incompréhensible）属性のみを神に帰さねばならず」（ibid.）ず、神を擬人化してはならない。

（ⅲ）一性：さらに、存在そのものとしての神の認識は我々には極めて不完全なものであり、無限の数の完全性を含んでいる神に固有の「一性」（OCXII54）「単純性」（OCXII54, 56）を我々は判明に認識し得ないが、神は「端的に無限（l'infini tout court）」（OCXII185）であって、「無限なものの有するそれぞれの完全性が、いかなる事象的区別もなしに他のすべての完全性を含む程に、単純である」（OCXII54 et 185）。[18]

こうして見る限りでは、存在そのものとしての神、無限性と一性を本質的属性ないしは特性とする神、という規定そのものにおいては、デカルトの神概念と大きな隔たりはないように思われる。[19]

しかしながら、デカルトを対比の軸にしてより詳細に検討するなら、次の点においてマルブランシュの議論は独自性を有し、それがマルブランシュ固有の問題性を生み出すことになる。

(i) 存在そのものとしての神は「規定されない存在(l'être indéterminé)」(OCXII37, 52)「制限なき存在(l'être sans restriction)」(OCXII53, 174, 183, 185, 186)、「普遍的存在(l'être universel)」(OCI435, 449; OCIII148)、「一般的な存在(l'être en général)」(OCI456)、「一般的存在(l'être général)」(OCIII8)[20]とも並置されるか呼び換えられる。「制限なき存在」が存在そのものに対する積極的な未規定性を意味し、「一般的な存在」及び「一般的存在」が消極的な未規定性を意味するという違いはあるものの、未規定な存在を神の名とする点において変わりはない。そして、「我々が有限な存在を概念するためには、必然的にこの存在の一般的知見から何かを引き抜かねばならず、したがってこの知見が先立たねばならない」(OCI441)と述べられる以上は、存在そのものとしての神は、物体の(本質の関係の)認識がそこにおいて可能になる表象の可能性の条件に他ならず、存在者の現出の地平としての未規定な存在こそがマルブランシュ的な神概念の特質を示す[21]。

(ii) 他方、未規定な存在という神の被造物に対する超越性を示すかに思われる無限性の概念的な位置価を検討するならば(cf. OCXII183)、無限性は一貫して神に帰することの可能な完全性に対する形容として用いられており、無限であることの言い換えである「包括的に把握することが出来ない」ということに関しても同様のことが言える。さらに「無限に無限に無限なもの」という表現も、特定の類における無限なもの、即ち無限な叡知的延長との差異化を図ろうとしつつも、叡知的延長もその類においては無限であるとされているのだから、逆にその連続性を強調することになるか、この形容詞の累乗化のみを取り出すならば、それは未規定であることの表現に過ぎなくなるだけである。したがって、「包括的に把握されないということが無限なものの形相的根拠のうちに含まれている」(ATVII368)というデカルトのカノンとなる無限性理解に比べた場合に、マルブランシュは、一方で、無限性を個々の属性に対する形容詞の水準で理解するために、無限に完全な存在としての神を被造物の(本質の)延長線上、さらにはそれらの総体として捉える道を開くと共に、他方で、未規定の存在を呼び出すに過ぎなくなっているように思われるのである。[22]

(iii) さらに、マルブランシュにおいて、神の有する完全性を「包括的に把握することが出来ない」という議論の焦点は、神が無限の数の完全性を一性や単純性において含むことの理解に対するものである (cf. OCXII185)。まず、神のもろもろの完全性が神において区別されないというとき、その区別は飽くまでも事象的区別に過ぎず、デカルトのように「いかなる理拠 (ratio) においても」(ATI153) というものではない。しかも、神の一性ないしは単純性の理解が肯定的に語り直されることはない。[23] 議論は一貫して「見ること」ないしは「認識すること」と「包括的に把握することが出来ないこと」との二項対立の間で進められ、神に固有の完全性を捉えるそれ固有の場をマルブランシュは有していない。デカルトであるならば、被造物において「全く何らの類例をももたない」(ATVII137) と語って議論を進める神に固有の属性に関する議論の場が不在なのである。[24]

この限りで、マルブランシュの神名と神の属性を巡る議論は、対象一般の認識を可能にする表象の地平を動いていると言わざるを得ない。したがって、神名と神の属性を巡る議論もまた、神の超越性を十分に語るだけの概念装置を――まさしく概念装置である限りで――持つには至っていないのである。

但し、神認識を巡る議論が総じて対象一般の認識を可能にする表象をモデルとしているわけではない、ということには注意を強く喚起しておきたい。いずれにしろ神に等しい、神においてある観念であれ、神についての知見としての観念であれ、これらの観念によって神を認識する際、御子に他ならない観念とその観念によって示される神そのものとの関係を、表象の関係によって捉えることが出来るだろうか。例えば、Bardout は、「御言は神の実体の完全な表象である」と述べ、マルブランシュが「神の超越を知性の表象の内に組み入れる」とする。[25] しかし、御言としての観念は神の産出の働きによるものとして神と同一であり、「神の御子は父なる神の完全な表現にして似像である」(OCVI166)。三位一体に由来するこの関係を表象の関係によって解釈することは可能だろうか。我々が神においてある観念を介して物体(の本質)を認識することは、まさしく観念が物体(の本質)を志向する限りにおいて表象の作用であろう。しかし、神においてある観念ないしは神についての観念によって神を捉える関係は、その根底に三位一体の関係を有する以上、表象の作用であると形容することは出来ない。むしろ、この点は正確に語られているように、神の観念は「自己現前的な観念(une idée autoprésentative)」であり、この観念によって神は「現前」ないしは「自己顕現」している、と解釈する地点に留まらねばならない[26][27]。

問題は、神が自己を提示するという神(の観念)の自己現前の様式である。実際、或る書簡においてマルブランシュは「人が直接的に見るものは何も表象されることはなく、ただ現前(présenter)されるだけである」(OCXVIII279)と述べている。神の名ないしは神の諸属性による神の概念把握は、マルブランシュにあって今検討した通りに様々な問題を孕む。より正確に言うならば、三位一体の関係を背景に考察する限りで、神における観念であれ神についての観念であれ、神に等しい観念による神の自己現前によって神の認識は可能になると言えるが、三位一体の関係が秘義に留まり、かつ、概念把握としての神認識が総じて対象一般の認識を可能にする表象の地平に留まっている限りで、既に挙げたような幾つもの困難に逢着することになり、それらの困難を回避する概念装置を、これまでのところでは見出し得なかった。神の存在そのものの超越性の開示は、この書簡において見られる現前の様式に見て取られねばならない。それはまさしく、3の神そのものの現前を巡る議論である。神の自己提示の場をこの現前に関する議論において正確に摑み取らねばならない。そこで、節を改め、冒頭に挙げた『真理探究論』のテクストに戻り、問題を改めて確認した上で、この議論の場から出来るだけのことを読み取るべく努めたい。

二　存在の観念の触発によるかすかな知覚

冒頭に挙げたテクストは、正確には次のように述べていた。

「神、（即ち私の言うところでは）特殊な制限なき存在、無限な存在、一般的な存在の、人間の精神に対する明晰にして、内密の、必然的な現前は、すべての有限な対象の現前よりも精神に対して強く作用する。」(OCI456)

「存在のこの観念は、それがどれほど大きく、広大で、事象的で、ポジティーフであるにしても、我々にとって非常に慣れ親しんだものであり、我々に触れることが非常に少ないので、我々はそれを全く見ていないも同然に考えてしまうのである。」(OCI457 ――但し、この部分第五版（一七〇〇年）による)

このテクストは、アリストテレスに由来する哲学が実体形相を初めとする抽象的で一般的な概念を捏造してしまうことの原因を、一般的な存在に関する漠然として一般的な観念に求めたものだが、神の現前に関する問題性を的確に示している。即ち、一つ目の引用においては、神の現前が有限な対象の現前よりも「より強く作用する（agir plus fortement）」と述べられているのに対して、二つ目の引用においては「触れることが非常に少ない（toucher si peu）」と述べられている。作用することと触れることはどのように異なり、そのパラドキシカルな現前ということで何が示されているのであろうか。

この点に関する解答は、ψ4の時期に至るまでのテクストには見出されない。それでは、そのような場はマルブランシュのテクスト総体において見出されないのであろうか。ψ5の時期の代表的な著作である『キリスト教哲学者と中国の哲学者との対話』の一節にまず注目することにしよう。

「存在者のあらゆる類において無限なものの観念、存在（l'Etre）というこの語に見合う観念、無限に完全な存在は、無限に一層の事象性を含む、但し、この観念が我々に触れる（toucher）知覚は、あらゆる知覚のうちで最もかすか（leger）である。この観念が広大であるだけかすかであり、したがって、その観念が無限である以上は無限にかすかである。」（OCXV8）

このテクストは、マルブランシュの思索の新たな、そして本質的な面の幾つかを明らかに示している。と言うよりも、私の見るところでは、『キリスト教哲学者と中国の哲学者との対話』は、第一節で纏めた議論をも総括しながら、マルブランシュが神認識の問いを晩年の思索の基盤に立って集約的に論じたものに他ならない。まず、一連の議論を辿ることによって、触発によるかすかな知覚という表現に収斂するこの書の議論の意義を理解することに努めよう。（1）この時期に特有のものではないが、事象性に関する前半の議論、（2）無限なものの観念が我々に「触れる」とされている点、（3）それによって生じる知覚が導入されている点、（4）その知覚が「かすか」である、という一見するとパラドキシカルな説明がなされている点、以上四点である。説明と解釈を加えよう。

（1）事象性の議論：「出エジプト記」に由来する神名の提示から始まる『キリスト教哲学者と中国の哲学者との対話』は、神の実在証明へとすぐに議論を移すが、その中心的な論点は事象性の大小に関する議論である。まず、無を思惟することと思惟しないこととの同一性、したがって、思惟が何ものかについての思惟であり、精神の直接的対象が事象的であることが確認される。これに、有限な事象性しか有さないものには無限を自らにおいて見出すことは出来ず、有限な存在には無限者の事象性を含むことは出来ない、という論点が加わることによって、無限者を思惟し、覚知するということのみから、無限者の存在が帰結する、という証明がなされることになる。事象性の大小を軸とした神の実在証明は、少なくとも『形而上学と宗教についての対話』(OCXII51-52) にまで辿ることが出来るが[28]、(既に触れた) この論点の重要性は、この議論があってこそ無限即ち存在そのものの観念が「事象性をもたない虚構、想像」(OCXV4) ではなくて事象性を有することと、有限な精神に無限なものを表象することの不可能性とが確立されることにある。[29]

(2) 観念の実効性と触発：神そのものである無限ないしは存在の観念が我々に「触れる」という論点は、晩年の時期におけるマルブランシュ哲学の思索の基調に由来する極めて重要な論点である。Robinet の調査によれば[30]、レジスとの応接を経た一六九五年頃から始まり、とりわけ (マルブランシュによる『人間知性新論』と言えよう)『アルノー氏の第三書簡への答弁』(一六九九年) において鮮明にされたその思索の基調とは、観念の実効性、即ち、神の内なる無限の観念が魂に実効的に働きかけ、触れ、触発する (affecter)、というものであり、それがこの時期に固有のものであることは、それ以前に書かれた著作に対する加筆・訂正から既に明らかにされている[31]。神はまさしくその神的実体に他ならない観念によって我々に実効的に働きかけ、触れ、触発する、というダイナミックな関係を我々に対して有するというのである。

(3) 観念と知覚：さらに、観念の触発によって、観念とは異なる知覚が生じるという論点のうち、観念とは異なる知覚の次元の確保は、『真理探究論』第五版において明示的に示された (cf. OCI42) 純粋知覚と感覚的知覚との差異に由来し、さらに遡ればアルノーとの論争の中で獲得された論点であるが[32]、少なくとも無限即ち存在そのもののの観念との関係においては『形而上学と宗教についての対話』初版（一六八八年）には見出されない。存在そのものの観念を認識することとその認識によって成立する知覚との区別を伴った連携に関する考察は、（2）の論点の付加を経た『アルノー氏の第三書簡への答弁』においてもなされることはなく、一七〇〇年の『真理探究論』第五版における追加部分を待たなければならない（cf. OCII101-102）。一七〇〇年に、存在そのものの観念を思惟し、覚知するその知覚の様式に関する議論の場が初めて開かれ、その議論が晩年の著作において集約的に述べられたのである。

（4）知覚の「かすか」さ：存在の観念の「触れる」ことによって生じる知覚が「かすか」なものである、という論点もまた、存在の観念の触発とその知覚の連携が議論された一七〇〇年に初めて出現したものであることをまず確認した上で[33]、そこに隠された幾つかの前提を明らかにしておこう。（i）事象性の大小と知覚の鮮烈さ(vivacité)、言うなら強度との関係、（ii）我々の精神の覚知する容量の大小と知覚の強度との関係、さらに、（iii）知覚それ自体の意味に関する変更等々の前提が隠れており、その意味を正確に摑むためには、以上の前提を一つ一つ解きほぐす必要がある。

（i）事象性の大小と知覚の鮮烈さとの違い：存在の観念による触発によって生じる知覚が「かすか」である、ということの意味は、まず、痛み等の感覚的知覚の鮮烈さとの対比において語られている。棘の刺す痛みよりも色が、色よりも大気という空間の知覚が、そして大気という空間の知覚よりも眼を閉じて概念的に把握する広大な空間の知覚が、順を追って鮮烈さに欠け、我々に触れることが少ない。しかし、この知覚の鮮烈さは観念の含む事象性の大小を意味するわけではない。むしろ反対に「観念が大きければ大きいほどそれだけ少ない力で我々に触れるに違いないように思われる」(OCXV8) のである。さて、ここには知覚の強度を巡る議論が導入された理由が示されている。そもそも、この議論は一連の事象性の議論によってマルブランシュ特有の「極めて単純な」(OCXV5) 神の実在証明が証明としては完結した後、中国の哲学者がその議論の正当性は認めつつもそれに「納得しない」(OCXV7) と述べるのに対して、その確信を阻む理由を挙げて納得をもたらすという場面で持ち出されたものである。知覚の鮮烈さの大きさから観念の有する事象性の大小を分離して純化し、事象性の大小によって存在に関する知の場面を開く、という意味をこの議論は有している。

(ii) 精神の容量と知覚の鮮烈さ：それでは、知覚の鮮烈さから観念の事象性の大小を判断してはならないとして、この両者がむしろ反比例するように思われるのは何故か。そこで挙げられるのが、我々の精神の容量の小ささである。「もし天空が実際にそうであるのと比較すると我々に小さく現れるのは、恐らく、我々の覚知する容量が余りに小さくて、その大きさのすべてについての生き生きとした感覚的知覚を持つことが出来ないからである。何故なら、我々の知覚が生き生きとしていればしているだけ、それらは我々の精神を共にし、我々が覚知し、言うなら思惟する容量、非常に限られた限界を有するのが確かである容量を一層満たすのは確かであるからだ」(OCXV8)[34]。

(iii) 二種類の知覚：しかし、以上からすると痛みから存在の観念によって生じる知覚に至るまで、知覚の鮮烈さに度合いがあるだけであって、そこには連続性が認められるようにも思われるが、二種類の知覚がここにおいても区別されていることに注意しなければならない。知覚が生じるためには一般に観念による触発が必要であり、同じ観念が様々な知覚を生じせしめるのだが、「非常に弱い、言うなら純粋な知性の働きによる知覚」(OCXV9) と感覚的知覚とが区別されている。

したがって、「かすか」な知覚が「かすか」である所以は、観念の有する事象性の大きさと我々の精神の容量の限界にあるが、その「かすか」であることの内実は、その知覚の鮮烈さの小ささ、即ち、痛みや色等々の知覚との連続において捉えられる小ささにではなく、そのような感覚的知覚とは本性を異にする知覚に求められねばならない。感覚的に触れることとは異なる触発による「かすか」な純粋知覚、これこそが神ないしは存在そのものの現前の様式に他ならない。しかし、この純粋知覚は、それが「かすか」なものであるだけに、神認識として幾つかの困難を抱え込むことになるのは既に指摘した通りである。Alquié の「存在一般の観念の漠然とした現前の内にキリスト教の神の形象をどうして発見出来よう[35]」という発言に集約される困難がそれである。

確かに、この Alquié の発言に若干の問題が含まれていることも事実である。マルブランシュのテクストにおいて、「現前（présence）」という語に対して「漠然とした（vague）」という形容詞が付加されることはなく、これは存在一般の「観念」に対して付加されるだけである[36]。だが、マルブランシュの同時代人が「すべてのうちで最もかすかで、無限にかすかな知覚に基づいた推論の堅固さとは一体どのようなものであり得るのか」（OCXV46）と述べているのも事実であり、〈存在一般の漠然とした観念のかすかな知覚の内にキリスト教の神の形象を見出すこと〉の困難は残るであろう。節を改めて、かすかな知覚の意義を考察することにしよう。

三　存在の響きとしてのかすかな知覚

かすかな知覚に肯定的なものを求めてはならず、それは飽くまでも観念の有する事象性の大小そのものを捉えることに慣れるための否定の道としての議論において導入されたものである、と言うことが出来そうに思われるし、また事実、先の批判に対するマルブランシュ自身の応答もそのような示唆を行っているように思われる。しかし、次の点に注意しなければならない。その応答においてマルブランシュは「知覚の感受性（sensibilité）」（ibid.）によって観念の事象性を判断することを批判し、「観念において精神の見出す事象性の大小によって」（ibid.）観念の大小を判断しなければならない、と述べる。確かに、知覚のかすかであることが事象性の大小を――あたかも事象性の大小と知覚の鮮烈さとの反比例の関係によって――知らせるわけではない。だが、感覚的知覚と純粋知覚ないしは「知性的（intellectuel）知覚」（OCXV8）とが区別される以上は、知性的知覚の有するかすかさは、知覚の感受性と呼ばれるものとは異なるのであり、また、この知性的知覚のかすかな場を除いて、観念を認識する場をどこに持つことが出来るであろう。かすかではあるが、存在の観念が精神を触発することによって生じる知性的知覚こそが、神の有する事象性を認識させる唯一の場なのである。(37)

実際、マルブランシュは「私の精神が思惟し、或いは覚知することが出来るにしろ、私の精神に触れ、それを変容するものしか覚知出来ない」（OCXV19; cf. OCIX921; OCXIX883）と述べており、神を思惟し、覚知することも神による触発を必要とする。だが、その触発の徴、つまり触発によって可能になるかすかな知覚を抜きにして、神を思惟し、覚知することが出来るだろうか。マルブランシュは無限が我々に触れる「現世における非常にかすかな（très-léger）知覚」（OCXV47）に、神それ自体の現前を認め、また、神（の観念）の事象性を見出す場を認めたのである。

だが、さらに注意しなければならない。存在の観念の触発によってかすかな知覚が生じるとして、このかすかな知覚が存在そのものについての知覚であることを告げるのは何か。例えば幻影肢の場合、様々な感覚的知覚の継起にもかかわらず、そして腕は実在していないにもかかわらず、それらの知覚が腕の知覚であるためには、「手の観念」（OCIX957; OCXV9; OCXIX884）ないしは「観念的な腕」（OCIX961; cf. OCXIX884）の触発が必要とされていた。腕の観念の同一性によって知覚が同一物についての知覚であることが保証されると共に、この知覚は飽くまでも腕の知覚に過ぎず、叡知的延長の「観念的部分」（OCXV9）である腕の観念が神それ自体についての知覚を生み出すわけではない。腕の観念と腕についての知覚の間には心身の結合の法則を背景にした（機会論的な）因果関係と触発するものへの志向的関係が成立しているが、その志向的関係は腕についての知覚が腕のあり方を示すのではなく内的感得として心のあり方を示すのでしかないという意味で恣意的な記号関係である。他方、存在の観念の場合にも同じく、存在の観念-存在についての知覚という関係が成立するだろう。だが、腕の観念と腕についての知覚との間に（少なくともマルブランシュにおいては）恣意的な記号関係のみが成立するのに対して、存在の観念と存在の知覚の場合には、両者の間に因果関係のみならず、その知覚が常にかすかな知覚でしかあり得ないという非恣意的な、つまり有縁的な記号関係が成立している。より正確に言うならば、（マルブランシュ自身は論じていないものの）腕の知覚がそれへと志向的な関係を結ぶ腕の観念において、腕の観念そのものについての知性的な知覚による把握が必要とされるであろうから、その場合、腕の観念（―腕の観念の知性的知覚）―腕の感覚的知覚という三項関係が存在しているのに対し、存在そのものの観念の場合には、前二項のみの関係しか存在せず、（あり得る）三項目は存在そのものについての（知性的）知覚ではなく特定の存在者についての（感覚的）知覚となり、前二項には独特の有縁的な関係が成立する。つまり、かすかな知覚は存在そのものについての志向的ならざる現前としての徴の次元を開示しているのである。

この点は、マルブランシュの神論の幾つかの場面において既に現れていた問題性の帰結である。代表的な場面を一つだけ挙げておこう。『形而上学と宗教についての対話』において既に次のように語られていた。

「神的実体は、我々には達することの出来ないその単純性において、無限の数の全く異なった叡知的完全性を含むが、それらの完全性によって神は我々を照らすものの、それは自らをあるがままに、言うならその個別的で絶対的な事象性（réalité particulière & absolue）に従ってではなく、可能的な作品に相対的で一般的な事象性（réalité generale & relative）に従って、我々に見させるのである。」（OCXII52）

個別的／一般的、絶対的／相対的という対が奇妙な仕方で重ねられていることに注目しよう。[38] 神は絶対的にかつ個別的に我々に現れるのではなく、被造的な世界との関係において相対的に、そして、一般的にしか姿を現さない。つまり、存在そのものとしてのその姿を絶対的に顕わさないのみならず、他の存在者との区別において個別的に現すこともない。特定の、したがって、個別の知覚ではない一般的な知覚においてしか現前しない神の現前のあり方がここには既に語られている。[39]

この一般性は、「我々は常に無限を思惟している」（OCII103）、「我々は存在（l'Etre）を思惟することなしには決して存在することがない」（OCXII186）等々という、逆説的なテーゼに直結するだろう。「人間の精神は、神の外では自存することが出来ないのだから、この存在の一般観念から全く身を引き離すことは不可能である」（OCI456）以上、（少なくとも、平板に考察される限りでの）図に対する地という反転可能な図式において捉えられるものよりもより根底的な、つまり、そこから身を引き離すことの出来ない一般的な存在の次元がかすかな知覚において開示されているのである。この存在の次元への我々の関係を、メルロ＝ポンティの言葉を援用して「超越論的内在」[40]と呼ぶことにしよう。

そして、この「常に」という表現こそ、他にありようがないという意味において、本節の冒頭に挙げた（現前の）必然性の言い換えである。しかしそのテクストは次のように語っていた。神の概念としての存在一般の観念は、我々に触れることが非常に少ないので、我々はそれを殆ど見ていないように考える。その存在の完全性の一々を思惟して、主題化して捉えようとするときには、他の完全性は主題化されずに失われてしまう。個別的な存在や完全性の主題的な把握を続けることによって完全性の総体を把握しようとしても、それは「説明しがたい錯雑さ」(OCI456) においてしか覚知されない、と。存在一般のかすかな知覚は、そのような主題化に先立つ存在一般の現前の知のあり方を示している。

存在の観念の触発と殆ど区別されない、存在そのものについての志向的ならざる現前としてのかすかな知覚。個別性を欠いた無と見まがうばかりのかすかな知覚。かすかであるが、かすかであるからこそ存在そのものを開示する知性的知覚。関係としての真理は、関係としてのメロディのように現れる。しかしながら、存在の観念、即ち御言（=le Verbe）は常に既に私たちを触発しているのであり、そのことによって存在そのものを開示するかすかな知覚は、個々の真理がメロディのように現れるのに先立ち、私たちに存在の響きを与え、真理の場を開示する。[41] 存在の響きとはいえ、知性が受け取り、聴き取るしかないものである。感覚的な響きは、私たちの身体と共鳴し、ディドロのクラヴサンがそうであるように音源と私たちを一体化する。これに対し、知性に対する存在の響きは、知性がそれを受け取りつつ跳ね返すことによって、響きを与える触発する存在の場を指し示す。知覚と観念との区別をアルノーに対して倦むことなく説き続けたマルブランシュが、アルノーの死後（一六九四年）、そして論争の終結後、晩年において初めて提示したのは、このような限界におけるかすかな知覚としての存在の響きであった。[42]

おわりに

最後に取り出した存在のかすかな知性的知覚という存在の響きの次元を、事柄としてどのように評価すべきであるか、ということに関しては今のところ語る言葉をもたない。[43] しかし、締めくくりに次の二つのことだけを確認しておこう。

1/マルブランシュの哲学が、その大筋において神と人間精神との一義性の歩みへと大きく踏み出したものであることは否定出来ない。[44] しかし、有限な人間精神による神の最大限の合理化の一方で、即ち、Moreau の言葉を借りれば、神についての思考を「透明な」[45]——これはマルブランシュ自身によって壁面に対して用いられる比喩だが——ものとする努力の一方で、そのような合理化の努力によっては回収されない真理の場の次元を、しかしながらアルノーのようにデカルトの〈単純な神学〉へと回帰するのではなく、マルブランシュは独自の仕方で開示してみせたように思われる。一義性への歩みを進める存在-神-論でも否定神学に由来する無限の形而上学でもない、繊細な（存在の）形而上学と呼ぶことの出来よう思索が確かにある。本稿が追跡したのは、三位一体の英知の場面に定位したその一つの側面に過ぎない。恐らくは分離されたままに置かれていると予想するが、意志の場面に定位した愛の運動の側面、及び、力能の場面に定位した感情に関わる先行的喜悦を軸とする恩寵の側面がそれぞれ検討の主題として残され、英知の場面と共に繊細な形而上学の三幅対を構成するだろう。[46]

2/ここで取り上げた存在のかすかな知覚の次元が、意志や感情の次元と混同されない限りにおいて、マルブランシュ哲学は超越を知の次元において真理の場として捉える大合理主義の一翼を占める。だが、その後の思想史は、その理説の危うさとそれが辿る運命を雄弁に語っている。次の世紀の代表的な思想家の有名な一節を引用しよう。

「私は神が実在すること、それ自身で実在することを、極めて確実に知っている。私の実在が神の実在に従属していること、そして私が認識しているすべての事物が完全に同じ従属状態であることを知っている。私は、神を、その諸作品の至る所で覚知する。私の中に感じる。私の周りに見える。しかし、神をそれ自身で観照しようとし、神がどこに存在するのか、どのようなものなのか、その実体は何かを探求しようとすると、たちまち神は私から去って行き、混乱した私の精神は最早何も覚知出来ない。(47)」

ルソーの「サヴォアの助任司祭の信仰告白」の有名な一節である。この一節がマルブランシュの影響下に書かれたものであるかどうかを詮索することは必要ではない。問題はマルブランシュの死後半世紀を待たずして、神の存在が感情の対象となり、それと共に、神認識と真理の場の確保が不可能になってしまった、というそのことである。存在のかすかな現前は、それが感情化されることによって超越の相貌を失ってしまう。〈存在の感情〉の世紀においては、神を捉える場が失われ、神ないしは存在との結合はある種のエクスタシーとさえ化してしまう。(48)存在の響きは、かすかなものとしてであれ、最早聴き取られなくなる。これが歴史の必然であるとは誰にも言えない。存在そのものの知性的な現前に踏みとどまったマルブランシュの思索の意味をその深いところにおいて捉え返さねばならない。神論は飽くまでも神論として宗教感情とは異なるのであり、マルブランシュによる神認識の考察は神学の危機の時代における神論を介した真理の場を捉える試みの一つに他ならないのである。(49)

（1） 本稿は、二〇〇二年三月三一日に京大会館で開催された日仏哲学会主催のシンポジウム「合理主義と真理（1）」のために作成された原稿を改稿したものである。（当日読み上げられた簡略なヴァージョンは、『フランス哲学・思想研究』第八号、日仏哲学会編、二〇〇三年、に掲載された。）周到なコーディネーター役と共に、当日は司会の労をとって下さった村上勝三、及び、コメンテーターの山田弘明の両氏、さらに当日質問を寄せて下さった諸氏に深く感謝したい。とりわけ塩川徹也氏から寄せられた、パスカルをも視野に入れた一七世紀における《sentiment》/《sentir (e)》概念の問題性に関しては、スピノザのそれ（cf. E5p23s）まで含めた重要な議論のトポスとして今なお検討課題である。

（2） マルブランシュのテクストの引用は *Œuvres complètes*, publiées sous la direction d'André Robinet, Paris, Vrin-CNRS, 20 vol., 1958-1970 から行い、全集名は OC と略記し、巻数と頁数を続けて本文中の括弧内に表示する。出典先の著作名に関しては註の（6）を参照されたい。（デカルト等の引用に関しても慣例に倣って略記する。）なお、引用文中の傍点はすべて引用者のものである。

（3） Cf. OCXII9-21; OCXII190-191.

（4） Cf. Jean-Christophe Bardout, *Malebranche et la métaphysique*, Paris, PUF, 1999.

（5） 本稿では、神を何らかの仕方で知ることを一般に神認識と呼ぶことにする。フランス語で表現すれば《connaissance de Dieu》にあたるものと理解されたい。

（6） Robinet の解釈によれば、マルブランシュのテクスト総体は、五つの段階にクロノロジックに分離される。その一覧表を本稿で用いたテクストに限って示すなら次の通りである。(Cf. A. Robinet, *Système et existence dans l'œuvre de Malebranche*, Paris, Vrin, 1965, pp. 6-13.)

ψ1 (1674) 『真理探究論』第一巻〜第三巻（一六七四）（＝OCI）

ψ2 (1675〜1677) 『真理探究論』第四巻以降（一六七五）（＝OCII）、『キリスト教的会話』（一六七七）（＝OCIV）

ψ3 (1677〜1683) 『真理探究論』「解明」（一六七八）（＝OCIII）、『自然と恩寵』（一六八〇）（＝OCV）

ψ4 (1683〜1695) 『キリスト教的及び形而上学的省察』（一六八三）（＝OCX）、『道徳論』（一六八四）（＝OCXI）、『形而上学と宗教についての対話』（一六八八）（＝OCXII）

ψ5 (1695〜1715) 『アルノー氏の第三書簡への答弁』（一六九九）（＝OCVIII）、『キリスト教哲学者と中国の哲学者との対話』（一七〇八）（＝OCXV）、「メランとの往復書簡」（一七一四）（＝OCXIX）、『自然的な先運動に関する考察』（一七一五）（＝OCXVI）

なお、著作の時期の指示に関してはψ1〜ψ5の略号を用いた。

（7） この点に関しては、次が主題的な検討を行っている。Cf. Joseph Vidgrain, *Le christianisme dans la philosophie de Malebranche*, Paris, Félix Alcan, 1923.

（8） 以下、《représenter》に対しては、他の大合理主義の哲学者の術語との共通性等を鑑み、「表象」の訳語を与えるが、マルブランシュ特有の意味を読み込むならば、伊藤泰雄（『神と魂の闇――マルブランシュにおける認識と存在――』高文堂出版社、一九九七年、二七頁）の提案するように、「代提示」の方が相応しいと言える。

（9） 以上は、ψ5の時期における完成された形態の論証ないしは証拠である。ψ1の時期における論証（cf. OCI441-442）と比べた場合に、事象性の議論を巡って大きな変化がもたらされている点、また《représenter》に関するマルブランシュ特有の解釈等々に関して検討を加える必要があるが、これらの点に関しては、伊藤泰雄の解釈（同書、二四〜二六頁、及び、第四章全体）を参照のこと。

（10） 以上三つの場は、行論が明らかにするようにそれぞれψ1、ψ4、ψ5において主題的に論じられるものだが、『真理探究論』においても混ざり合った形で示されている。

（11） Cf. Antoine Arnauld, OAXXXVIII333.

（12） この点に関しては、Gouhier が模範的な解答を提出している。Cf. Henri Gouhier, *La philosophie de Malebranche et son expérience religieuse*, Paris, Vrin, 1926, rééd. 1948, pp. 330-341.

とりわけ、「神とその諸属性について」と題された『形而上学と宗教についての対話』「第八対話」は、神性と神の諸属性について正面から論じるこの主題に関するカノンたるべきテクストであるが、そこでは一貫して「観念」ではなく（神ないしは無限の）「知見（notion）」という術語が用いられている。但し、一方で、このテクストがこのような術語の一貫した使用を行う唯一のテクストであることも事実ではある。この点に関しては Robinet による解説を参照のこと。Cf. A. Robinet, *Op. cit.*, p. 337, n. 3.

（13） 「ヨハネの福音書」のこの一節に関しては、マルブランシュ自身が「第十解明」末尾において解答を与えているが、ここではその箇所の指摘に留める。Cf. OCIII55-161.

(14) 叡知的延長の認識から、その叡知的延長がそこにおいてある神の神的実体の認識が可能になるが、その場合、我々は神をそれ自体において認識するのではなく、「神が物質的な被造物と有する関係に従い、前者が後者によって分有され得るに従い、前者が後者を表象するのに従う、その限りで見る」(OCXII51) に過ぎない。

(15) この点に関しても、『真なる観念と偽なる観念の書に対する答弁』(一六八四年) の——「神の御子は父なる神の完全な表現にして似像である」を核心とする——一節 (OCVI166-167) を引きつつ、Gouhier がボナヴェントゥラの名を挙げながら模範的な解答を与えている。Cf. H. Gouhier, *Op. cit.*, pp. 331-334, 350-352.

(16) 順に、Alquié と Rodis-Lewis による解答であり、これに最近では Mallet によるより精密な解釈が加わった。Cf. Ferdinand Alquié, *Le cartésianisme de Malebranche*, Paris, Vrin, 1974. pp. 129-133; Geneviève Rodis-Lewis, «L'interprétation malebranchiste d'Exode 3, 14. L'être infini et universel», in *Celui qui est, interprétations juives et chrétiennes d'Exode 3, 14*, édité par A. de Libera et E. Z. Brunn, Paris, Cerf, 1986; Sébastien Mallet, «L'infini indéfini de Malebranche», in Bruno Pinchard (éd.), *La légèreté de l'être: Etudes sur Malebranche*, Paris, Vrin, 1998.

(17) Rodis-Lewis の調査によれば、「出エジプト記」の神名を神の最も固有な名としてマルブランシュが引用する箇所は少なくとも総計六ヶ所であるが、参照の指示の有無はともあれ、『真理探究論』から『キリスト教哲学者と中国の哲学者との対話』に至る、その思索の全体を覆っている。Cf. G. Rodis-Lewis, art. cit..

(18) Cf. OCIII148; OCVI248; OCXV10; OCXVI24-25; OCXIX886-887.

(19) Cf. ex. gr. à Clerselier, 1649, avril 23, ATV356; ATVIII137.

(20) 最後の箇所の存在は次に学んだ。Cf. J.-Ch. Bardout, *Op. cit.*, p. 185.

(21) さらに、この「出エジプト記」由来の神名——これをマルブランシュは一貫して «celui qui est» と訳す——が、「すべての存在者において事象的であり完全性であるもののすべてをその本質において含む存在」(OCXV3) と並置されるとき、存在一般としての神は、対象認識一般の可能性の地平のみならず、可能的な存在の総体という存在論的な意味を纏うことになろう。Cf. J.-Ch. Bardout, *Op. cit.*, pp. 224-225.

(22) そして、神概念は神性を「測る (mesurer)」(OCXII186) とさえ言われるのだから、Depraz のように無限概念を「広大無辺さ（immensité）」と同義語であるとして、マルブランシュの無限概念に「非-存在-神論的形而上学」の形象を見出すことは不可能なのである。Cf. Natalie Depraz, «De la phénoménologie de la perception à la gnose transcendantale», in Bruno Pinchard (éd.), *Op. cit*., pp. 230-231.

（23） Moreauは、マルブランシュにおける英知と意志との区別を、ラポルトの解釈に倣いながら、スコトゥスに由来する「形相的区別」に類似のものであるという仮説を提示している。Cf. Denis Moreau, *Deux cartésiens: la polémique entre Antoine Arnauld et Nicolas Malebranche*, Paris, Vrin, 1999, p. 103.

（24） 別の言い方をするなら、マルブランシュにおいては、«comprendre» と «entendre» の区別はあっても、これに加えて«concevoir» の次元が存在せず、«concevoir» と «entendre» との分離が存在しない。したがって、神を被造物の水準から理解する類比の次元（=«concevoir»）と神を神固有の水準において理解する次元（=«entendre»）とが区別されていないために、ともすると類比の次元が神固有の属性を理解する次元の支えを欠いてしまい、神と我々とを「一義的に」（ATVII138）理解してしまうことになるのである。そして、これに英知や善性等の神と被造物とに共通する完全性を «comprendre clairement» (OCIX951; cf. OCXII257, 262, 279) すると言われることによって、一義性への道はさらに加速されるだろう。この点に関しては、やや異なった角度からだが、Beyssadeの的確な指摘を参照のこと。Jean-Marie Beyssade, *Etudes sur Descartes*, Paris, Seuil, 2001, pp. 279-281; *Descartes au fil de l'ordre*, Paris, PUF, 2001, pp. 120-121.

（25） Respectivement, J.-Ch. Bardout, *Op. cit*., p. 98 et p. 100

（26） Cf. J.-Ch. Bardout, *Ibid*., p. 99.

なお、この点に関して、伊藤泰雄（前掲書、一九一－一九二頁）は同じく「自己提示」という言葉をもとに正確な解釈を示している。

但し、公平を期すために触れておけば、「（無限に完全な存在の広大にして無辺の）この観念が真の神を我々に表象する」（OCV26）という一節が『自然と恩寵』にあり、また『形而上学と宗教についての対話』において「神性を表象する観念」（OCXII53）という一節が微妙な前言撤回を伴いながらではあるが見出されることも事実ではある（cf. OCIX968）。

（27） なお、御言としての英知を強調して解釈することによってマルブランシュ哲学総体を一義性の哲学への歩みの一環として位置づける解釈は Jean-Luc Marion (cf. ex. gr. *Questions cartésiennes II*, Paris, PUF, 1996, pp. 197-205, 256-259 et 272-273)

を先例とする。

(28) Ex. gr. OCXII32-45, 57-60.

(29) 『真理探究論』初版における神の実在証明は、無限の観念の創造不可能性に基づく（cf. OCI441）。これに対し、同第五版（一七〇〇年）以降付加された証明において、無限者を有限者が表象出来ないという論点は、事象性の大小に関する議論によって支えられている（cf. OCII100）。Cf. ex. gr. OCIX946-949.

(30) A. Robinet, *Op. cit.*, p. 259.

具体的には、『形而上学と宗教についての対話』「序文」と『死についての対話』（共に一六九六年）、さらには「一月一四日」の書簡（OCXVIII279-281）に始まるそれである。第一節の末尾で引用したこの書簡の重要性に関してはRodis-Lewisの解釈に学んだ。但し、その時期に関しては一六九一年とするRobinetの解釈に分がありそうである。（とすると、とりわけ思索の発展に関して解釈上の大きな問題を喚起することになるのだが、ここではこれ以上深入りすることはしない。）Cf. *Les Œuvres* de Malebranche, II, édités par G. Rodis-Lewis, Paris, La Bibliothèque de la Pléiade, 1992, pp. 1340-1343; OCXIX571 et 1127-1131.

なお、ジルソンの問題提起に始まる研究史におけるこの論点の扱いに関しては、次を参照のこと。A. Robinet, «Un siècle d'études malebranchistes: courants dominants», in Bruno Pinchard (éd.), *Op. cit.*; ——, «Variations sur 'l'idée efficace'», in *Le regard d'Henri Gouhier*, sous la direction de Denise Leduc-Fayette, Paris, Vrin, 1999.

(31) Ex. gr. OCI408; OCII87-88.

(32) この論点それ自体が『アルノー氏の反駁に対する三つの書簡』（一六八五年）に辿られることに関しては伊藤泰雄（前掲書、一七二－一七五頁）が丁寧な分析を加えている。

(33) 即ち、無限の知覚が主題的に論じられる一六九九年のテクスト（OCIX946-975）と比べた場合に、そこには不在であった知覚のかすかさの議論が一七〇〇年のテクスト（OCII101-103）において主題化されているのは印象的である。前者においては、（叡知的）延長の観念による触発に関して純粋知覚が挙げられることはあっても（cf. OCIX959）、その知覚のかすかさについての言及は見られないのである。Cf. lettre à Mairan, 12 juin 1714, OCXIX884-885.

(34) 「容量（capacité）」という訳語に関しては、伊藤泰雄「マルブランシュにおける魂の闇と「実践的真理」」（『フランス哲学・思想研究』第八号、日仏哲学会編、二〇〇三年、七三頁）に学んだ。

また、無限認識と精神の容量の関係に関しては、無限小に関する理論の転用（cf. OCII101-102）に対する検討を必要とするが、ここではその示唆に留める。Cf. S. Mallet, art. cit., pp. 136-138.

（35）F. Alquié, *Op. cit.*, p. 127.

（36）この点に関しては、Alquié の解釈に対する指摘ではないが、既に伊藤泰雄（前掲書、一八二―一八四頁）が正確な理解と分析を提示している。

（37）だから、この知性的知覚を Roux のように「魂の感受性（sensibilité）に属する」と述べることには留保が必要である。Cf. Alexandre Roux, «La grâce et la légèreté de l'être chez Malebranche», in Bruno Pinchard (éd.), *Op. cit.*, p. 236 et 247.

（38）この点に関しては次に学んだ。Cf. S. Mallet, art. cit., p. 144.

（39）そして、この点は、思惟の能力と複数の事物の覚知を巡る方法論的な考察につながる。Cf. OCII282-285.

（40）Maurice Merleau-Ponty, *L'union de l'âme et du corps chez Malebranche, Biran et Bergson*, Paris, Vrin, 1978, p. 33.

（41）存在の響きという美しい表現は、本論文集の企画が本格的に始動した際に監修者である村上勝三氏によって与えられたものである。氏がこの言葉を贈られた意図とは必ずしも合致するものではないかも知れないが、借用させて頂いた。本論文集刊行へ向けての様々なご尽力に対する感謝と共に、ここに記して謝意を表したい。

なお、存在の響きに関しては、上田閑照の著作（『上田閑照集　第九巻』第一部第三節）を介して、間接的にボルノウ＝ミンコフスキーの反響概念からも示唆を受けた。

（42）この次元の提示と共に、神と叡知的延長との関係を語る比喩が「鏡」（OCIII155）から「紙片」（OCIX922, 962）を介して「壁面」（OCXV23）へと変化していることにも注意を喚起しよう。鏡が何かを映し表象している限りで、鏡それ自体を見ることは出来ないが、壁面はそこに描かれた形態がどのようなものであれ我々に触れることが出来、また存在の響きを与えるのである。Cf. A. Robinet, *Op. cit.*, pp. 264-272.

また、この次元を例えば存在の経験という語で形容することは、少なくともマルブランシュの語彙群を勘案した場合には相応しくない。神論における経験は、信仰のドグマのことに他ならない（cf. OCXII338-339）。Cf. J.-Ch. Bardout, «Henri Gouhier lecteur de Malebranche. Philosophie chrétienne ou 'Raison incarnée', in *Le regard d'Henri Gouhier, Op. cit.*, p. 183.

さらに注意しておけば、ここで論じたかすかな知覚の次元を、力能（puissance）の次元と混同してはならない。力能について「明晰な観念を人はもたない」（OCX95）のであり、力能は不可視なままに留まるのである。

(43) その意義を測定するためには、スコトゥスからクラウベルクに至る存在一般の概念を巡る概念史の検討を必要とするが、最早紙幅は残されていない。問題は、存在一般の概念の知覚が抽象作用とは異なった仕方で与えられるマルブランシュ独自の存在把握の意義をどのように評価するかということである。Cf. J.-Ch. Bardout, *Op. cit.*, pp. 119-130, 190-196.

(44) Cf. J.-Ch. Bardout, *Op. cit.*, surtout pp. 188-218; Denis Moreau, *Op. cit.*, surtout pp. 88-108, 268-299.

(45) D. Moreau, *Op. cit.*, p. 213.

(46) 以上の点に関しては、《sentiment》概念に関する深い理解をもとに、実践的真理の領域に関する思索を深化させた、本論文集所収の伊藤泰雄の論文を参照されたい。

(47) Jean-Jacques Rousseau, *Œuvres complètes*, éd. publiée sous la direction de B. Gabnebin et M. Raymond, Paris, Gallimard, Bibliothèque de la Pleiade, IV, p. 581.

(48) Cf. H. Gouhier, *Les méditations métaphysiques de Jean-Jacques Rousseau*, Paris, Vrin, 1970, p. 104.

(49) Cf. Vincent Carraud, «Histoire de la philosophie et théologie au XVIIe siècle», in *Le regard d'Henri Gouhier*, *Op. cit.*, surtout pp. 47-57.

二　マルブランシュの真理論における知覚とサンティマン

伊藤泰雄

マルブランシュにおいて、真理は「思弁的真理（vêtité spéculative）」と「実践的真理（vêrité pratique）」とに区別される。この二つの真理についての判断は、いずれも神の光によって照明される人間精神のおこなう判断として、必然性を伴うが、その必然性の働き方に相違がある。知覚される事物の「現実存在（existence）」についての判断に関わる思弁的真理の場合、その明証性は完全であり、われわれは必然性に抗して判断中止することはできないのに対して、道徳的判断にかかわる実践的真理の場合は、ある種の明証性と必然性を伴うものの、その判断に対する同意を控えるという仕方で、判断中止をおこなうことが可能である。「われわれは、自分の内に見出される光に反して行動することがありうるし、実際しょっちゅうそのように行動しているのである。」（TNG, OC5, 140）このような事実認識に立つマルブランシュは、デカルトと異なり、思弁的真理に実践的真理を依存させることはせず、法として働く〈秩序（Ordre）〉[1]に関わる実践的真理と思弁的真理との関係を問題化する道を開いた。[2]ところでマルブランシュによれば、この二つの真理が人間精神に現れるにあたって、思弁的真理については知覚（perception）という媒介者が、実践的真理についてはサンティマン[3]という媒介者が、それぞれ介在する。これらの媒介者の働きなしにはマルブランシュの真理認識論は成立しえない。マルブランシュにおいて真理を考えようとするならば、知覚とサンティマンについての理解が前提となる。しかし事は単純でない。サンティマンは単に実践的真理にのみ関わるのでなく、魂の闇という形で思弁的真理の成立においてある役割を果たしており、さらに知覚とサンティマンとの関係自体がマルブランシュでは必ずしも明確でない。本稿はそうしたマルブランシュにおける真理論における知覚とサンティマンの独自な在り方と問題を、真理認識の媒介者としての観点から考察する。

考察の順序　まずマルブランシュ認識論の出発点を確認し（一）、次に「思弁的真理」に関して、「無限に完全な存在」と「知覚」についての考察をおこなう（二）。次に、恩寵論における実践的真理がどのような仕方でサンティマンに関係するのかを考察する（三）。

一　認識論の原点

A　魂の内と外

マルブランシュにおける認識方式の概略を知るためには、『真理の探求』第三巻第二部第七章（以下3-2-7のように略記する）に示された「事物を見る四つの異なった仕方」による認識方式の区分を参照するのが通例である。[4] しかし、そこに示された認識方式の区分の出発点は、そもそも『真理の探求』3-2-1に示された認識方式の根本的区別、即ち、魂による知覚を、魂の内にあるものについての知覚と、魂の外にあるものについての知覚とに、区別することにある。この事実は見過ごされがちであるが、マルブランシュにおける認識方式を理解する原点として、重要な意味を持っている。この箇所でマルブランシュは、「魂が覚知する（aperçoit）[5] すべてのものは二種類に属し、魂の内にあるか、魂の外にあるか、である。」（RV, OC1, 415）と書き、認識対象の存在する場所に基づいて、認識方式を二分する。魂の内にあるものは「魂がそれを覚知することなしに魂の内に存在することはできない」とされ、魂の内にあるがゆえにそれらを覚知するにあたって観念は不要であるとされている。ところで、魂の内にあるものとして、マルブランシュは、「魂自身の諸感覚、諸想像、魂の諸純粋知性または単に魂の諸概念、諸情動、諸自然的傾向」を挙げている。これは『真理の探求』の扱った人間の認識能力をほぼ巻を追って挙げているのであるが、ここで「魂の諸概念」が挙げられていることに注意する必要がある。ここで「諸概念」(conceptions)と呼ばれているものは巻の順番から言って「観念」を指しているのだが、そうなると「観念」は「魂がそれを覚知することなしに魂の内に存在することはできない」ものの一つと見なされることになる。しかし周知のようにマルブランシュはこの箇所に先だって、観念を「精神の直接的対象」(RV, OC1, 414)と規定している。従って、観念は一方で魂に対する対象性を維持しつつ、他方、魂の内に覚知されるものであるという両義性をはらむ仕方で、登場している。

ところでマルブランシュは一般に、「魂において顕在的に生起しているもの(ce qui se passe dans l'âme)」(RPP, OC16, 29)をサンティマンと呼び、サンティマンについて魂の有する意識を「内的感覚(sentiment intérieur)」[6]と呼んでいる。あるものが、魂によって覚知されることなしには、魂の内に存在することはできないものであるならば、それは、当然「魂において顕在的に生起しているもの」に属するであろう。これは、精神に対する観念の現出に関して、覚知とサンティマンとの重なりをすでに示している。

覚知の対象を魂の内と外とに従って区別し、その区別に沿って認識の在り方の根本的差異を看取したところに、マルブランシュ認識論の原点がある。マルブランシュはこの区別を前提として、第三巻第二部第二章以下の五つの章を通じて、観念の洗練をおこなうのである。[7]

B 「純粋観念」とサンティマンとの混成体としての〈知覚〉

内的感覚による魂内部の覚知に対して、魂の外にあるものは諸観念を手段としてのみ覚知されうる。これは精神的なものと物質的なものとに区別される。前者は他者と天使であり、後者は物体である。ここで言われている観念は「精神が何かしらのものを覚知するときに、精神の直接的対象であるもの、即ち、精神に最も近いもの」(RV, OC1, 414) とされる観念であって、「われわれは神においてすべての物を観る」という命題を獲得する過程でおこなわれる観念の洗練以前の観念である。この観念はわれわれが直接に覚知する対象であって、そこにはまだ『真理の探求』3-2-6で語られる「純粋観念」とサンティマンとの区別は持ち込まれていない。つまり、例えばそれは、色や熱さと形とが一体となってわれわれの知覚に現れている太陽の観念である。マルブランシュはこの観念から出発し、観念の意味の洗練を経て、観念からサンティマンを区別することによって、「純粋観念」(形) とサンティマンとの混成体として「知覚」を把握するのである (cf. RV, OC1, 445)。この「知覚」は『真理の探求・解明』(一六七七年) において、「諸存在者 (神と魂とを除く) の現実存在 (existence) についてわれわれが有する認識」と言いかえられている。[8] したがって、ここで使われた「知覚」という語は、物体知覚を構成する純粋観念とサンティマンとから区別される、物体の「現実存在」そのものについての認識を意味すると考えられる。その限りで、上で述べた洗練される以前の「精神の直接的対象」としての観念は、観念が純粋観念として洗練された後には、「知覚」という語によってその位置価を引き継がれたと考えることができる。したがって、この意味での知覚は、サンティマンと同義でなく、サンティマンをその構成要素として含む知覚である。この意味での知覚を、本稿では〈知覚〉と表記する。

C 「一般的想念」としての神の観念

ところで、『真理の探求』3-2-7で「ものをそれ自体によって知る」

認識方式に分類されることになる神についての認識は、3-2-1に示された魂の内外の区別に基づく覚知の区別には含まれていない。神についての認識は、3-2-6において「われわれは神においてすべての物を観る」という仕方で物体認識が理解される過程で、物体の個別観念に先行し、個別観念がそこから切り出されるべき「存在の一般的想念(notion)」(RV, OC1, 441)として要求されるという形で語られるのである。したがって、3-2-6における神の存在についての言及は、神の存在をそれ自体として主題化したのではないということが言える。「無限に完全な存在」としての神の存在は、思弁的真理に関する認識についての説明を裏打ちする形で登場する。マルブランシュにおいて、神の存在は物体認識に不可欠であるが、しかし物体認識の文脈においてそれ自体として語られるべきものでは本来ない。即ち、「神において観る」のであって、「神を観る」のではない、という対照がマルブランシュにおける神認識の基本了解である(cf. RV, OC1, 438-439)。この点は二－2で触れるマルブランシュにおける神の存在「証明」を理解するうえで不可欠な前提である。

二　思弁的真理と知覚

二－1　魂の「闇」としてのサンティマンと思弁的真理の客観性

魂は「魂において顕在的に生起しているもの」についての内的感覚のみを認識し、それについての観念を持たない。この事態は、「魂は自分自身に対して闇でしかない」(Nous ne sommes que tenèbres à nous-même)(RV. Ecl, OC3, 150)というマルブランシュの表現に繋がるのであるが、しかし、マルブランシュは魂が自身についての観念を持たないことを直ちに魂の闇とは呼ぶわけではない。魂の闇という表現は、観念が延長の観念の特徴を介して洗練され（cf. RV, OC1, 450)、単に魂の外部を代呈示する（représenter）という規定に留まらず、さらにその対象にいかなる様態または特性が属するかを一瞥で発見させることができる「明晰な観念（idée claire)」（RV. Ecl, OC3, 44）としての規定を獲得するのを待ってから登場する。この明晰な観念の規定と対照される形で、内的感覚は、単に魂の内部についての覚知であるというだけでなく、その対象について、どのような様態を持ちうるのかを一瞥で知らせることはできない、という否定性を強調した規定を与えられるのであり、この否定的規定が魂の闇と表現されるのである。この否定的規定は実質的には、上述した『真理の探求』第一版（一六七四年）の3-2-7で示されているが、魂の闇が明確な形で提示されるのは、『真理の探求・解明』「第10解明」の第二反駁に対する答え（cf. RV. Ecl, OC3, 148-151）においてである。

ここでマルブランシュは、「なぜ延長の観念は魂の様態の一つでありえないのか」という反駁に対して、「叡智的延長」という表現を初めて用い、「叡智的延長」は精神を考えることなく知覚される「一つの存在」であるがゆえに、また「叡智的延長」は「叡智的部分」に「可分」であるがゆえに、精神の様態でありえないという証明を示した。「一つの存在」であると同時に「可分」であることは、「叡智的延長」の無限性によって可能であるがゆえに[9]、この証明は「叡智的延長」の無限性によって上記の反駁に答えたことを意味している。マルブランシュはこの証明に結合する形で、「明晰な観念」と「内的感覚」とを対照する議論を示し、魂の闇という表現の意義を明確にする。魂の様態は「内的感覚」によってのみ認識されるゆえに、形および形を含む延長の観念が魂の様態であるとすれば、それらは明晰でありえない。しかし形および延長の観念は明晰な観念である。したがって、延長の観念は魂の様態でありえない。この議論では、観念の明晰性と「内的感覚」の非明晰性との対照によって、延長の観念が魂に依存しない客観的存在であることが示されている。延長の観念、即ち「叡智的延長」は、マルブランシュにおいて知覚対象の「現実存在」に関わる「思弁的真理」の根本概念である。したがって、魂の闇は「叡智的延長」の明晰性との対照において、「思弁的真理」の客観性を支えている。「魂は自分自身に対して闇でしかない」という表現は、ここでその否定的規定を介して、思弁的真理の客観性の積極的礎石となっていると言えるであろう。

二ー2「無限に完全な存在」をめぐる魂の闇と知覚

　魂の闇と無限者との関係は、被造物を代呈示する限りでの神の実体にすぎない「叡智的延長」との関係にとどまらない。『真理の探求』第五版（一七〇〇年）の4-11-3「デカルトによる神の存在証明についての解明」（RV. OC2, 96-106）において、マルブランシュは、無限者についての認識と魂の闇との関係を、単なる類における無限である「叡智的延長」との関係においてではなく、「無限に完全な存在」としての神そのものとの関係において論じている。[10]この箇所は、感覚的快に対してわれわれの有する傾向性が思弁的認識をいかに妨げるかを論じる文脈で、デカルトによる存在論的証明を擁護した後、その証明を「一層判明に理解できるように」と、「無限に完全な存在」についてのそれまでの発言を総括する形で、[11]神の存在証明に言及し、マルブランシュ独自の「証明」を提示した最初の箇所である。マルブランシュは、『真理の探求』第五版においてこの箇所に大幅な加筆をおこない（Vrin の全集版でおよそ五頁弱）、その加筆部分において、神の存在証明に結びつける形で「明晰な観念」と魂の闇との対照を語り、さらに「無限者についてのきわめてかすかな（legère）、または無限に微小な知覚」という、本稿のテーマにとって重要な表現を示している。したがって、この『真理の探求』4-11-3は魂の闇、「無限に完全な存在」、無限者についての「かすかな知覚」という三項目の論理的連関を見るのに好適な箇所である。

　『真理の探求』（第一版）4-11-3に示された神の存在証明は、後の著作において洗練され簡潔化されるが、内容的には、すでにマルブランシュ自身の証明構造を余すところなく提示している。この証明の核心は、一方で、有限者による無限者の代呈示を否定し、他方で、「無限に完全な存在」をわれわれが「思う（penser）」という事実を肯定するという反転構造にあり、この証明を介して明かされる神の観念は、存在と観念とが切り離し得ない一体性を有する観念である(12)。

第五版以降の加筆箇所において、魂の闇は主として有限者による無限者の代呈示の否定に関わり、「無限に完全な存在」についての「かすかな知覚」は主として「無限に完全な存在」についての知覚の肯定に関わる。「有限者は無限者を代呈示することができる(13)」という命題の否定を目的とする文脈で、「明晰な観念」と魂の闇との対照が提示される。問題は、魂の様態がいかなる意味においても「代呈示する」ことがないという一点に集約される。魂は自分以外の存在についてはもちろん、自分自身が何であるかについても代呈示することはできない。ここでは有限者が無限者を含むことができないことを示すことが問題なのではなく、有限者である魂の代呈示機能そのものの否定が問題であり、さらに「明晰な観念」と魂の闇との対照は、「明晰な観念」と内的感覚が位置するそれぞれの場所の対照として記述されている。「明晰な観念」は神においてあり、内的感覚は魂においてある。「神は苦痛を感ずることなく認識し、魂は苦痛を認識することなく感ずる。」（RV, OC2, 97）代呈示するのは神においてある「明晰で代呈示的な観念」であって、魂においてある「内的感覚」ではない。すなわち、「明晰な観念」と魂の闇との対照は、単に認識と感覚という認識のあり方の違いに基づくのでなく、言わば超越と内在という存在論的場所の差異に結び付けられるに至った。

二－３「無限に完全な存在」についての「かすかな」しかし「きわめて事象的な」知覚

Ａ　事象性と強度との積による説明

代呈示できるということは、「きわめてかすかで、無限に微小な知覚を無限者について持ちうるということではない。」(RV, OC2, 100)（傍点引用者）[14] 無限者を代呈示できるとすれば、それは無限者をそれ自身において知覚させうるということであり、「無限者を言わば含むことができる」ということである。これは有限者には不可能である。では、「きわめてかすかで、無限に微小な知覚」を無限者について持つことはいかにして可能であろうか。マルブランシュの示した説明によれば、それ自体は有限である知覚であっても、無限者即ち無限な事象性（réalité）を有する存在者についての知覚が無限に微小であれば、無限者についての知覚は可能である。マルブランシュはここで物体認識における〈知覚〉をモデルとして論じているように思われる。〈かすかさ〉は知覚（物体の〈知覚〉におけるサンティマンに相当する）の持分であり、事象性は観念の持分である。第六版（一七一二年）の加筆（RV, OC2, 101–102）による説明でも、その趣旨は基本的に同じである。しかしこの加筆部分で注目されるのは、直接的対象（観念）が魂に触れる強度と直接的対象の事象性（大きさ）との積が「魂の有する覚知容量（la capacité qu'a l'âme d'apercevoir）」に等しければ、たとえ対象の事象性が無限であっても、魂はそれについての無限に微小な知覚を持つことができる、と説明されている点である。無限と零との積は零になってしまうが、無限者の知覚強度は零ではない。したがって、「われわれの精神は、有限であるにもかかわらず、無限者を覚知できる。しかし、その知覚は、無限にかすかであるにもかかわらず、確かにきわめて事象的（réelle）である。」(RV, OC2, 102)（傍点引用者）

この説明について考えてみる。先ず、「かすかな」は「無限に微小な」という言いかえがなされている点から、質を示す形容詞でなく、単純に強度を意味すると見るのが妥当であろう。[15] 次に、「魂の覚知容量」という表現であるが、これは対象の強度と事象性との積を覚知する魂の容量であるのだから、改めて言えば、ここでの「覚知」はわれわれが一―Bで指摘しておいた純粋観念とサンティマンとの混成体としての〈知覚〉と見ることができるであろう。この〈知覚〉は事象性と対比される限りでの知覚と区別しなければならない。マルブランシュはこの〈知覚〉によって認識される対象の事象性の視点にたって、精神に対する「無限に完全な存在」の現われを記述しようとしているのである。

有限な事象性を持った対象の場合、その対象が魂に触れる強度がきわめて小さければ、事象性と強度の積は微小である。しかしその場合は、魂の覚知容量に十分な余裕が残るはずである。魂は苦もなくその対象を知覚するであろう。これに対して、無限の事象性を有する対象の場合は、魂に触れる強度が無限に小さくても、事象性と強度との積は魂の覚知容量を限界まで満たすのであり、一分の余裕も残さないはずである。マルブランシュは、純粋観念と感覚との混成体としての〈知覚〉の視点に立って、この一部の余裕も残されていない魂の経験を記述しようとしている。知覚の強度が無限に小さいにもかかわらず、魂の覚知容量を完全に満たしてしまう精神の直接的対象、それが「無限に完全な存在」である。したがって、ある覚知の対象が「無限に完全な存在」だと言えるのは、知覚の強度が無限に小さいにもかかわらず、魂の覚知容量が限界まで満たされることによってであることになる。魂の覚知容量を満たし続ける限りで、対象の事象性が、知覚のかすかさに反比例して、留まることなく無限に大きくなるような対象、それが「無限に完全な存在」である。知覚の無限なかすかさは、魂の覚知許容量を満たしつづける限りで、その覚知の対象の無限な事象性を示しているのである(16)。

B 〈知性的知覚〉とサンティマン

しかしこうした説明は、無限者を表示する知覚がいかにして可能であるかについての説明であって、その知覚がいかなる質を持つ知覚であるかについての説明ではない。上記の説明を見る限り、例えば針傷の与える強度と事象性との積と、無限者についての知覚が与える強度と事象性との積は、同一平面上で比較可能なものと考えられ、両者の間に質的な違いは存在しないかのようである。しかしマルブランシュは説明の中で、「純粋知性によって私は、目を開いて見る延長を無限に越えた延長を見る」(RV, OC2, 102)と書いている。「無限に超えた」という表現は、サンティマンと混成された観念についての〈知覚〉と、サンティマンを交えない純粋知性による知覚とが、質的に異なることを示唆しているようにも見える。この言わば〈知性的知覚〉は、「魂を感覚的に様態化しない」とはいえ、魂を様態化することに変わりはない。マルブランシュにおいて知覚は魂の様態だからである。ところで、この言わば〈魂の非感覚的様態〉は代呈示する観念と峻別されなければならない。もしそうでなければ、アルノーとの論争は無意味になる。私は、この「無限に完全な存在」についての「純粋知覚(perception pure)」(RV, OC1, 42)[17]が〈魂の非感覚的様態〉として、「魂において顕在的に生ずるもの」として内的感覚によって覚知される限りで、やはり一種のサンティマンに属するとみることができるのではないかと思う。これは、「無限に完全な存在」についての「無限にかすかな知覚」を単なる感覚に引きおろすということではなく、サンティマンの領域を言わば形而上学的な次元を含むものとして拡張することにほかならない。

「無限に完全な」という形容は事象性の無限に関わるだけでなく、〈秩序〉の完全性にも関わる。その意味での完全性についての認識は、マルブランシュにおいて実践的真理の認識として語られている。

三　実践的真理とサンティマン

三－1　恩寵論における光と快

実践的真理の人間精神に対する現れは、マルブランシュにおいて恩寵論として語られる。マルブランシュの恩寵論はマルブランシュを長期間にわたる論争に巻き込むことになった。『自然と恩寵』（一六八〇年）の公刊をきっかけとして、それまでマルブランシュに好意的であった、あるいはすくなくとも敵意を抱いていなかったアルノーとボシュエが、公然とマルブランシュに対する攻撃を開始した。アルノーは、この書の恩寵論の前提となっているマルブランシュの認識論にさかのぼって批判を開始し、ボシュエは、マルブランシュにおける一般意志の理説と同意を差し控える自由という消極的自由の理説とに、「教会に対する重大な闘争が準備されている」[18]のを見てとったのである。そういう意味で、『自然と恩寵』はマルブランシュ恩寵論の独自性が明確に打ち出された書であるということができる。[19]

まず恩寵論の概要を主として『自然と恩寵』によって記述しておこう。[20] 精神においてそれ自身によって直接に作用し、多様な様態を生じさせることができるのは神のみであり、われわれに恩寵を与えることができるのは神のみである。恩寵はわれわれにおける愛の運動を直接に導く原理であって、光（lumière）と快（plaisir）とに区別できる。前者は創造主である神の恩寵であり、後者は贖罪者イエス＝キリストの恩寵であるとされる。光はわれわれに多様な善を発見させ、快はわれわれにそれを味わわせる（faire goûter）。しかし、内的感覚に注意すると、光と快との間にはわれわれに対する現われ方に大きな違いがあることがわかる。光はわれわれを完全に放任し、われわれにおいて自然的必然的な愛を生じさせることはない。われわれは、光によって発見する対象を、「選択による愛(un amour de choix)」によって愛するのみである。これに対し、快はわれわれの意志を実効的に(efficacement)決定する。快は、われわれにおいて、快の原因である(または原因とみなされる)対象に対する自然的必然的な愛の運動を生じさせ、その対象へとわれわれを誘うのである。

三－2　快について

マルブランシュの恩寵論をめぐる論戦のなかから、ここではマルブランシュにおけるサンティマンの考察という見地に立って、F・ラミ(静寂主義)に対する批判と、ボシュエの命を受けたフェヌロンによるマルブランシュに対する半ペラギウス主義の嫌疑をとりあげてみたい。まずF・ラミに対する批判であるが、この批判をマルブランシュが表明せざるを得なくなった理由を一言で言えば、マルブランシュが、一般的善である神へと向かう魂の抗いがたい自然的運動として定義される意志に対して、感覚の様態である限りでの快の言わば〈自存性〉を認めたことにある。しかし逆にいえば、この意志と快の〈自存性〉との緊張関係にこそマルブランシュ恩寵論の独自性があるわけである。この点から見て行こう。

A〈原因独立的な快〉

まず善と快とを区別しなければならない。善は、「真の快であれ、見かけの快であれ、快の原因」(TNG, OC5, 119)を意味し、魂を「形相的に幸福にする快」と区別される。原因としての善から区別された結果としての快は、魂を「形相的に幸福にする快」であって、それ自体としては単に魂の様態であり、その限りでは顕在的幸福しかもたらさない。「魂が自分の快だけを愛するとき、魂は実際に自分自身と区別されるようないかなるものも愛さない。なぜなら快は、魂を顕在的に幸福にする、魂の状態ないし様態にすぎないからである。」（TNG, OC5, 119）（傍点引用者）快は、単に魂の様態である限りで、顕在的幸福をもたらす快でしかないが、幸福をもたらすことに違いはない。マルブランシュはそれを、幸福をもたらす快の一つに確かに数えいれている。「顕在的なあらゆる快は、快である限りで、われわれを何かしらの仕方で幸福にする。」（TAD, OC14, 9）「自分の快」という上記引用における表現は、自分を原因とする快という意味に理解してはならず、自分において顕在的に生じていることが内的感覚によって意識される快として理解しなければならない。なぜなら、やはり内的感覚の教えるところ、魂は「自分自身に対して自分の幸福の原因であることはできない」（TNG, OC5, 119）からである。いずれの原因によるにせよ、原因から独立して、ひとたびなにかしらの快が魂内に生じたサンティマンである以上、その快はそれ自体で魂を幸福にするのである。原因から独立して意識される、この言わば〈原因独立的な快〉は、すでに原因と関係付けられて把握される「真の快」、および「見かけの快」とは、明らかに区別されている。これが快の〈自存性〉の根拠である。

すでに原因と結びついた段階での快については、次のように語られる。「二種類の快が存在する。一つは、照明され、輝いている、理性的な快であって、これはその快を生む真の原因を愛するように導き、真の善を、精神の善を、愛するように導く[21]。第二の快は混乱した（confus）快であって、無力な被造物に向かって、偽りの諸善に向かって、物体の諸善に向かって、愛を刺激する快である。」（TAD, OC14, 9）「照明され、輝いている、理性的な快」が真の快であり、「混乱した快」が「見かけの快」である。ここでは快はすでに真の善または偽りの善へと方向付けられ、価値づけられている。これは快の原因に基づく快のいわば形相的存在の質にかかわる区別であって、この快だけを見れば、二つの異質な快が存在しているように理解されうるであろう。理性的快は、その快を生む真の原因である真の善へと向かう魂の運動を生じさせる質を備えた快として理解され、混乱した快はその原因である物体へと向かう質をそなえた快として理解されている。しかし上記の引用に続いて、マルブランシュは、「顕在的なあらゆる快は、快である限りで、われわれを何かしらの仕方で幸福にする。」（*ibid.*）という、先ほど引用した一文を付け加えている。この「快である限りで」という言い方は、内的感覚によって原因から独立したものとして意識される限りでの快を意味するものとして理解することを許す表現であって、この限りでの快は、その形相的存在において、「盲目的な愛」しか生まない快である。快である限りでの快を認めるということは、結局は知覚対象の場所についての魂の内外の区別に発する「感覚すること（sentir）」と「認識すること（connaître）」との峻別、つまり魂の闇というマルブランシュ認識論の根本体制に基づくと考えられ、マルブランシュの体系において譲ることのできない論点である。したがって、魂の様態にすぎない〈原因独立的な快〉が照明された真の善へと向かう愛の運動に合体する場合に、継続的幸福を生むことのできる理性的な快となり、物体の諸善に向かう場合に、混乱した快となると理解しなければならない[22]。

B　静寂主義（F・ラミ）に対して

F・ラミの静寂主義に対するマルブランシュの批判の根拠は、根本的には〈原因独立的な快〉の発見に基づくように思われる。マルブランシュは静寂主義に対する見解を、『神の愛について――いかなる意味で神への愛は無償であるべきか――』（一六九七年）において表明しているが、その中で、「形相的至福または快一般の願望（le dêsir de la bêatitude formelle ou du plaisir en gênéral）は、意志の基礎または本質である」（TAD, OC14, 10）と書いている。形相的至福とは、魂の様態である限りでの快、即ち〈原因独立的な快〉あるいは少なくとも〈原因独立的な快〉を前提とする快を意味するのであり、したがって快一般と言いかえられている。マルブランシュはこの「形相的至福」を続く一文で「自己愛」と呼び、これはわれわれの精神におけるあらゆる個別的運動の原理ないし動機であって、この意味での「自己愛」を否定することは決してできないと主張する（cf. ibid.）。これに対し、否定されるべき自己愛とは、自己を〈原因独立的な快〉の原因として考えるところに生ずる〈自己自身への愛〉であって、〈原因独立的な快〉そのものとしての〈自己における愛〉ではない。自己は〈原因独立的な快〉の原因ではありえないというのがマルブランシュの論点である。[23] その論点を踏まえた上で、マルブランシュは「先行的喜悦（la dêlectation prêvenante）」による議論を以下のように展開する。

F・ラミの主張する「無償の愛」は、「理性的魂は至上の理性となんらの関係も持たない」という矛盾を含んだ「不可能な仮定」（TAD, OC14, 176）に基づいている。われわれは、あらかじめ神的諸完全性がわれわれに快を与えるのでなければ、神的諸完全性を愛することはできない。われわれは、イエスの恩寵による「先行的喜悦」（聖なる快 le saint plaisir）なしには諸完全性を愛することはできない。[24]「先行的」とは、あらゆる判断とあらゆる傾向性とに先立って現れるという意味である。先ず喜悦があり、そこから諸完全性への愛が生まれるのである。恩寵の先行的喜悦によって、われわれは、それらの諸完全性を直観的に見ることが自分の幸福を生じさせるであろうということを、感じ、認識し、信じるのである。この聖なる快なしには、われわれは、あるべき仕方で、神を愛するための力を持つことはできない。神的諸完全性がそれ自身において愛すべきであることは確かであり、そのことから、われわれがそれらの諸完全性を愛するべきであるということは結論できるが、しかし、われわれがそれらを愛するための力を持つということは結論できない。この愛するための力の前提として〈原因独立的な快〉が存在するのである。それは次の表現によって明らかである。「形相的至福への愛を取り除いてしまえば、客象的至福への愛、即ち、神への愛も必然的に取り除くことになる」（TAD, OC14, 12）

C　半ペラギウス主義の嫌疑（i）　しかし、真の善へと魂を誘う聖なる快の恩寵という考え方の根底に、フェヌロンは半ペラギウス主義（要点を言えば、人間は自由意志によって恩寵を受けるにふさわしい状態に自分を置くことができるという主張）の疑いをみてとった。[25] マルブランシュによれば、聖なる快と欲愛（concupiscence）の快とは、魂の様態である限りで同じ土俵上にあって衝突しあう快であり、その両者の強度が等しい場合に差し引きゼロの中和状態が生まれる。その均衡状態において、人間の意志は、「理性の自然的光である、創造主の恩寵」に服従する力を見出すのである。フェヌロンはイエス・キリストの恩寵である聖なる快を、病人に対する処方薬に喩え、「この処方薬的恩寵は、もはや、聖アウグスチヌスがさんざん語ったような、人がそれによって善を望み、善を為す救いではなく、単に、それなくしては人が善を望み、善を為すことのできない救いにすぎない。」と指摘している。聖なる快が善行の十分条件（quo）でなく、必要条件（sine qua non）に過ぎないというこの指摘は、マルブランシュの聖なる快について正しい理解を示しているといってよいであろう。この批判はマルブランシュの生前に公表されることはなく、したがって、これに対するマルブランシュの直接の答えは存在しない。[26] しかし、善を望み、善を為すための必要条件としての快は、単に聖なる快について妥当するのみでなく、われわれの見るところでは、さらにそれに先行する〈原因独立的な快〉について妥当する。マルブランシュからすれば、この〈原因独立的な快〉および聖なる快を認めることなくしては、快に対する同意の付与または差し控えとしての精神の自由の意味は失われ、したがって、マルブランシュの理解する功徳（mérite）の可能性を人間に許す余地がなくなるであろう。即ち、フェヌロンによる批判はマルブランシュの自由論および功徳論の根幹に関わる。自由論および功徳論についての十全な理解は、光による恩寵についての検討を必要とする。

三―3　光による「〈秩序〉への愛」と知性的「喜び」

まず、光の恩寵におけるサンティマンの位置を確認するために、光の恩寵について略述しておこう。魂は感覚的快に対立する聖なる快によって真の善である神への運動へと誘われるが、しかし聖なる快の与える善は個別的善であり、個別的善の個別性に基づく限定性によって、それだけで魂の有する愛の容量を完全に満たすことはできない。したがって、魂は常に不安であり、新たな個別的善を求めて「さらに遠くへ行こう」(TNG, OC5, 121)として、「旅人」(TNG, OC5, 135, 140)となる。しかし魂が快の領域を運動している限り、絶えず新たな快を見出すことはできても、絶えざる不安そのものから抜け出すことはできず、真の善そのものに出合うことはできない[27]。個別的善の世界を遍歴する魂を真の善へと確固として向かわせる原理が別に存在しなければならない。魂において生じているものについて内的感覚によって意識することを試みるならば、われわれはそこに、「光」(TNG, OC5, 100; 131)による「明晰で明瞭な認識」(TNG, OC5, 120)として、「義務の認識」(TNG, OC5, 131)を見出すことができる。義務の認識とは、神において包蔵される諸完全性の関係である〈秩序〉についての認識であり、快と異なって、「われわれの魂に触れず、様態化せず、光によってわれわれが見出す対象へとわれわれを駆り立てることがない。」したがって、「魂を完全な自由の内に放任する」(*Ibid.*)がゆえに、われわれは対象を「選択による愛」による同意の自由によって愛することができ、その自由によって魂の「功徳」(cf. TNG, OC5, 135)が可能となるのである[28]。

A　先行的快と知性的「喜び」との区別

以上の枠組みにおいて、サンティマンの働き方を考察する。まず、〈秩序〉への愛から生ずる知性的「喜び(joie)」を先行的快から(同様に悲しみを苦痛から)区別することが重要である。快は、「真の快」であれ「見かけの快」であれ、先行的快として、理性の判断に先行するのに対して、「喜びは、われわれが自分の幸福または自分の完全性について持つ認識から自然的に帰結する。」(RV. Ecl, OC3, 47) これは内的感覚の教える事実である。[29] さらに喜びについて、自分の幸福（感覚的快）についての認識から生ずる喜び（感覚的な喜び）と、自分の完全性についての知性的認識から生ずる喜び（知性的な喜び）とを区別しなければならない。[30] ここにやはり「認識すること」と「感覚すること」との区別が介入している。光の認識から生ずるのは純粋に知性的な喜びであって、それはなにかしらの知覚であるとしても、快とは質的に峻別されなければならない知覚である（cf. MCM, OC10, 108)。「純粋に知性的な喜びは、精神を完全に自由なまま放任し、精神の思惟する容量（la capacité）をきわめて僅かにしか占領しない。この点で、理性を混乱させ、自由を減衰させる感覚的喜びと異なる。」(RV. Ecl, OC3, 47)（傍点引用者）二－3で見た「魂の覚知容量」がここで「精神の思惟する容量」と言いかえられている。魂と精神、思惟と覚知という用語上の区別は見られるが、ここで思弁的真理と実践的真理とに関して、マルブランシュは精神または魂の「容量」という同じ概念を使用していることを指摘できる。

『真理の探求・解明』「第14解明」では、快は、理性に先行する「身体の快」と、理性にも感覚にも後続する「魂の快」とに区別され、後者をマルブランシュは「喜び」と呼び変えた上で、さらにこれを、なにかしらの善がわれわれに生じた、または生じるであろうということについての「明晰な認識に後続する喜び」と「混乱したサンティマンに後続する喜び」とに区別している。「明晰な認識に後続する喜び」は聖なる快と区別される、言わば〈知性的な後続的喜び〉と言うべきものであろう（cf. RV. Ecl, OC3, 198)。

B　「秩序についての或るかすかな観念」

では、〈秩序〉自体は魂に対していかなる仕方で現れるのであろうか。〈秩序〉自体の現れは、その結果として生じる「明晰な認識に後続する喜び」とは区別されなければならない。

また当然ながら、それは聖なる快として現れるのではない。この〈秩序〉が光によるその現れ方を最も顕在的に示すのは、その光から最も離れた人間、即ち、罪人または地獄に落ちた人にとって現れる場合であろう。〈秩序〉は、欲愛によって隠されるにもかかわらず、地獄に落ちた人々に対してさえ、常に、本質的で免れることのない、法である。マルブランシュは次のように書いている。「なぜなら、私は、彼らが、〈秩序〉についての或るかすかな観念(quelque légère idée de l'ordre)をもはや持たないほどに、そのかすかな観念になにかしらの美をもはや見出さないほどに、神から遠ざかっているとは思わないからである。」(RV. Ecl, OC3, 139)(傍点引用者)この「〈秩序〉についてのかすかな観念」を持つということは、神自身において理解される絶対的諸完全性であれ、被造物である人間精神にかかわる限りでの相対的完全性であれ、諸完全性を見るということである。〈秩序〉は神的本質の表現であり、であるからこそ人間のみならず、神自身も〈秩序〉に服従しなければならないのである。(31)

〈秩序〉についての観念に付けられた「かすかな」という表現は、精神に触れる強度を示す言葉であり、観念の明晰性自体を形容してはいない。したがって、ここで語られた「〈秩序〉についての或るかすかな観念」という表現は、少なくともサンティマンを含んだ、または伴った、観念を意味していると考えられる。事実、マルブランシュは〈秩序〉についてのサンティマンによる認識を肯定している。「不可欠なわれわれの法である秩序の認識には、明晰な観念と内的感覚(sentiments intérieurs)とが混じっている。(中略)われわれは秩序を明晰な観念によって観ることができるが、サンティマンによっても認識する。」(TM, OC11, 67-68)

C　罪人の「心」の「闇」

罪人でさえ「〈秩序〉についてのかすかな観念」を見出すことができるというマルブランシュの主張は、魂の闇についての理解を深めさせるものである。すべての人間が同じ光に与ってはいても、参与の程度は異なる（cf. 5, 126-127）。一点の曇りもなく照らされているのがアダムであるとすれば、最も光から離れているのが罪人である。そして、「罪人の精神は闇に満たされている」（TNG, OC5, 126）とマルブランシュは書いている。ここで用いられた「闇」という表現は、思弁的真理に関わる魂の闇とはもちろん区別されなければならない。しかし、思弁的真理に関わる明晰な観念との対照において用いられた魂の闇と、実践的真理に関わる光との対照において用いられた罪人の心（coeur）[32]の「闇」とが、マルブランシュにおいて偶然に一致して用いられているのでないことは確かである。「もし諸精神の実体が神から切り離されるならば、その実体以上に無形相なものはない。なぜなら、知性と理性の欠けた精神、運動と愛の欠けた精神とはなにものであろうか。神の御言葉と知恵が諸精神の普遍的理性であり、神の自らを愛する愛が、善へと向かう魂のすべての運動を魂に与えているのである。」（TNG, OC5, 117）思弁的真理（「知性と理性」）と実践的真理（「運動と愛」）という二つの真理において、神の光との対照において「闇」という表現が選ばれているのである。

D　同意による自由論

「〈秩序〉についての或るかすかな観念」が介入することによって、マルブランシュの自由論が全体として理解できるようになる。快の促しに対する同意を与えたり差し控えたりする自由が、内的感覚の教える事実として、われわれにはある。「個別的善を愛したり、愛さなかったりすることのできる力」、個別的善のわれわれに対する「非不可抗性（non-invincibilité）」（TNG, OC5, 118-119）、それがわれわれの自由である[33]。自由は積極的になにかを生み出す力でなく、ただ快の力によって生ずる魂の愛の運動に対して、同意したり、同意を差し控えたりすることで、魂の運動の対象を変更しうるだけである。「〈秩序〉についての或るかすかな観念」が介入することによって、聖なる快と感覚的快との非対称的関係が明らかとなる。聖なる快は、反対方向の快がなければ不可避的に同意を誘うが、欲愛の快は必ずしも不可避的に同意を誘うわけではない。[34] われわれが「〈秩序〉についての或るかすかな観念」をもつことによって、欲愛の快に対する「意識の責め（良心の呵責）」が生じ、欲愛の快に対する同意を差し控えることが可能となる。「〈秩序〉についての或るかすかな観念」は、一方で知性的喜びによって聖なる快に対する同意を促し、他方で意識の責めによって欲愛の快に対立する。

E　実効的恩寵（ジャンセニスト）に対して

「〈秩序〉についての或るかすかな観念」が介入することによって、三―2―Aで提示した〈原因独立的な快〉の意義が明確になる。もし、すでに真の善に向かう運動を生じさせる照明された理性的な快と、偽なる物体的善へと向かう混乱した快という二つの快が、魂に与えられる根源的快であるとすれば、マルブランシュはアルノーを含むジャンセニストの実効的恩寵（la grâce efficace）の考えに反対することは困難になるであろう。彼らにとって、実効的恩寵とは、意志の同意を必然的に生じさせる恩寵である。しかしもし快の恩寵が快によって促される魂の運動に対する意志の同意をも含むとすれば、魂の自由の場は失われ、したがって魂の功徳も不可能となる。[35] もし魂が、真なる善に向かう運動を生じさせる照明された快と、偽なる善に向かう運動を生じさせる混乱した快とから出発しなければならないとすれば、ジャンセニストの主張するごとく、それはすでに魂が運動し始めていることを意味し、意志の同意を受け取っていることになると考えることは理不尽ではないだろう。なぜなら、魂が同意を与えまた差し控える自由を保持しているといっても、快の恩寵とは別に、光の恩寵によって、すでに魂は向かうべき善の方向を指し示されているのであり、真なる善へと向かう運動に同意を与えるべきであることは決定されていることになるからである。したがって、もし本当に同意の自由を確保したいのであれば、二つの快以前の、まだ方向を含まない快の次元を認めなければならないであろう。〈原因独立的な快〉は確かに快であり、その限りで魂を幸福にする。しかしそれは、快によって生ずる愛の運動に対して魂が同意を与える以前の快である。この快によって、同意の自由と快とが両立しうるのである。

ここで改めて、「〈秩序〉についての或るかすかな観念」による精神に対する光、およびそれに後続する〈純粋に知性的な喜び〉と、聖なる快（恩寵の喜悦）との区別を明確にしておこう。〈秩序〉の観念は原罪以前の人間（アダム）にすでに存在している。それに対し、聖なる快は、原罪以降の人間に対してのみ与えられたイエス-キリストの恩寵である。聖なる快は原罪以降の人間に生じた欲愛の快に対抗するべくイエス-キリストによって人間に与えられた恩寵である。聖なる快は確かに真の善への愛の運動を快の次元において生じさせ、感覚的快によって生じる反対方向の運動を衰弱させるが、それだけでは真の善には届かない。聖なる快の個別性を超えて、真の善を認識させるのが「〈秩序〉についての或るかすかな観念」である。

F　功徳について

これと関連して、「〈秩序〉についての或るかすかな観念」が介入することによって、マルブランシュの功徳論の論理も明らかとなる。マルブランシュの功徳論は、聖なる快（恩寵の喜悦）、感覚的快、同意を与えたり差し控えたりできる精神の自由、そして「〈秩序〉についての或るかすかな観念」によって、成り立っている。快の次元で、聖なる快と感覚的快とは互いに反対方向の善へと向かう愛を生じさせる力であり、それぞれの強弱に従って魂は、天秤の傾きに似て、あるいは神に向かい、あるいは物体（身体）に向かう。しかしその二つの快の力のぶつかり合いの自然的な結果に、「本能によって」（TNG, OC5, 138）、身を任せている限りでは、精神の功徳は生まれない。たとえ〈秩序〉に合致する善行であっても、それが自由の善用に基づくのでなければ、功徳は生じない（cf. TNG, OC5, 139）。われわれには個別善である快の促す愛の運動に対して同意を与えあるいは差し控えることにより、快に基づく運動を実現したり阻止したりする力がある。その際、「〈秩序〉についての或るかすかな観念」は聖なる快と同じ方向を指し示し、欲愛の快の促す運動に対しては「良心の呵責」という形で否定的に働く。ただし、あくまでその働きは「選択」を介してはじめて魂の愛の運動を実現できるのであって、必然的に愛の運動を実現する力を持っているわけではない。「選択」において発揮される同意を与えまたは差し控える自由が、功徳の根拠となる。

G　半ペラギウス主義の嫌疑（ii）　三－2－Cで言及したフェヌロンによる半ペラギウス主義の嫌疑についてであるが、以上の自由論と功徳論に基づいてマルブランシュの答えをあえて推測すれば、その答弁は、同意の自由の消極性に言及するものとなるのではなかろうか。同意を与えたり差し控えたりすることとして定義される自由は、それ自体としてはなんら積極的な行為ではなく、いかなる現実的なものも生じさせない。「恩寵への同意は、魂が自分の自由を使用するのを止め、検討するのを止め、自分の実践的判断を中止しようと望む、魂の行為に過ぎない。一言で言えば、その行為は、それによって魂が、恩寵によって自分が味わう対象に休息し、または停止することを望む行為である。」逆に感覚的善に対する同意の差し控えも、やはり積極的になにかを生じさせるわけではない。罪との関係に関して、次のような表現もみられる。「われわれが罪を犯さないとき、われわれは何をするのか。その時われわれは神がわれわれにおいてなすことすべてをなす。なぜならばわれわれは神がわれわれに刻印する真の善に向かう愛を、個別善に制限するわけではないからである。われわれが罪を犯す時、われわれは何をするのか。何もしない。われわれはただ真の善を求めることをやめるだけである。われわれは自らを停止させ、自らを休ませることだけしかしないのである。」(RV. Ecl, OC3, 805)[36]。したがって、確かにマルブランシュは精神の自由によって、恩寵を受けるにふさわしい状態を精神に作り出すことは認めるとしても、その自由は、恩寵に対する精神の自律を意味するのではない。

結　語

思弁的真理の領域において、「無限に完全な存在」についての「かすかな」しかし「きわめて事象的な」知覚が見出されることに対応して、実践的真理の領域において、「〈秩序〉についての或るかすかな」、しかし罪人の心においてさえ決して消え去ることのない、観念が見出された。思弁的真理と実践的真理との根底には、いずれも「かすかな」と形容されるこれらの知覚ないし観念によってはじめて精神／魂／心に現れることができるような「無限に完全な存在」が存在していることを、マルブランシュは看取した。神の存在「証明」においてマルブランシュが用いた「無限に完全な存在」を「思う」という表現は、「かすかな」知覚の現出を意味しているのである。これは真理を感覚化することではないし、また感覚を合理（主義）化することでもない。むしろ「かすかな」と形容されるサンティマンの領域にこそ現われることのできる真理の現れ方に気づかせることによって、サンティマンについての物理学的心理学的理解からわれわれを開放しようとしているのである。身体なくして感覚なしとするデカルトと異なり、マルブランシュの場合、「魂において顕在的に生じているもの」は身体／物体を原因とする感覚的サンティマンだけではない。身体／物体を原因としない「かすかな」サンティマンというものが確かに存在する。マルブランシュの場合、身体／物体でない原因とは「無限に完全な存在」である。「無限に完全な存在」を原因とする「かすかな知覚」において、われわれは思弁的真理と実践的真理とが一体化して働きうる可能性を、マルブランシュのテキストに沿って示すことができたのではないだろうか。これらの事柄は、〈秩序〉への愛から生ずる知性的「喜び」とともに、単なる感覚的サンティマンとは異なる言わば〈形而上学的サンティマン〉の存在を教えている。

マルブランシュからの引用は、Oeuvres complètes de Malebranche, Vrin, 1958-1970（OCと略記）による。引用文を「」で示したのち、先ず著作の略記号を示し、その後に全集における巻と頁を示す数字を記した（例えば、RV, OC1, 415）。以下に各著作の引用記号、全集における巻数とタイトル、初版出版年（他の版の出版年については本文中で随時示す）、本稿で使用した邦訳タイトルを示す。

RV (OC1-2): *De la Recherche de la Vérité*, 1674-1675.『真理の探求』
RV. Ecl (OC3): *De la Recherche de la Vérité, Eclaircissements*, 1678.『真理の探求・解明』
TNG (OC5): *Traité de la nature et de la grâce*, 1680.『自然と恩寵』
RA (OC6-9): *Recueil de toutes les réponses à M. Arnauld*.
MCM (OC10): *Méditations chrétiennes et métaphysiques*, 1683.『キリスト教と形而上学とについての対話』
TM (OC11): *Traité de Moral*, 1684.『道徳論』
EMR (12): *Entretiens sur la métaphysiques et sur la religion*, 1688.『形而上学と宗教とについての対話』
TAD (OC14): *Traité de l'amour de Dieu*, 1697『神の愛について』
EPCC (OC15): *Entretien d'un philosophe chrétien et chinois*, 1708.『キリスト教哲学者と中国人哲学者との対話』
RPP (OC16): *Réflexions sur la prémotion physique*, 1715.『物理的前動について』

本稿で直接使用した参照文献と省略記号

Adam, Michel. *Malebranche et le problème de moral*, Editions Biere, 1995. (MPM)
Alquié, Ferdinand. *Le cartésianisme de Malebranche*, Vrin, 1974. (CM)
Desoche, Philippe. *Le vocabulaire de Malebranche*, Ellipses, 2001. (VM)

Gouhier, Henri. *La philosophie de Malebranche*, Vrin, 1948. (PM)
——. *Fénelon Philosophe*, Vrin, 1977. (FP)
Montcheuil, Yves de. *Malebranche et le quiétisme*, Aubier, 1946. (MQ)
Pinchard, Bruno. (éd.), *La légèreté de l'être, Etudes sur Malebranche*, Vrin, 1998. (LE)
Riley, Patrick. *Treatise on Nature and Grace*, (Translation of Malebranche's Traité de la nature et de la grâce), Oxhord, 1992.
Rodis-Lewis, Geneviève. *NICOLAS MALEBRANCHE*, PUF, 1963. (N)
伊藤泰雄『神と魂の闇――マルブランシュにおける認識と存在――』高文堂出版社、一九九七年。
鈴木泉「マルブランシュにおける無限と存在――『観念一般についての漠然とした観念』をめぐって――」『フランス哲学思想研究』第八号（二〇〇三年）所収

（1）「〈自然〉の〈秩序〉(l'Ordre de la Nature)」という表現もマルブランシュにはあるが、本稿では用語上の混乱を避けるため、〈秩序〉を「完全性の関係」に係わる〈秩序〉の意味で用いる。

（2）Cf. F. Alquié, CM. p. 316-322, P. Reiley, p. 43, Philippe Desoche, VM, p. 39.

（3）本稿ではsentimentを「サンティマン」と表記して原語のまま使用した。「魂において顕在的に生じているもの」を単に感覚と訳すことは、マルブランシュの場合、違和感がある。というのも、そこには後述のとおり、感覚的快と区別される聖なる快も含まれるし、さらには知性的喜びも含まれると考えられるからである。「感得」という訳語が考えられるが、これは逆に「感覚」の側面が抜け落ちてしまうように思われた。むしろ普通に「感じ」と訳したほうがよいのかもしれない。sentiment intérieurについては「内的」という限定付きのsentimentなので、通例どおり「内的感覚」とした。

（4）念のため四種の認識方式を略記する。（1）それ自体によってものを知る（神についての認識）。（2）ものをその観念によって、即ち、ものと異なったあるものによって知る（物体認識）。（3）ものを意識によって、即ち、内的感覚によって知る（魂の自己認識）。（4）ものを推測によって知る（他者および天使についての認識）。

（5）マルブランシュの場合、perceptionとapercevoirとを常に意味的に明確に使い分けているわけではないが、前者を「知覚」、後者を「覚知する」と訳し分けた。

（6）ただし、「内的感覚」がサンティマンの意味で使われる例もある。「われわれはそれ〔魂の活動、行い、願望、情動〕について、内的感覚または内的感覚についての反省がそれについてわれわれに教えることのできるもの以外、一切知ることはできない」(RPP, OC16, 30)

（7）詳しくは拙著一二八－一四九頁を参照。

（8）引用箇所（下線部）を含む原文は以下のとおり。«car il y a toujour idée pure et sentiment confus dans la connaissance que nous avons de l'existence des êtres, si on en excepte celle de Dieu, et celle de notre âme.» (RV. Ecl, OC3, 143)

（9）「一であると同時にすべてのものであるということが無限者の特性である。」(RV. Ecl, OC3, 148)

（10）この箇所は、マルブランシュが神の存在証明に関する自分の説を示した箇所として、参照を要する箇所である。ところで、『キリスト教哲学者と中国人哲学者との対話』（一七〇八年）では、同じ文脈でありながら、魂の闇による議論が介在していないことが注目される。これはこの箇所でのマルブランシュ独自の神の存在「証明」に対する魂の闇による議論の重要性を示唆しているように思われる。

（11）この箇所に至るまでの神の観念についての主な発言は三箇所ある。①RV. 3-2-6。これについてはすでに本文で言及したが、改めて見ておけば、ここでの議論の主題は、「神においてすべての物を観る」という命題を選ぶべきであることについての消去法的証明にあり、神そのものの存在を主題的に論ずることではなかった。神の存在は個別観念に先行し、個別観念がそこから切り出される（retrancher）べき「存在の一般的想念」として把握され、「無限に完全な存在」についての観念は被造物でありえず、「神との結合」によって与えられるほかはないがゆえに、神は存在する、とされた。②RV. 3-2-7-2.「なにかしらの被造物が無限者を代呈示できるとは考えられない。制限のない存在、無辺な（immense）存在、普遍的な存在が、観念によって、即ち、特殊な存在によって、普遍的で無限な存在と異なる存在によって、知覚されうるとは考えられない。」③RV. 3-2-8.「すべての有限な対象の現前よりも強く作用する」にもかかわらず、「存在のこの観念は、それがどれほど大きく、広大で、事象的で、積極的であっても、われわれにとってとても慣れ親しんだものであり、われわれに触れることが非常に少ないので、われわれはそれをほとんど全く見ていないかのように思ってしまうのである。」として、その逆説的な現前の仕方が明確にされている。Cf. Sebastian Mallet, “L’infini indefini de Malebranche”, in LE, p. 122.

(12)　Cf. RV, OC2, 96. 即ち、有限者による無限に完全な存在の代呈示は不可能であるがゆえに、もし無限に完全な存在である神が存在しなければ、われわれが神を思うこと自体がそもそもありえないはずである。したがって、「神を思うならば、神は存在しなければならない。」

また、この証明を介して明かされる神の観念における存在と観念との一体性については、拙著一九〇－一九一頁を参照。

(13)　この命題はアルノーとの論争を通じて徹底的に論じられた命題であって、その論争において、マルブランシュは、客観的事象性を「含む（contenir）」という意味で、客観的事象性を代呈示する「知覚」を延長の観念及びその限定である個別観念に関して、認めた（cf. OC6, 217）。この点については、拙著一五六－一六三頁および一七三頁を参照。

(14)　知覚は「魂において顕在的に生じるもの」について内的感覚の教える事実である。われわれが無限者を顕在的に思っているということ、言いかえれば、われわれが神の観念、即ち、「無限に完全な存在の観念」を自然に持っているということ、それは内的感覚がわれわれに教える事実である。Cf. RV, OC2, 103

(15)　この点に関して、『形而上学と宗教とについての対話』（一六八八年）における用例（cf. EMR, OC12, 46）を挙げておくのは無意味ではないだろう。マルブランシュは、円を覚知する仕方として、理解（concevoir）、想像（imaginer）、感覚（sentir）を区別している。円を理解する場合は、叡知的延長が精神に張り付く（s'appliquer）のに対して、円を想像する場合、叡知的延長の限定された部分が「あなたの精神にかすかに触れる（touche légèrement votre esprit）」（傍点引用者）。円を感覚する場合は、「あなたの精神に感覚的に（sensiblement）触れる」。「かすかに触れる」という表現は、理解の場合でなく想像に関して用いられているが、「感覚的に触れる」と区別されている。

(16)　鈴木泉は、「存在の観念と存在の知覚の場合には、（中略）有縁的な記号関係が成立している。つまりかすかな知覚は存在そのものについての志向的ならざる現前としての徴の次元を開示しているのである」（鈴木泉、二二頁）と指摘している。この点については、「無限に完全な存在」の場合には観念と存在とが一致しているということが鈴木氏によるこの指摘の論拠の一つに成りうるのではないだろうか（拙著一八八頁参照）。即ち、「無限に完全な存在」の場合には存在自体が観念であり、観念についての知覚は存在についての知覚にほかならないのである。言いかえれば、「神についての観念」の場合、その自己呈示性の根拠は、本質と存在との一致にある。叡智的延長の自己呈示性は、マルブランシュの体系において事実上は物質的延長を代呈示しながら、しかしそれ自体としては物質的延長の存在を原理的には保証しない自己呈示だったのに対して、「神についての観念」の場合は、存在即観念（原型、本質）であるがゆえに、代呈示性を一切免れており、自己呈示がすなわち存在の呈示である。「神についての観念」は純粋に自己呈示する。これによってわれわれは、神の観念の現前が必然的に神の存在の現前であることを理解しうるように思われる。

(17) アルノーとの論争における「純粋知覚」の意義については、拙著一六二頁を参照。アルノーがマルブランシュに対して指摘した「なにかしらの非被造物」としての知覚が意味を持つのではないか。マルブランシュがこれを否定したのは、この知覚が代呈示するという点に関してである。マルブランシュは結局、代呈示とは別の仕方で「無限に完全な存在」の知覚を考えることになったのではないか。

(18) Oeuvres philosophiques de Bossuet, précédées d'une introduction par M. Jules Simons, Paris, Bibliothéque-Charpentier, p. 17.

(19) 『自然と恩寵』の場合、第一版が基本テキストとなる。第一版のシンプルなスタイルにマルブランシュの理性主義的信仰が表現されている。「私はこの書で、恩寵の諸問題についての争いなど一切なかったかのように語っています。私はそこで、新世界の人たちのために書くかのように語っているのです。」Cf. Ginette Dreyfus (Introduction à TNG, OC15, pp. 15-16), Patrick Riley, pp. 15-16.

(20) Cf. TNG, OC5, 100-101 et RV. Ecl. 45-46. H. Gouhier, PM, pp. 142f.

(21) この意味での理性的快と光を伴う快とは別物である。理性的快は自然的傾向性であるのに対して、光を伴う快は選択の可能性を含む快である。

(22) 『道徳論』（一六八三年）にはこうある。「自己愛は、〈徳〉すなわち不動の〈秩序〉の支配的な〈愛〉にとって和解しがたい敵であるが、われわれの内で働くことのできる力に応答し、それに礼を尽くす結合の愛と一致することができる。なぜなら、そのためには、この自己愛が照明されることで十分だからである。」

(23) この論点によって、マルブランシュの自己愛は、ストア派の自足から区別される。(cf. TAD, OC14, 18, 107, TM, OC11, 103) マルブランシュとストア派との差異については、Michel Adam, MPM, p. 148 以下を参照。自己愛についての誤った理解という点で、静寂主義とストアとは近似している。

(24) 内的な先行的喜悦に関して、cf. Gouhier, PM, p. 153.

(25)　以下、フェヌロンによる批判の内容についてはグイエの記述に負う。Cf. H. Gouhier, FP, pp. 67-69.

(26)　マルブランシュ、ボシュエ、フェヌロン、三者の興味深い事実関係については、cf. H. Gouhier, FP, pp. 33-40.

(27)　おそらくこのことは、感覚的快についてだけでなく、聖なる快についても妥当するであろう。聖なる快は確かに真なる善へと向かう運動の原因となるが、聖なる快も快である以上、それだけで真の善に確固とした仕方で達することはできないはずである。

(28)　イエスの場合は罪を犯すことはありえないが、十字架上のイエスの言葉（「エレ、エレ、サバクタニ」）が示すように、その死がきわめて苦痛であったにもかかわらず、神への愛をその無限な自由によって選択したがゆえに功徳があるとされる。Cf. TNG, OC5, 136-137.

(29)　内的感覚はわれわれに次のことを教えている。「自分の諸完全性を見ることによって自分の魂に喜びが生じ、自分の無〈秩序〉と悲惨とをみることによって自分の魂に悲しみが生ずる。あなたは、これらの諸感覚が自分のうちに、自分の意に反して、生ずることを確かに感じる。したがって、あなたはそれらの感覚の原因ではない。」(MCM, OC12, 111)

(30)　たとえば空腹の人間がテーブルに並べられた御馳走を見ることによって感ずる「感覚的喜び」は、精神を顕在的に幸福にすることはできるが、精神を揺るぎなく幸福にする「喜び」ではない。精神を顕在的にのみ幸福にできる先行的快に、諸完全性を見ることによって生ずる非先行的「知性的喜び」が伴って、初めて精神は「満足し」、揺るぎなき幸福を獲得できるのである。

(31)　この点についてはY. de Montcheuilの記述（Cf. MQ, pp. 254-255）が明確な説明を与えている。その論旨を以下に要約する。《神への愛が〈秩序〉への愛の帰結であるということは、神を諸関係の法に従属させるということではない。〈秩序〉は神に外的な、神に優越した、法ではないからである。被造物によって参与されうる限りでの神的完全性である相対的完全性は、参与が制限を含む限りで、有限である（叡知的延長は、神的無辺性の量的制限ではなく、質的制限である）のに対して、絶対的諸完全性（絶対的諸事象性）は、神そのものの固有性である限りでの、諸完全性であり、したがって、限界を伴わない。絶対的完全性が問題であるときには、われわれは神を神自身によってのみ認識することができる。神は自身の内に完全性のすべての諸関係を包蔵しているが、その完全性の諸関係は神自身の本性の表現である。したがって、〈秩序〉への愛は神自身への愛、即ち、〈愛徳（Charité）〉である。》

(32) マルブランシュは罪人についてしばしば精神や魂という言葉の代わりに「心 (coeur)」(TNG, OC5, 123, 125, 126, 128) という言葉を用いている。

(33) この同意の自由についてマルブランシュが寄って立つ根拠は、トレント公会議(一五四五−六三年)における決定、第六会期、第四条である。Cf. H. Gouhier, PM, 145, G. Rodis-Lewis, N, 244.

(34) CF. TNG, OC5, 137-138.

(35) Cf. H. Gouhier, PM, 144.

(36) ここでわれわれはマルブランシュが物体運動論において、静止は運動の欠如に過ぎず、静止は固有の力を持たないと主張していたことを想起することができる。それと並行的に、精神の静止はなんら積極的な力の行使ではない。この点については拙著九七−九八頁を参照。

第Ⅲ部　スピノザ、規範としての真理

一　方法と経験

――「知性改善論」の方法の原則論――

佐藤一郎

真の観念をもっていることに対して、そのほかの徴《しるし》や裏づけとなる条件を求めようとするのは、不要であり、間違ってもいる。スピノザはこのように纏《まと》められる、絶対無条件的と呼んでもよい真理の観方《みかた》を示した。それは初期の著作から「エチカ」に到るまで根柢では一貫していた[1]。規範的あるいは内在的真理観をここに認めることは難しくない[2]。しかし事《こと》の真実はそうした説（もしくは反対の外在的な対応説でも）をあげつらうこととは離れた場所にあるように思われる。

考えの向う先を見越すと、こう言える。初めにもっているという真の観念と、始まり（原理）を成す真理とがある。その関係は相互的である。始まりの真理は初めの観念が真である根拠としてそこに内在する。これを「方法」と言うことにしたい。経験の「道」のほうは初めの観念から、その真理であることを根拠づけている始まりに向う。この関係の中にスピノザの真理の哲学は生動している。

方法は哲学と分けてその前に置かれるものではない[3]。それは哲学の始まりとともにある。方法の規整の中で（冒頭記した真の観念にそなわる形式性はこの規整を表す）、思索の道は方法を証し立てようとして進む。この道は終極では方法と一つになるべきものであるが、そのゆえにこそ、途次ではみずからを方法と峻別し通さなければなら

ないのである。哲学の始まりを成す真理は、このように道を規整し、かつ道によって証《あか》し立てられなければならない。(4)

自己原因である実体の記述あるいは神の実在証明から始めて、ともに完結に到っている「エチカ」や「短論文」と比較して、初期の中断された著作「知性改善論」では、不明確な要素を含みながらも、いま見越した問題と向き合った探究の跡が現れている。錯綜を解き分けながらそれを跡づけることをこの論の課題としたい。(5)

一

「知性改善論」が方法を扱った著作であるということじたいが疑問視されることはあまりない。方法とは当然本体としての哲学のためのそれであるとみなされ、哲学に先立つ事柄に位置づけられる。(6) それは「後にわれわれの哲学の中で説明するであろう」(TIE45) という言葉や、本文につけられた注意書きでの同様の言いかた (「わたしの哲学」—— cf. TIE31; TIE36; TIE76)、詳しい説明を別の場所に託する約束 (e. g., TIE13; TIE34) などによって裏づけを得ているとも言える。ところでこの論の標題には、『遺稿集』の編集者によると推測できる、「および〔知性が〕物の真の認識へもっとも善く導かれる道についての」(7) という、いわば副題が添えられている。この副題をもし著作全体の企図を表そうとしているものと受取ってよいとすれば、(8) その「道」とは、いま述べた意味での、限定された方法の範囲を瞭《あきら》かに越える。この道は哲学そのものとかかわり、それと切り離して探究することはできないはずである。(9) それは、精神が全自然と一つに結ばれているのを認識するという自然の性 (natura) を他の個人共々に享受する、最高の善をめがける道だからである (cf. TIE13)。(10) だが「知性改善論」が方法論的著作として論じられるとき[11]、方法と道の関係には、十分明晰には注意が払われて来なかった[12]。

実際に、方法と道という語が区別されずに竝《なら》べ置かれているように見える箇所もある（cf. TIE30; TIE36. 前註参照）。これから見るように、方法を規定する言回し（cf. TIE38; TIE36）の中に二つの異質な性格が併存する。一方は形式性を特徴とし、もしこれを方法とみなすとすれば、もう片方は「道」と呼んでもよいものである。「知性改善論」前半での、方法の原則論にたずさわっているとみてよい論述（三〇―四八節）の中では、二つが十分に識別されないまま論が進められている。

方法の原則論にあたる論述は大摑《おおづか》みには三つの部分から成る。
1　誤解の予防。導入（三〇―三二節）
2　方法の原則論（三三―四二節）
3　予想できる疑問への答（四三―四八節）[13]
したがって**1**を序論、**2**を本論、**3**を補足と位置づけてもよい。**2**はさらに二つに分れるとみることもできる。（**a**）真の観念（三三―三五節）と（**b**）方法（三六―四二節）とである。
2 aの、真の観念のありかたを説明している部分の要点をまず見る。次のように纏められる。
（**i**）真である観念はその観念対象（ideatum）[14]と異なったあるものである（体の観念は体そのもののようなありようをしていない）。観念は観念対象と異なるみずからの形（forma）をそなえ、物としての性格をもつあるもの（quid reale）である。したがってそれ自身で解《わか》ることができる（intelligibile ――以下で「解る」等は intelligere とその派生形の訳）。（**ii**）解るとは、観念自身の「形としてのありかた（essentia formalis）」が知られる対象になる、つまり、これを対象とする観念（「観念の観念」）が成り立つということである。このようにして観念は限りなく連鎖して行くことが可能である。観念はそのうちに観念対象の形としてのありかたを対象というしかたで(objective)含む。その意味で観念は essentia objectiva(観念の内で対象を表している観念のありかた)と呼ばれる。

後に(三八節)、真理探究の方法であると言われる「観念の観念」はこのように、「観念の内の対象というありかた」と「形としてのありかた」という対による観念の把握と結び合されている。観念の内の対象というありかたは真理と同じものとみなされる。それだけでなく、観念そのものがこのありかたと同一視される(つまりこれら三つは同じ意義であると言う——cf. TIE36)。これは、観念が対象に因果的に依存せずに対象を内に含むありかたをして、それ自身物としていわば自立する(quid reale である——cf. TIE34)ことを念頭に置いている。すなわち、さきの二つのありかたを契機としている。

続く箇所は前半(TIE34, Gii14*20-27*)、前に言ったことをさらに例(ペテロについての観念)によって敷衍《ふえん》し、そのあとでそれは誰でも「経験によって確かめる(experiri)」ことができると言う。ペテロが何であるかを自分が知り、また知ることも知り、さらには知ることを知ることを知る等々を見てとるからである(cf. *ibid.*, Gii14*28-29*)。観念をもつことにはこの反復構造が含まれる。そこから、「ペテロのありかた〔本質〕が解る〔言い換えるとペテロの観念をもつ〕にはペテロの観念そのものを解る〔観念の観念をもつ〕ことは必要不可欠ではなく、ましてペテロの観念の観念を解る〔観念の観念の観念をもつ〕必要はなおさらない」(*ibid.*, Gii14*30*-15*1*)ことになる。これは、わたしが知るのに、知ることを知ることや、ましてや知ることを知ることを知るのは要しないのと同じであり(*ibid.*, Gii15*2-4*)[15]、知ることを知るには必然のこととしてまず(prius)[16]わたしは知らなければならない(*ibid.*, Gii15*6*)[17]。

ここ（三三―三四節）で説明される「真の観念」のありかたは、対象を拠《よ》り所とせずにそれ自身で解ること（**i**）がまず要諦《ようたい》になっている。これはその観念を対象とする「観念の観念」が在ること（**ii**）を意味する。**i**から**ii**が（意味上）出てくるが、**ii**はじつは**i**を可能にしている根拠である。その意味で**i**と**ii**は事柄として一つであると言ってよい。このことは、知るという経験にかかわる**i**では、**ii**の観念の観念を求めることを無用にする（**ii**にかかわる「在る」という面ではそうではない）。観念は限りなく連鎖して行く構造になっているが、それは初めの観念がそれ自身で解るという**i**を成り立たせる原理上の反復である。この連鎖はしたがって初めの観念に反照して行く点で閉じた構造をもつ。知るという点では最初の観念をまずもっていなければならず、もつことつまり解ることの確認のためにその知を対象とする次の観念を条件のように求める必要があってはならない。いまの箇所の後半が「経験によって確かめることができる」と語り出されていたことには、このような意味が含まれるはずである。

先で（三八節）、「方法とは反照的認識（cognitio reflexiva）または観念の観念にほかならない」（Gii15$_{30}$-16$_{7}$）と規定されるとき、そこのみに限ってみれば、この反照的認識とは、いま見てきた、観念じたいに内在している自己反照のありかたと聯絡《れんらく》しているとみることが可能である。[18] 前の段落で指摘した**i**と**ii**の関係を踏まえれば、方法を「観念の観念」と言っていることは、さきに言われていた（三四節）、観念の観念を求めることの不必要と齟齬《そご》はしない。その場合の「方法」の性格を（もちろんさらに洞察を要するが）アと呼ぶ。そうすると、この方法とは、真理の徴として求められるのを要することなく、真の観念が真である根拠としてそこに内在する（「エチカ」の言葉に拠れば）「形式（forma）」である。この方法の規定が示される直前では次のように言われている。「〔方法とは〕真の観念が何であるかを解ることである〔観念は観念の観念に反照されるから〕。それをその他の諸知覚〔知りかた〕から区別し、そしてその本性を探究することによってそこからわれわれは自分の解る力を識《し》り、その〔真の観念の〕きまり（norma）に合せて解るべきいっさいを解るように精神を止《とど》める（cohibeamus）。補助として確実な諸規則を授け、精神が無駄なことに困憊《こんぱい》しないようにもすることによってである」（TIE37, Gii15*24-29*）[(19)]。この意味は後にあらためて考えなくてはならないが、方法はこのような規整のはたらきを担《にな》うと考えられる。

しかしこの少し前では、方法は次のように導かれて示されている。真理は徴《しるし》（signum）を必要とせず、内に対象というありかたを含む観念をもつことで、疑いを除くのに十分だから（cf. TIE36, Gii15*15-17*）、「もろもろの観念を獲得したあとで真理の徴を求めるのは真の方法ではなく、真の方法とは、真理そのもの、または観念の内での諸物の対象というありかた、または諸観念（これらすべては同じものを意味する）がしかるべき順序で求められる道である」（*ibid.*, Gii15*17-21*）。この規定をイとする（いまは「方法」か「道」かを定めず、**2b**の論述の性格を表すのに用いる）。これがアとは性格を異《こと》にすると考えられるのは次の理由からである。方法がアの意味をもつとすれば、そこではある物が解るためにはその物の観念そのものやまた観念の観念を解ることは必要ではないと言われ、観念に含まれる自己反照の構造を辿ろうとするのは無用であることが示されていた。それに対してイでは観念の演繹が問題になっていることはいまの箇所だけでも見紛《みまが》いようがない。後に見る関聯箇所でもそれは明瞭である。そうであればイは、アで認めた観念じたいに内在している自己反照のありかたとは別の事柄である。

しかし、さきの方法の規定（三八節冒頭）がアの意味であるとしても、方法の原則論の本論後半**2b**（三六―四二節）で語られる方法の性格はイの規定のほうに沿う。

何かを解ると言えるために観念が含む自己反照の反復を辿ることは必要ではないことがすでに示された（三四節）。「真理の確かさのためには真の観念をもつこと以外の徴は要しない」（TIE35, Gii15*9-10* ――理由として「わたしが知るのに、知ることを知るのは必要とされない」という言葉（三四節）が繰返される）。iiが経験上余分であることを契機として、イは始まりの観念から新しい観念を導き出す演繹のほうに向っているように見える。そうするとイの規定による方法では、扱われるのは現実の知識獲得の「道（via）」と呼んでいいものなのだろうか（実際この言葉が遣《つか》われているように）。イを道とみなすことは道の意義に適うだろうか。これらに答えるためには、道と方法の関係を正しく把握することが当然求められる。

だが違いを識別したアとイをめぐっては、さらにいくつかの問題が輻輳《ふくそう》している。イの概略を示しつつ、それらを解き分けていく。

二

「反照的認識または観念の観念」という方法の規定（三八節冒頭）は、方法の原則論前半**2a**（三三―三四節）に基づければ、先立って（三六節）呈示されるイの観念の演繹とは性格を異にし、真の観念が含む自己反照のありかたを言っているとみることができる。またその直前（三七節末尾）に言われていた方法がかかわる規整のはたらきもこのアの方法との関係で理会《りかい》されるという予想を立てた。

後半**2b**（三六節から）では、**2a**の結論である、真理は徴を必要としないこと、観念の内の対象というありかたが確かさであるということを踏まえ（cf. TIE36）、序論にあたる**1**で描いた（観念を道具とする）知的いとなみの進展の構想（三一節）も援用しながら（cf. TIE39; TIE41）、方法の規整のはたらきが繰返して論題になる（cf. TIE39-40）。その論の実質を精確につきとめるのはけっして容易ではない。それでもイのほうの観念演繹としての方法を述べるのが趣旨であることは確かとしていい。

アの意味とかかわるはずの「反照的認識」という用語が、初めに現れた数行あとでも二回遣われるが、そこから問題にする。「二つの観念の間にある関係はそれらの観念の形としてのありかたの間にある関係と同じであるから、もっとも完全な存在者の観念の反照的認識はほかの諸観念の反照的認識よりもすぐれるであろうということが出てくる」(TIE38, Gii164-8)。この二つの「反照的認識」は同じ意味である。

まず、ここでの「形としてのありかた(essentia formalis)」は、**2a**の要点を纏めた際に示した、観念が観念対象と異なり、それ自身で解る、物としての性格をもつものであるという一面を表す、観念自身の形としてのありかた(cf. TIE33)の意味ではない。形としてのありかたはまた観念の対象になる。観念の内の対象というありかたの対象が形としてのありかたであるから、形としてのありかたは観念対象と同じものを指すこともできる。したがってそれ自身観念ではない観念対象の意味にもなりうる。このことは方法の原則論本論の結論部分(四一―四二節)ではっきりしている。そこでは自然物相互の交渉(commercium)に照応した同じ交渉を観念相互ももつこと、[20] したがって、「われわれの精神が自然の像《すがた》を隈《くま》なく再現するためには、そのもつすべての観念を、全自然の始原、源を再現する観念から、この観念がまたそのほかの観念の源になるようにして、生み出さなければならない」(TIE42)と結論される。イの観念の演繹がめざすのはこのことである。これは、精神が全自然と一つに結ばれているのを認識するという自然の性を他の個人共々に享受する(cf. TIE13)、あらかじめ示された最高の善を踏まえている。この結論への前提になっている〈並行論《へいこうろん》〉的照応は、「観念の内の対象というありかたは形としてのありかたと全く一致しなければならない」という定式が公理のように根拠とされて導かれる(cf. TIE41, Gii1629)。この定式は再び結論(四二節)の前でも直接の理由として用いられる(註(20)参照)。どちらの場合にも、形としてのありかたが自然に属するもの（e. g., TIE41, Gii1627: 'aliquid in Natura'）を指していることは疑えない（この定式については後にまた問題にしなければならない）。

「反照的認識」という用語が二回遣われていた箇所（TIE38, Gii164-8）に還る。行ってきた吟味から、検討箇所の「形としてのありかた」も観念ではない観念対象の意味であるとみて間違いなく、やはり〈竝行論〉的照応が言われている。そうすると、ここの二つの「反照的認識」は、数行前にこの用語が初めて方法の規定として用いられた際に識別したアの意味を保つのかどうか、疑問になる。[21] 反照的認識という用語が、方法のアとして識別した、観念にそなわる自己反照の形式性の意味を担うべきものと考えるなら、この語はともかく現れてすぐに曖昧さを負っている。それがどうしてなのか答えるのは難しいが、直接の契機は、形としてのありかたと観念の内の対象というありかたの組をなす結びつきが一般化されたためではないかと推察できる。つまり、形としてのありかたを対象とする観念の内の対象というありかたが成り立つという関係が、同一の観念を反照する観念ではない、他の諸観念の導き出しを可能にすると考えられたのではないだろうか。

さらにまた、観念自身の形としてのありかたと観念の内の対象というありかたの重層する関係を基に行われるはずの演繹が、結果として観念のつながりとみられるならば、さきの〈竝行論〉的対応の捉えかたも生れる。指摘したように、形としてのありかたは、観念自身の物としての面という意味を越えて、ひとしなみに観念対象の意味になりえ、イの性格に従って論じていく中で後者になって、観念ではない自然に属する対象を表している。対になる「観念の内の対象というありかた」もこのとき観念のたんに同義語になっている。**2 b**の結論近くでの二度の使用（TIE41, Gii1629; *ibid*., Gii1634）はそうであり、「形としてのものと全く一致しなければならない（quae convenire omnino deberet cum formali）」という説明が付く前者が、少しあとに再出する同じ定式（四二節）の中では「観念」と置き換えられているのもそのことを裏づける。**2a**の説明にあった、同じ観念について観念の観念を反復させる二つのありかたの重層する関係はここではなくなる。

二つのありかたがこのようにたんに観念とその対象であるとき、自然のうちの物がもつ交渉とそれらの観念相互の交渉との同一の根拠として現れる、「観念の内の対象というありかたは形としてのありかたと全く一致しなければならない」というさきの定式は、照応や同一の根拠になりうるかどうか疑われる。

観念の内の対象というありかたそのもの、すなわち「形としてのありかたをわれわれが感受する様式」(TIE35, Gii15*8*)が真理の確かさであると言う(cf. TIE35-36)。だが対象のない観念というものは考えられない。どの観念のうちにも対象を表すありかたがそなわる。このありかたを真理と同じものとするのは、これだけで見れば、このありかたに過重な役割を求めているか、さもなくば逆に真理を不当に拡げるとみなされうる。この点を考えに入れると、観念のうちで対象を表しているありかたそのものが真理であると言う場合(したがって**2a**に窺えるアの方法でも)、このありかたが観念対象と一致することがまた前提とされているとみなければならない。形としてのありかたが観念自身のそれである場合には、このありかたとそれを対象とする観念の内でそれが対象になっているありかた(観念の観念)との間には、観念の対象であるもの(ideatum)に対した観念の、論理上の、かつ内的なつながりがある。それゆえ、観念の内の対象というありかたをもつことでいっさいの疑いが除かれると言える(cf. TIE36, Gii15*15-17*)。しかし、初めの観念と観念ではない観念対象のつながりはこの論理的内的一致の外にある(「エチカ」と違い、属性が一つの実体を構成することによって、属性を別にする様態が一つの同じ物であるということは考慮されていない)。観念ではない観念対象と観念の間で一致を確証しようとすることは原理上難しく、懐疑論を招く(cf. KVii15; EiiP43s, Gii124*16 sqq.*)[22]。そうであれば、おそらくは、観念対象と一致する表象だけがそもそも観念と呼ばれる資格をもつと考えられているのである。[23]

方法がイの求められる観念の順序として呈示される（一三二頁の引用を参照）**2b**の始まり（三六節）では、それまでと一変し、関係する用語がすべて複数形になっていることも（TIE36, Gii15*16*: 'essentias rerum objectivas'; *ibid.*: 'ideas'）、イへの移行を示す徴である。[24] イの道は真の観念を新たに引き出して得ていく探究の実際を関心としているとみてよい。方法の原則論の序にあたる**1**では、道具と製作を譬えとして知性の進歩が説明される（cf. TIE31）。この箇所にはフランシス・ベーコンの明らかな影響が指摘され、[25] イに沿って論じられる**2b**にもその説明は反映している。「すべてに先立ってわれわれのうちに生得の道具としての真の観念が実在しなければならず」（TIE39, Gii16*13-14*）、「多くを解る」こと、あるいは導き出される観念は、精神が「もっと容易に解り進める道具」（*ibid.*, Gii16*12*）、「さらに進むための道具」（TIE41, Gii17*1-2*）であるという。最初の生得の観念を別にすれば、ここに経験主義に近い考えかたを見ることもできる。

イの探究の道は次のように見通される。考察した「反照的認識」が二回遣われる箇所では、「もっとも完全な存在者の観念の反照的認識はほかの諸観念の反照的認識よりもすぐれる」（TIE38, Gii16*6-8*）ことを導いたのに続けて、「つまりもっとも完全な存在者の与えられた観念のきまりに合せて精神がどのように導かれるべきかを示す方法がもっとも完全であろう」（*ibid.*, Gii16*8-10*）と言い換えられる。このもっとも完全な存在者の観念はまだ与えられてはいない。残された「知性改善論」の中で折返し点になっている段落（四九節）は前半の歩みを綜括してから、その先詳論されるはずの方法の課題を列挙し、最後に、「この方法はわれわれがもっとも完全な存在者の観念をもつ場合にもっとも完全になる」から（cf. also TIE39, Gii16*19-21*——註(21)で引用）、「初めに、できるだけ速かにこのような存在者の認識に到達することに最大限気を配るべきであろう」と告げる（TIE49, Gii19*3-5*）。

イの道は、もっとも完全な存在者（全自然の始原）の認識をめざし、そこから観念を順序に従って求め得て行くことによって、精神みずからが自然の像《すがた》を再現することを目標にする（cf. TIE42）。つまり反対の向きの探究をともに果し通すことによって成立するように見える。これは（少なくとも最初の部分で）「エチカ」とも「短論文」とも異なる道だが、実際の探究はそれを得させるだろうか。徐々に認識を殖《ふや》すことによって自然全体の再現に到れるのだろうかという疑問をさておいても、この構想はいっそう重要と思われる別の問題と関係する。

三

整理すると、言葉の使用に拠るかぎりでは、方法と道は十分に識別されているとは言えない（イを検討した前節でそれを「道」または「方法」と限定して語ることもしなかった）。**2a**での真の観念の説明に認められたアの性格に方法の意義を索《もと》めるとしても、実際に方法が語られる**2b**ではそれはイの規定を与えられるものであり、「道」(TIE36, Gii15*19*）とも言われていた。だが両者に区別があることをかなりはっきり窺わせる箇所もある。さきの折返し点の段落は初めにそれまでに知られたことを要約している。その第三の、精神がただしく始める「最初の道(prima via)」とは、「何であれ与えられた真の観念のきまりに合せて、確実な諸法則によって追究を続けることである」(cf. TIE49, Gii18*30-32*)。これは、課題を述べた最後に告げられる、「もっとも完全な存在者の観念」をもつことで得られるもっとも完全な方法（cf. *ibid.*, Gii19*3-5*）とははっきりした対照をなす。ともに何らかの始まりを成し、「きまり（norma)」でもあるこれらの観念の関係、また本来あるはずの道と方法の区別と関係とを考えなければならない。

道が「何であれ与えられた真の観念（data quicunque vera idea）」を始まりとすることは、他の箇所からもある程度裏づけられる。**1**の道具と製作を譬えとした知性の進歩の説明は次のようなものである。人間は初めに生得の道具でごく簡単なものを苦労して不完全にではあるが作り、次第にわずかな労力で多くの難しいことをなし遂げるようになったが、同じように知性も生れつきの力量で知的な道具を設け、[26] それを使って別の知的為事《しごと》のための力量を獲得し、その為事からまた別の道具、言い換えればさらに探究する能力を獲得するというようにして段階的に進み、ついには叡智の頂きに達するのだ、と（cf. TIE31）。知性のこのありようは、真理探究の方法が何か、また「生得の道具（innata instrumenta）」がどんなものかが解りさえすれば容易に見てとれる（cf. TIE32）、と言われて始まる**2a**は、「真の観念とは」と書き出した次に、「われわれは真の観念をもつから」（TIE33, Gii14*13*）と括弧書きで付け足している。[27] この「真の観念」について検討する前に、触れておかなければならない問題がある。

方法の原則論は、認識様式の分類と、もっとも良い知りかたの選び出し（一八―二九節）を受けて始まる。その分類が示される前には、「すべてに先立って」行われるべきこととして、知性を「手当し（medendi）」（TIE16, Gii9*10-11*）、「洗い浄め（expurgandi）」（*ibid.*, Gii9*11*）、最終目的に辿り着くために必要とされるやりかたで物を解るのに適うように知性を「改善する（emendandum）」（TIE18, Gii9*35*）必要が説かれる。これらの言葉や、さらに「知性を正しい道へ引き入れる」（TIE17, Gii9*20*）という言いかたを考慮すると、まず、知性はまだ正しい状態に置かれていないとみるのが妥当である。

だが、「すべてに先立って」という言葉を拠り所に、目的に向う道に入る前に知性の改善が行われなければならない、と考えることはできない。[28] 認識の分類と選び出しが実際の改善の役目を負うわけでもない。「知性を正しい道へ引き入れるようにわれわれが労を傾ける間にも、生きていく必要があるために」（*ibid.*, Gii9*19-20*; cf. *Ep*. 37,

Giv189*10-14*――註(12)での引用に続く書簡末尾）、デカルトの「仮の道徳」を聯想《れんそう》させる、生きる上での規則が立てられる（TIE17）。知性が改善されるのは「その目的追求（eum［＝finem］consequi）」（*ibid.*, Gii9*19*）に要しうる時の中でである。[29] また、あらかじめ知性の改善を要するとすれば、鉄を鍛えるのにまず鉄鎚を必要とすることから次々と遡行する譬え（道具と製作の譬えはこれと対置される）を理由にして**1**で斥けられる「無際限に遡る追究」、すなわち、真理探究の方法を見出すためにそれを探究する別の方法を求めることにあてはまる（cf. TIE30）。したがって、真理探究の方法を目的として知性が改善されるのではない。方法に規整された道の中で（これから示すことだが）、それは改善されると考えなければならない。

しかし、だからといって、用いられるべき（cf. TIE29）第四の認識で「認識されるべきものを認識する道、方法」（TIE30, Gii13*16-17*）が誤りしかない所から発するということはありえない。「われわれは真の観念をもつから」という補足はこの意味も踏まえて読まれなければならないだろう[30]（真の観念を知らなければ、知性が正しい道にいないことをみずから知ることもできない）。これは、「まず観念が与えられなければ方法は与えられないであろう」（TIE38, Gii16*2*）、「すべてに先立ってわれわれのうちに生得の道具としての真の観念が実在しなければならず」（TIE39, Gii16*13-14*）、などの箇所からも裏づけられる。真の観念をもっているということは、道の中で知性が改善されることと対立はしない。もっとも完全な存在者の観念はまだもたずにいるからである。そうすると、道の中で改善される知性はどのようにしてもっとも完全な存在者の観念をもつに到るのか。あるいは、もっとも完全な存在者の観念をきまりとする場合にもっとも完全になるという方法の、その存在者の認識に到達する前のありようが問題になる。それは、ともかく、「与えられた真の観念」（TIE38, Gii16*4*）から「与えられたもっとも完全な存在者の観念」（TIE38, Gii16*9*）へ達する道として考えなければならない。

四

まず「与えられた真の観念」から考える。「われわれは真の観念をもつから（habemus enim ideam veram）」（TIE33, Gii14*13*）と言われるとき、具体的に（単数形の）この「真の観念」とはどんな観念を念頭に置いているのかを問題にして、答は得られるだろうか。

認識を種別にした中で、用いられるべきであると言われる四番目の、「物がその本質のみを通して、あるいはその最近原因の認識を通して知覚される」（TIE19, Gii10*20‐21*）[31]知りかたの説明を手懸りにすることは許されると思う。その説明では、（α）「わたしがあることを識ることから、あることを識るとは何かを知る」（TIE22, Gii11*13‐14*）場合、あるいは（β）「心のありかた〔本質〕をわたしが識ることから、それが体と一つに結ばれているのを知る」（*ibid.*, Gii11*14‐15*）[32]場合がそれとされる。同じ認識によって、（γ）われわれは二と三の和が五であること、ある線に平行である二本の線が与えられるなら、これらも互いに平行であることなどを識っているけれども、これまでにこうした認識によってわたしが解りえたことはごくわずかだった、と言う（*ibid.*, Gii11*16‐19*）。最後の言はその通りに受取ってかまわないだろう。

挙げられた例のうちγの類いは、簡単明瞭ではあっても、「まず観念が与えられなければ方法は与えられないであろう」（TIE38, Gii16*2*）と言われる初めの生得の観念とは認めにくい（二次的に示されていることも傍証にできる）。αは、先の**2a**で示される、「ペテロが何であるかを自分が知り、また知ることも知り、さらには知ることを知ることを知る等々を見てとる」（TIE34, Gii14*28‐29*）と照応する。すなわち、（**i**）観念がそれ自身で解ることから、（**ii**）その観念を対象とする「観念の観念」の在ることが意味上出てき、**i**は**ii**に反照されているのを「経験によって確かめることができる」（*ibid.*, Gii14*28*）ことを表す。βの心体結合の場合は、第三の認識つまり「物のありかたが別の物から結論される、ただし十全にではなく」（TIE19, Gii10*16-17*）という知りかたに関して最初に挙げられる次の例との関聯にある。「われわれがある体を感じて、何も別のを感じないことを明瞭に知覚して後、それから心が体と一つに結ばれており、その結合がこうした感覚の原因であるとはっきり結論する。だがその感覚、そして結合がどのようなものなのか、われわれはそこから絶対には解ることができない」（TIE21, Gii14*-8*）。

αは**i**に意味上含まれる反照構造の経験である。言い換えれば、真の観念ならどの観念にも原理として成り立っている形式の経験を語る。このようにαは、観念の内容に触れずに、「あることを識る」という一般性の形のもとに言えることであるから、「まず観念が与えられなければ観念の観念は与えられないから」（TIE38, Gii16*1*）と言われる、最初の観念が何かという問いの答をαとすることはできない。

残るβの心体結合の認識は、第三の知りかたで挙げられた例とつながること[33]、ほかの知識から引き出されるのを要せず、内省のみによって知られるという素性も考慮して、「われわれは真の観念をもつから」と言われる「与えられた真の観念」に具体的に擬《ぎ》してよいのは、いま考察した範囲ではβの心体結合の認識である（ここには原理の認識経験としてαも含まれる）。方法と道とが区別され、本来の方法は、識別したアの性格を担うと想定することが許されるとすれば、いま検討した第四の知りかたの例は、αを方法、βを道の始まり、そしてγをその道の中で得られる知識、と区別して示されていることになる。

もっているという「真の観念」のこの特定は[34]、確実な証拠によるのではない、限定された範囲からの推定にとどまるけれども、「与えられた真の観念」と「与えられたもっとも完全な存在者の観念」の関係、また道と方法の関係を考えるための視野をもたらす。

五

真の方法とは諸観念がしかるべき順序で求められる道である（cf. TIE36, Gii15*19-21*）、というイの規定は方法と道を併せ含む。「与えられた真の観念」からイによって「もっとも完全な存在者の認識」に達することはできるであろうか（cf. TIE49; TIE105）。

方法の課題の二番目には、いまだ認識されていない物を（与えられた真の観念の）きまりに合せて知覚するための諸規則を与えることが挙げられている（cf. TIE49, Gii18*35*-19*1*）。この課題の目標は、まじりけのない精神から生じた明晰判明な観念をもつことであり（cf. TIE91, Gii34*2-3*）、これはその物の定義をもつのと同じことと考えられている（cf. TIE92-94）。だが「知性改善論」は、良い定義の諸条件を列挙した後（cf. TIE95-97）、真の観念を形成する知性の力と本性を解るために知性の定義を得ようとしているところで中断されている。[35] 何であれ（quicunque）与えられた真の観念から観念を導いて行くイの道によって、「もっとも完全な存在者の観念」（TIE38; TIE49）、「全自然の始原、源を再現する観念」（TIE42）をもとうとする試みはこの論の中では成算を得られていない。したがって、観念を順序づけ一つに聯結して、精神が自然の「形としてのありかた（formalitas）」（この formalitas は essentia formalis と同じ意味とみていい）を観念の内の対象というしかたで（objective）再現するという目的（cf. TIE91, Gii34*4-7*; also TIE42; TIE99, Gii36*7-13*）が果されるかどうかは確かな事柄ではない。

原注n（Gii15）の、「ここではわれわれは、どのようにして最初の、観念の内の対象というありかたがわれわれに生れながらにそなわるのかを問い尋ねない。なぜならそれは自然の探究に属するからである[36]」という言葉をそのまま受取れば、「自然の探究」はこの論究とは分けられている。観念を演繹によって得て行くイの「道」はたしかに自然の探究を念頭に置いているけれども（cf. TIE44-45）、この道は現実の探究に先立つ構想にとどまっているとみなければならない。

自然を探究する際、何らかの僥倖《ぎょうこう》で（fato quodam）、与えられた真の観念のきまりに合せて他の観念をしかるべき順序で獲得するように進んだなら、真理は自身を披《ひら》き明かすから、自分のもつ真理について疑わなかったであろうし、その者にはすべてがひとりでに（sponte）流れ込んでくる。だがこれはけっしてないか、起っても稀なことである（cf. TIE44, Gii17*16-20*）。その理由は、先入主にとらわれ、（真偽の）精確な区別に非常に骨が折れ、人事が変り易いためであるという（cf. TIE45, Gii17*27-33*）[37]。探究の道は与えられた真の観念から始まるが、道の過程では観念を得るつど、真と偽の区別を現前させ、真の観念のきまりに合っているかどうかを確かめながら進まなければならない。それは観念一つ一つが内から「観念の観念」によって反照されているかどうか、言い換えれば真理の形式をそなえるかどうか（cf. TIE105, Gii38*4-7*——註(21)参照）にたえず注意を向けることである。方法は、アの意味で反照的認識であることが呈示されるすぐ前で述べられたように（cf. TIE37, Gii15*24-29*——一三一－一三二頁参照）[38]、精神を止め（cohibere）、道を規整する役目を担っている。

観念の内の対象というありかたをもつことで真理の確かであることを充すにもかかわらず（cf. TIE35）、観念を得て行く道が方法によって規整されなければならないのは、いま触れた（方法の原則論を補う）**3**（四四－四五節）で実際のこととして認められた精神の不安定、不完全さのためである。そうであれば、（アにかかわるのかイにかかわるのか曖昧さを残す——註(21)参照）「反照的認識」を用いて引き出される、「もっとも完全な存在者の与えられた観念のきまりに合せて精神がどのように導かれるべきかを示す方法がもっとも完全であろう」（TIE38, Gii16*8-10*）という結論は重要な意味をもつ。原注nが、最初に与えられている観念の第一原因、つまりは実体を原因として追究しないと述べているとして、方法の始まりを成すもっとも完全な存在者の観念は、（自然学の意味での）「自然」に即して原因を遡ったり原因を立てたりすることによって得られるのではない。それは、最初の「与えられた真の観念」の反照的認識と同じ真理の形式をもつから、自身に与えられた観念の反照的認識のありかたを追究していくことによって知られるはずである。(39)

四で、「われわれは真の観念をもつから」（TIE33, Gii14*13*）という「真の観念」が具体的にどんな観念を念頭に置いているのかを考え、第四の認識の説明例をもとに、「心のありかた〈本質〉をわたしが識ることから、それが体と一つに結ばれているのを知る」（TIE22, Gii11*4-15*）という心体結合の知をそれにあてはめた。この例は、第三の認識で挙げられる、感覚された結果からの心体結合の推論（cf. TIE21, Gii11*4-8*）と同じ事柄にかかわる。この、内観によって識られうる事実は、後に「エチカ」の認識の論の基となる（cf. EiiP11-13）。ここで「精神（mens）」ではなく「心（anima）」と言われていることに意味があるとすれば、「自然の探究」である「エチカ」で実体（神）の思いの属性の様態と規定される「精神」よりも前の、経験が念頭に置かれていることになるだろう。

「エチカ」では、「観念の観念」は、「観念が思いの様態として、対象に対する関係を離れて考察されるかぎりで観念の形式にほかならない」（EiiP21s, Gii109*19-21*）と規定される（cf. also EiiP43s）。心のありかたをつくり成す観念に即して反照的認識という真理の形式を究めていくことは、みずからを「思いの様態」そのものであるまじりけのない精神にして行き、この道を規整する形式の完全さの淵源である「もっとも完全な存在者」に自身のうちで逢着《ほうちゃく》させるはずである。これが経験の道であることは、「エチカ」でも確かめることができる。(40)

スピノザの作品の略記と場所の表しかたは次のとおりである。

Tractatus de Intellectus Emendatione（「知性改善論」）：TIE

ブルーダー（Bruder）版全集に拠る節番号も用いる。（例）TIE44はこの作品の四四節を表す。しかしこの節番号は慣用になっているとはいえスピノザ自身の執筆とは関係がないから、便宜のための使用に止め、地の文で使うことは避けた。

Korte Verhandeling van God, de Mensch en deszelvs Welstand（「神、人間とそのさいわいについての短論文」——「短論文」と略）: KV

小文字のローマ数字は部、算用数字は章、［ ］内はジークワルト（Sigwart）のドイツ語訳に付けられた段落番号。KVii15[3]は第二部第一五章第三段落を表す。

Ethica（「エチカ」）: E

小文字のローマ数字は部、Pf（序言）、D（定義）、A（公理）、P（定理）、d（証明）、c（系）、s（備考）。EiiP43sは第二部定理四三備考を表す。

Epistolae（「往復書簡」）: *Ep.*

Ep. 37は書簡三七を表す。

ゲープハルト（Gebhardt）版全集の場所は次のように示す。Gii14*20-27*はその第二巻一四頁二〇行から二七行目の意味。「短論文」についてはミニーニ（F. Mignini）校定のイタリア語対訳版のテクストを用いている。

また引用文中の〔 〕内（原文の場合［ ］内）は引用者による補足、「……」は引用者による省略である。

（1） 「知性改善論」では本文で触れる箇所を別にすると、たとえば次が挙げられる。TIE69-71.「短論文」と「エチカ」では次に代表される。KVii15[3]; EiiP43s.

（2） E. g., André Darbon, *Études spinozistes*, Paris, 1946, p. 84: 'la vérité est un caractère interne de l'idée'; *ibid*., p. 85: 'la vérité est intérieure à l'idée vraie; Don Garrett, "Truth and Ideas of Imagination in the *Tractatus de Intellectus Emendatione*," *Studia Spinozana*, Vol. 2, 1986, p. 68: 'truth itself is in his [= Spinoza's] view a directly introspectible property'; *ibid*.: 'truth itself is an internal characteristic'; Douglas Odegard, "Spinoza and Cartesian Scepticism," in

Spinoza: The Enduring Questions, edited by Graeme Hunter, Toronto, Buffalo and London, 1994, p. 126: 'the internal characteristic of a true idea'.

（3）　たとえば、「知性改善論」と「エチカ」にそれぞれ方法と哲学を劃然《かくぜん》と割り当てるルゥセや、「知性改善論」がデカルト主義者の読者を念頭に置いて準備されたという想定に基づいて執筆中断の理由を推定するマトゥロンよりは、初めの意図に相違して方法が本来哲学の遂行と切り離せないことに中断の理由を索《もと》めるコイレやヴィオレットの考えを支持する。Spinoza, *Traité de la réforme de l'entendement, Etablissement du texte, traduction, introduction et commentaires par Bernard Rousset*, Paris, 1992（以下ではRoussetと略）; Alexandre Matheron, "Pourquoi le *Tractatus de intellectus emendatione* est-il resté inachevé?" *Revue des Sciences philosophiques et théologiques*, Tome 71, 1987, pp. 45-53; Spinoza, *Traité de la réforme de l'entendement. Texte, traduction et notes par Alexandre Koyré*, 5e édition, Paris, 1974, pp. XX-XXI; R. Violette, "Méthode inventive et méthode inventée dans l'introduction au «De Intellectus Emendatione» de Spinoza," *Revue philosophique de la France et de l'Etranger*, N° 3, 1977, pp. 303-322.

（4）　この問題に関しては次から教えられる所が大きかった。加藤信朗「ホドスとメトドス——哲学の道について——」、『哲学の道』創文社（一九九七）、三—五三頁。

（5）　筆者はこれに先立つ別の稿で、スピノザの真理の哲学を、初期作品の「知性改善論」と「短論文」から「エチカ」へ、同じ問題の追究として辿る形で論じた。「真理の道」、『個と無限——スピノザ雑考——』風行社（二〇〇四）、第六章。脱稿から時を経て、その中で「知性改善論」を扱った部分の不十分さに気づくに到った（「短論文」と「エチカ」の論についてはいまのところそういうことは起っていない）。したがって、本稿は前論の「知性改善論」を論じた箇所のいわばパリノーディア（詠《うた》い直し）になる。そういう事情で、ここでは「短論文」と「エチカ」にはほとんど触れないが、これらの真理の論については前論を見ていただきたい。この論では内容上の理由からも前論と較べて註の量は少ない。煩瑣になるかもしれないが、必要のつど前論を「真理の道」として指示する。また前論にある註で、ここでも特に必要と考えられるものは一部を引き写して再録していることを断っておく。

（6）　Vgl. z. B., Carl Gebhardt, *Spinozas Abhandlung über die Verbesserung des Verstandes*, Heidelberg, 1905, S. 41-43. そう見ない立場はたとえば註(3)で触れたコイレとヴィオレットのほか、註(2)のダルボンの次の部分。Darbon, *op. cit.*, pp.

72-76.

（7）この副題とNS（『オランダ語訳遺稿集』）の異なる副題をめぐっては「真理の道」の註（7）を参照。ルッセは「知性改善論」の初めの部分と合致するのはNSのほうであり、対してOP（『遺稿集』）のほうは作品全体とよく符合することを指摘している。Rousset, p. 146.

（8）前註に引いたルッセのOP副題についての見解を参照。

（9）註（3）と（6）で挙げたコイレとヴィオレットの見解を参照。

（10）ここでは立ち入らないが、「知性改善論」での真理の探究の位相を究明するためには、冒頭部の、経験の教えを受けての、真の善を追究する決心（TIE1）、最高の善であるかのように普通思われている富と名誉と官能の快楽の検討（TIE3-9）を経て、最高の善の呈示（TIE13）に到るまでの論の意義を精確に捉えることがおそらく不可欠である。この最高の善については次の箇所を参照。KVii16[6].「自分のよりも勁《つよ》い自然の性」（TIE13, Gii8*19-20*）と関聯《かんれん》しては、「エチカ」の「人間本性の範型（exemplar humanae naturae)」（EivPf, Gii208*16 sqq.*）を参照。

（11）近代の学問的スピノザ研究が始まった十九世紀半ばからゲープハルトのモノグラフィー（Gebhardt, a. a. O.）の頃まで、「知性改善論」はMethodenlehre（方法論）という別称で指されることもあった。

（12）ルッセは両者の区別が厳密であることに注意し、混同することは、「知性改善論」に示されるスピノザの哲学に目を閉ざすことだと言う。Rousset, pp. 20 et 209. ルッセによると、道とは、真理と幸福をめざす思索の進行の中で辿られるべき（à parcourir）ものである（これは筆者とほぼ同じ理解かと思う）。それに対して、方法は、道を辿るための手段となる、いわば計ったり正したりという具体的ないとなみである（こちらでは異なる）。しかし、そのどこにも一つの方法が内在しているとも言う。方法についての考えの隔りは、ルッセがそれをもっぱら「知性改善論」後半（五〇節から始まる――スピノザ自身もそれを「方法」と呼んでいる）によって理解し、筆者は方法の原則論（三〇－四八節）を第一義に考えていることと関係すると思われる。ギャレットは、原則論の冒頭で「道、方法（Via, & Methodus)」（TIE30, Gii13*17-18*）と言われた次に、「これがなされるためにはまず……が考察されなければならない」（Gii13*16*）という文が続いていることから、スピノザが（方法に到る）道を方法そのものと区別していると想定し、この論（三〇－四八節）が「道」の部分であると述べるが、これは、前述したように後半（五〇節以降）が「方法」と呼ばれていることだけに引かれた裏づけの乏しい推断である。Garrett, *op. cit.*, pp. 87 f., n. 4. 次の箇所を引いておきたい。「〔真の方法とは〕ただまじりけのない知性を認識すること、その本性と理法を認識することのみに存します。これを手にするためには、まず何よりも知性と想像とを区別すること、言い換えれば真の観念とほかの観念とを区別する必要があります。ほかの観念とはすなわち虚構による観念、偽である観念、疑わしい観念であり、合せて言えば記憶だけに依存するすべてです。……手短ですがこれでもってわたしは、真の方法を説明、論証し、また同時にそれに達するための道を示したと考えます」(*Ep.* 37, Giv188*20*–189*10*)。途中の省略部分も後の**五**で論じる点にかかわって重要な示唆を含む。引用した箇所についてだけ言うと、「知性改善論」では後半(五〇節以降)で論じられる「真の観念とほかの観念とを区別する」こと(つまりルゥセらが「方法」とみるもの)は、ここでは「道」と考えられていることが瞭かである。ミニーニはこの書簡の、相手バウメイスターの質問を掲げた箇所(Giv187*23*–188*4*)で、「方法(Methodus)」に二義があてがわれていると言う。道(「つつがなく怠りなく進む(pergere)」)と、オルガノン(「われわれの思索が支配される(regantur)」)とである。そして引用した答もこの区別に従って構成されている(まじりけのない知性の認識、その本性と理法の認識にのみ存するというオルガノンとしての「真の方法」と、オルガノンの学知に「達するための道」)ことを指摘している。Filippo Mignini, "Per la datazione e l'interpretazione del *Tractatus de Intellectus Emendatione* di B. Spinoza," *La Cultura,* Anno 17, 1979, p. 101. ルゥセも付録にこの書簡の大半を引用し、短いコメントをつけているが、「方法」と「道」の関係には言及していない。Rousset, pp. 447 sq. 方法に二義を認めることについては、註(3)で言及したヴィオレットの見解も参照。

(13) ルゥセはこれとは内容が異なる見取図を示している。Rousset, p. 141.

(14) この語については、「真理の道」の註(46)を参照。

(15) このあとに続く、「三角形のありかた〔本質〕が解るために円のありかた〔本質〕が解ることを要しないのと同様である」(Gii15*4-5*)ということがいまの論とどう結びつくのか、本当の意味はわかりにくい。また原注n(内容については**五**で論じる)がここに置かれているが、位置は適切ではないように思われる(註(36)参照)。

(16) 「エチカ」の関聯箇所でも同じ意味とみてよい「まず(prius)」が二回繰返して遣《つか》われている。EiiP43s, Gii124*11-14*. マトゥロンはどちらのpriusも時の順序にかかわる(chronologique)と解釈することで論を構成している。A. Matheron, "Idée, idée d'idée et certitude dans le *Tractatus de intellectus emendatione* et dans l'*Ethique*," dans *Groupe de Recherches*

Spinozistes, Travaux et documents, N° 2, Méthode et métaphysique, Paris, 1989, pp. 93-104. だが「知性改善論」のもう一箇所（TIE38, Gii16*1-2*）も含めて、prius を論理上の先行条件と受取る解釈のほうが大勢である。Cf. e. g., Martial Gueroult, *Spinoza*, vol. 2, Paris, 1974, p. 401: 'l'antériorité logique de la condition par rapport au conditionné'; Garrett, *op. cit.*, p. 74: 'a necessary precondition.' また、後に方法の課題として述べられる中（TIE49, Gii19*2-5*——一三七頁の引用を参照）に出てくる「初めに（initio）」に関してヴィオレットは「時間的」の意味をもたないと解している。Cf. Violette, *op. cit.*, p. 321.

(17) 順序が前後して後に触れるが（**II**）、方法の原則論の序論にあたる**1**にある、「無限に遡る追究はない、すなわち、真理探究の最良の方法を発見するのに、真なるものを探究する方法を探究するための別の方法は要せず……」（TIE30, Gii13*18-22*）ということともつながっている。

(18) 「エチカ」の次の記述ともつながる。「精神の観念つまり観念の観念とは、観念が思いの様態として、対象に対する関係を離れて考察されるかぎりで観念の形式にほかならない」（EiiP21s, Gii109*19-21*）。これに続く文は**2a**（三四節）と同じく「知ることを知る」自己反照の構造を述べる。註(5)の拙著第三章の**三**、第六章「真理の道」の註(46)および**六**を参照。

(19) 「知性改善論」の前半と後半を分ける折返し点になっている段落（四九節）で、前半の歩みを綜括したあとに列挙される、その先詳論されるはずの方法の課題と一致している。また引用箇所の前半は註(12)で引用した書簡三七の説明とも符合する。

(20) 原注p（Gii16）によると、「ほかの物どもと交渉をもつとは、ほかのものから産出されること、またはほかのものを産出することである」。自然物相互の交渉に準拠した素朴とも言える〈並行論《へいこうろん》〉が述べられている。前掲拙著第三章の**二**と**三**を参照。マトゥロンは、スピノザが密かに観念自身の形としてのありかたとその観念の内の対象というありかたとの間の〈並行論〉を導入していて、これが想定されたデカルト主義者の読者には受け入れがたい考えであった点に、執筆中断の契機の一つを認めている。マトゥロンがテクスト上の証拠の一つにしているのは、本文でも後に触れる、「観念はその（sua）形としてのありかたと全く一致しなければならない」（TIE42, Gii17*3-4*）という定式である。筆者が本文で示す読みと異なり、マトゥロンは「その（sua）」を「観念自身の（*sa propre*）」（イタリックはマトゥロン）と強い意味に読み、前記の解釈を進めている。しかしこの読みはその前の論脈に照らせばやはり無理である。Matheron, "Pourquoi le *Tractatus de intellectus emendatione* est-il resté inachevé?" pp. 46-47. マトゥロンは註(16)で触れた後の論文ではこの解釈から退いている。Cf. Matheron, "Idée, idée d'idée et certitude...," p. 95.

(21)　二つの「反照的認識」(Gii16*6,7*――②③とする) が初出 (Gii15*30*――①) に認めたのと同じ (アの) 意味なのか、それともイに合った意味なのかどうかの判断は微妙であり、決めるのが難しい。観念に形式として内在する反照性というアの意味ではなく、イに副うとすると、ここは、観念対象の完全さの度合と比例する、その観念から演繹される諸観念全体の、認識としての優劣を問題にしていることになり、たしかにそのようにも読める。その先 (三九節末尾) で、問題にされている方法の部分が、「精神がもっとも完全な存在者の認識に傾けられる、言い換えればそれを反照する (attendit, sive reflectit) 場合にもっとも完全になるであろう」(TIE39, Gii16*19-21*) と述べられる際の動詞 reflectere に関しても同じ問題は起り、イに副うとすると、寧ろ「反映する」という訳語が適当する。②③をイに副った意味であると解すると、数行しか隔らない、方法を「反照的認識」と規定して「観念の観念」と換言する①に関しても、アの意味なのかどうかが問題になる。続けて言われる、「そしてまず観念が与えられなければ観念の観念は与えられないから、ゆえにまず観念が与えられなければ方法は与えられないであろう」(Gii16*1-2*) という記述はアの意味と結びつけて解することもできるけれども、②③をイに副った意味に受取れば、この箇所の「観念の観念」も「方法」もイの観念の演繹を念頭に置いていると解釈されることが可能になる。「反照的認識」は「知性改善論」の最後に近い箇所でもう一度現れる。「方法とは反照的認識そのものであるから、われわれの思いの数々を導かなければならないこの基礎は、真理の形式を構成するものの認識、そして知性とその諸特性および力量の認識よりほかのものではありえない」(TIE105, Gii38*4-8*)。この「反照的認識」は、イなのかアなのか曖昧な②③とは瞭かに異なり、アの方法の意味と結ばれていると考えてよい。**五**を参照。

(22)　観念対象と一致する観念が真であるという考えは「短論文」、「エチカ」でも保たれている。それについては、「真理の道」を参照。だが、「知性改善論」では頻出する essentia objectiva という用語は「エチカ」で遣われていない。essentia formalis が三箇所 (EiP17s; EiiP8; EiiP40s2)、objective が三箇所 (EiP17s; EiP30d; EiiP7c)、essentia objectiva と同義語とみてよい esse objectivum が一箇所 (EiiP8c) である。観念の内の対象というありかたと形としてのありかたという対による観念の捉えかたは行われなくなったとみてよい。さしあたりその理由は、「形としてのありかた」が二様の意味を纏《まと》う曖昧さと、「エチカ」では観念をその二つのありかたからではなく、「思いの様態すなわち解ることそのもの」(EiiP43s, Gii124*11*)、「思いの概念」(EiiP48s, Gii130*10-11*) として追求しようとしている点に索められるかと思う。

(23)　もっとも良いとされる第四の知りかたより劣る第三のそれによっては、留保つきで (aliquo modo)「物の観念をもつ」

とみなされていることは傍証になる（cf. TIE28)。

(24) その直前（三五節末尾）に（突然遣われる）「十全な観念」という語にも、真である観念もろもろを得て行く探究の実際に関心が向いたことを窺える。Cf. Lamine Hamlaoui, "Les normes du vrai dans le Traité de la réforme de l'entendement: genèse du système spinozien," dans *Spinoza et la norme*, sous la direction de Jacqueline Lagrée, Besançon et Paris, 2002, pp. 33-67, cf. p. 44.「十全な観念（idea adaequata)」とは、「エチカ」では、観念の具体的な内実をめがけた呼びかたである（cf. EiiD4)。「真理の道」の六を参照。また、複数形で「観念」等が現れ、イの規定がなされるのとともに、他の観念との関係にかかわる「推理（ratiocinatio)」に言及される。

(25) ベーコンとの関係については「真理の道」の註(20)を参照。

(26) デラハンティはこの類比に関して、スピノザは、真理を選ぶ「備えつけの（built-in)」規準を人間が持っていると思っているのではなく、知性は直観される初めのわずかな真理を発見するのに困難を経験しなければならないことが示唆されていると解釈している。R. J. Delahunty, *Spinoza*, London, etc., 1985, p. 23.

(27) ルゥセはこの括弧書きが疑問提起や論評を生んできたことに触れ、みずからも問題を立てて論じている。Rousset, pp. 221 sq. ゲルーは「エチカ」第二部定理四三備考との対比で、「知性改善論」が認識形而上学的（gnoseologique）な企図に止まっているため、「真の観念をもつから」と断言するだけに甘んじていると注している。Gueroult, *op. cit.*, p. 403, n. 20.

(28) アイゼンバーグは、道具と為事との類比では「叡智の頂き」へ向う各段階が相対的に一種の「改善」を表すかもしれないが、スピノザの考えの原則では、知性は権利上完全であって、「不純物」を含まず、改善や浄めを必要としないとみている。問題は、精神に関して言われるべき改善が知性について語られることにより起っているとアイゼンバーグは言う。しかし、スピノザが知性と精神とを暗黙に同一視した、もしくは混同したという見方には従えない。Paul D. Eisenberg, "How to Understand *De Intellectus Emendatione,*" *Journal of the History of Philosophy*, Vol. 9, 1971, pp. 171-191, cf. pp. 171-175.

(29) ギャレットの次の指摘に同意できる。真理はその内的な特徴により直接に内観されうるとはいえ、それを実際に他と区別できるのは「単純な事柄」ではなく、「理性的思考と反省的思考の長い過程の最後」になってである、とギャレットは言う。Garrett, *op. cit.*, pp. 70, 73; cf. also pp. 74, 84.

(30) Cf. Darbon, *op. cit.*, p. 77.

(31) 後の、「明晰判明な観念」、「まじりけのない精神から生じた観念」をもつという目標とそのための定義論の記述と対応している（cf. TIE91-92, Gii34; TIE96-97, Gii35）。「短論文」と「エチカ」では実体と様態の認識のされかたに相応する。

(32) 後に扱う原注n（Gii15 ――註(15)(36)参照）とも関聯するが、ここで「精神（mens）」ではなく「心（anima）」と言われていることは重要であると思う。

(33) 第一（聞き伝えまたは因習的記号から）と第二（漠たる経験から）の知りかたは、選ばれるべきものから問題なく除かれている（cf. TIE26-27, Gii12-13）。それに対して第三は、様式はともかく（註(23)参照）、観念をもつと言うべきであり誤りの危険なしに結論もできると評価されている（TIE28, Gii13*7-8*）。この点を考えに入れれば、これは第四の知りかたに対して、（結果からの知であるとはいえ）同じ因果関係にかかわる近さをそなえるとは言える。

(34) すでに触れた、「最初の道」が「何であれ与えられた真の観念」のきまりに合せて追究を続けることであるという綜括にある（cf. TIE49, Gii18*30-32*）、「何であれ（quicunque）」という任意性を示す修飾は、どの観念にもαが成り立つという原理上の事由を指すとみるべきである。したがって誤りではないが、誤解もされうる言いかたである。ある主体が「もっとも完全な存在者」の認識をめざして追究する道の初めに与えられた観念が内容に関して何でもよいはずはないであろう。

(35) 中断に先立つ部分（一〇六節後半から一〇七節）の議論の堂々めぐりとルゥセによる解釈（Rousset, p. 9; pp. 413 sq.）については、「真理の道」の註(23)を参照。この点に関してはダルボンはルゥセに先んじ、両者の見解は近いと言える。Cf. Darbon, *op. cit.*, pp. 78-81.

(36) 次の箇所の前段（註(12)で書簡三七を引用した際省略した部分）もおそらく原注nの前半とつながりをもつ。「このことを解るためには、少なくとも方法が要求するまでのところでは、精神の本性をその第一原因を通して認識することは必要ではなく、ベーコンが教えるやりかたで精神の、言い換えれば知覚の小史を配列すれば足ります」（*Ep.* 37; Giv189*5-8*）。原注nが対応する本文は、テクストで指示されている場所（TIE34, Gii15*5*）ではなく、何を指しているかをすでに考察した、「われわれは真の観念をもつから」（TIE33, Gii14*13*）という括弧書きの部分が適切である（註(15)も参照）。この注についてのルゥセの指摘（Rousset, pp. 232 sq.）とそれへの筆者の批判は、「真理の道」の註(22)を参照。なおジョアキムは、この注があとから加えられた可能性を示唆している。Cf. Harold H. Joachim, *Spinoza's Tractatus de Intellectus Emendatione. A Commentary*, Oxford, 1940, p. 58, n. 2.

(37) 方法の原則論を区分したうちの補足にあたる**3**（四三－四八節）の論には奇妙の感を与える所がいくつもあり、その論脈は本論にあたる**2**とまた違った意味で摑みにくい。そのことは別にして、いまの箇所からは、最初の観念が与えられていれば、知性の本性により自然発生的に（sponte）真の知識を殖して行けるというような観方は斥けられる。註(26)と(29)も参照。しばしば解釈者が引合いに出す「霊的自動装置（automa spirituale）」（TIE85, Gii32*25-26*）という言葉に過大な意義は認められない。これについてアムラーウィの指摘は耳を傾けてよい点を含む。Cf. Hamlaoui, *op. cit.*, p. 54, n. 2.

(38) この箇所の「そのきまりに合せて解るべきいっさいを解る」（Gii15*27-28*）は、方法の原則論冒頭の「認識されるべき物どもをそのような〔第四の〕認識でわれわれが認識する道、方法」（TIE30, Gii13*16-17*）という言いかたと照応する。同じ語を重ねた特徴ある言回しに注目し、「解るべき（intelligenda）」と「認識されるべき（cognoscendae）」が方法の規整にかかわるとみるならば、「解る（intelligat）」と「認識する（cognoscamus）」は道を述べていると考えることが可能である。そうすると、一見「道」と「方法」が区別されずに竝べ置かれているように見える後者の中で、じつは二つに区別があるとみなせよう。なお、観念を得ることと自然の探究とに関して言われる「しかるべき順序で（debito ordine）」（TIE36; TIE44; TIE45）という言葉も方法の規整にかかわるとみなければならない。

(39) Cf. Darbon, *op. cit.*, p. 79.

(40) 「真理の道」の**六**を参照。

二　スピノザと真理

上野　修

本稿は二つの問題を扱う。ひとつは、真理というものについてスピノザ（Baruch de Spinoza, 1632-1677）がどのように考えていたか。つまりスピノザの真理思想の問題。もうひとつは著作の解釈に関わる。スピノザには主著『エチカ』に先んじて書かれた未完の方法論『知性改善論』があるが、両者はずいぶん違う。『エチカ』は実体や神から始めて公理系のスタイルで演繹をしてゆくのに、『知性改善論』はそういう第一原理からの出発という形を取らない。真なる観念なら手当りしだい何でもいい、とにかくそこから始めよう、という形になっている。では『知性改善論』は何をしているのか。これがわかれば逆に『エチカ』が何をしているのかもわかるのではないか。以上の二つ、スピノザの真理思想の問題と著作解釈の問題について同時進行で考察する。そのうえで最後に総括的な評価を試みたい。

一　対応説か整合説か（?）

観念論がスピノザを持ち上げて以来、スピノザの真理思想は「真理の対応説」でなくて「真理の整合説」なのだ、という主張がなされてきた。片や、そうではないという反論もある。対応説なら観念と実在する対象との一致が真理だということになる。整合説はこれへの批判として出てくるのだが、それによれば観念の真理性は対象との一致でなく他の諸観念の全体との整合性に存することになる。で、スピノザはどちらなのか。

たしかに初期の『短論文』には真理の定義らしきものがあって、「真理とは人がある事物についてなすところの、その事物自身と一致する肯定もしくは否定である」(KV II/15: Geb I, p. 78) とされている。『エチカ』第1部の公理には、「真なる観念はその観念対象と一致しなければならない」(E1a6) とある。スピノザは、真理は認識とその対象との一致に存すると見る伝統的な対応説に与しているように見えなくもない。ところが他方、同じ『エチカ』には真理の整合説を思わせるような言い方もある。「十全な観念とは、対象との関係を離れてそれ自体で考察される限り、真なる観念のすべての特質あるいは内的命名 (denominatio intrinseca) を有する観念のことであると解する」(E2def4)。この「対象との関係を離れて」というところがどうも真理の整合説ふうである。研究者たちはこの二つの解釈の間をやや腑に落ちない面持ちでいったり来たりし、現代の反実在論的傾向のせいであろうか、どちらかというと「整合説」寄りが優勢と見える(1)。

私はこの論争は的を外していると思う。というのも、『エチカ』の並行論的体系だけから見るとどちらとも言えてしまうからである。無限な延長属性があり、無限な思惟属性がある。両者は同一の自然、これをスピノザは神だと言うのだが、その自然の並行的表現になっている。だから延長世界の事物と思惟の世界の観念は当然並行対応する。しかし、神=自然の中に生成している諸観念の全体に注目すれば、それは神の無限知性として事物世界を写す整合的な全体にもなっている。「すべての観念は神に関係付けられる限り真である」(E2p32) という定理はこの体系から導かれるのである。とすれば、同じ体系をもとにスピノザは対応説とも整合説とも言えてしまうわけで、埒が明かない。実際スピノザ自身、真なる観念と十全な観念はただ見方の違いにすぎないと言っているのである(Ep 60)。

ところがひとたび『知性改善論』に目をふり向けると、どうもそんな話ではすまないことがわかる。次のパッセージを見ていただきたい。「観念の内には真なるものを偽なるものから区別する実在的な何かが与えられている」と述べたあと、スピノザは続ける。

「だから、真なる思考の形相は他の思考に関係なしにその思考自体の内に存していなければならず、また対象を原因として認めることなしに知性の力能と本性そのものに依存していなければならない」(TIE 71)

明らかであろう。「真なる思考の形相」、すなわちある思考を真なるものとしているのは、他の思考との関係ではない。かといって、思考外の対象との何らかの関係でもない。つまり、われわれの言い方では、思考を真なるものにしているのは整合説の言う整合性でも対応説の言う実在論的対応関係でもない。では何が思考を真にするのかというと、それは、当の「その思考自体」の内にある何か、知性の力能と本性そのものに依存する何かだ、というのである。

すると、真理と非真理とを分かつ規範は、ほかでもない、他との関係から離れて、真なる観念そのものの内に具わっているということだろうか。『知性改善論』はそうだと言う。

「真理であることが確かになるためには、真なる観念をもつこと以外何ら他の標識を必要としない。[……]なぜなら、私が知るためには、知っていると［他の根拠から］知っておく必要はないからである」(TIE 35)真なる観念はその観念だけで真だと言えるようになっている、おしまい。こんなふうになっていて、『エチカ』が人に予想させる対応説や整合説では取りつく島もない。

しかもこれは『知性改善論』特有の逸脱ではない。[2]『エチカ』の備考に出てくる格言もそうなっている。いわく、「光が光自身と闇とを顕わすように、真理は真理自身と虚偽との規範である」(E2p43s)。同趣の格言は初期の『短論文』にも晩年の書簡にも現われる。「真理は真理自身と虚偽とを顕わす (de Waarheid, en zig zelfs, en ook de valsheid openbaart)」(KV II/15, Geb I, p. 79)。「真理は真理自身と虚偽との指標である (est enim verum index sui, & falsi)」(Ep 76)。スピノザは、真なる観念の真はその観念だけで言えるという基本思想において一貫していた。そうとしか思えない。とすれば、対応説か整合説かと言っていても、スピノザの真理思想に歯が立たないことは明らかである。[3]ではどう考えればよいのだろう。

二　問題の諸次元

スピノザの真理思想を理解するには、いくつかの次元を区別しておく必要がある。

(1)〈定　義〉「真理」とは何か。

(2)〈解　明〉真理はわれわれにいかにしてそれと知られているか。

(3)〈説　明〉もしこの世に真理が存在するなら、世界はどうなっていなければならないか。

（4）〈正当化〉ある主張を正しいとするにはいかなる手続きが必要か。

スピノザはこんな言葉で整理してはいないが、次元の違いを意識して書いていると私は思う。結論から言えば、『知性改善論』がやっているのは〈解明〉である。その解明された事態に『エチカ』が〈説明〉を与える。いずれもいわゆる正当化とは別な事柄であって、〈正当化〉はむしろ経験科学における仮説の正当化に関わる。〈定義〉についてはスピノザはあえてせず、真理のプリミティヴな概念をインプリシットなままにとどめておく。これが私の見通しである。これらの次元はもちろん互いに無関係ではなく、スピノザ解釈の肝要はその包括的な理解にかかっている。以下、順に見ていこう。

二—(1) 定義

まず定義の問題から。意外なことに『エチカ』には真理の定義は出てこない。「真なる観念はその観念対象と一致しなければならない」(E1a6) という公理はあるが、定義ではない。もしxが真なる観念ならxはとにかくその対象と一致「しなければならない」と要請するだけである。なぜもへったくれもない。とにかくそう認めなければ「真」という語で何を言っているのかわからなくなる。だから証明以前の公理である。

公理は、「真理とは対象と一致するところの思考である」と定義しているのではない。定義ならばそんなふうに本質を表現しなければならないが、そうすると、ならばどうして一致しているとわかるのか、という話になる。スピノザはそこに懐疑論の温床を見ていた。彼がたまに定義に言及しても、常に懐疑論の話と込みになっているのはそのためである。たとえば、すでに言及した『短論文』第2部第15章の定義。「真理とは人がある事物についてなすところの、その事物自身と一致する肯定もしくは否定であり、虚偽とは人がある事物についてなすところの、その事物自身と一致しない肯定もしくは否定である」。なるほど。もしそうだとすると、きっとこう反論する人が出てくるだろうとスピノザは言う。もし真なる観念がまるで板に描かれた絵のように、ただその対象とたまたま一致するという理由だけで偽の観念と区別されるというのなら、真なる観念をもつ者がそうでない者よりも完全で優れているなどとどうして言えるのか？　そういう外的な一致なら当人がそれと知っていなければならぬ必然性はない。判断の真偽が自分の知らない一致・不一致で決まり得るなら、われわれはいったいいつ、どうやって真理を確信し得るのか？（KV II/15, Geb I, p. 78）予想される懐疑論である。同じような議論は『エチカ』の備考でも取り上げ直されている（E2p43s）。

スピノザ自身は真理概念の明示的な定義を差しひかえ、公理の次元でインプリシットに存在するものとして示すにとどめる。興味深いことにスピノザは、「真」「偽」は日常の言葉遣いから来ていると指摘し、無用の哲学的濫用を戒めている。いわく、真・偽の最初の意味はもとは「物語」から出てきた。物語が実際に起こった事柄について語られるなら「真」、どこにも起こらなかった事柄について語られるなら「偽」と呼ばれた。哲学者たちはこれに則って、「真・偽」を観念とその対象との一致あるいは不一致を表すのに用いるようになった。だから「真」という言葉は「自然についての精神の語りもしくは記述」にほかならぬ観念について言われるべきであって、事物そのものについて真を言うのは濫用である、云々（CM I/6, Geb. I, pp. 246-7）。いずれにせよ、真理は定義するまでもなく、われわれの日常的な語の使用のうちにおのずとあらわれている。実際われわれは「真」と言うたびに、思考と事柄との一致を含意させざるを得ない。だからそれは公理である。公理は「一致」の本性については教えないが、われわれはどうして一致していると言えるのか知らなくてもなぜか公理を受け入れている。スピノザにとっては定義より、むしろこの事態こそが問題なのだ。

二―(2) 解明

思うに、『知性改善論』が解明しようとしているのはまさにこの事態なのである。『知性改善論』はスピノザの方法論だとよく言われる。それは間違いではないが、『エチカ』のいわゆる「幾何学的方法」ではない（実際スピノザはこんな言葉はどこにも用いてはいない）。スピノザは、自分の方法は「反省的認識」あるいは「観念の観念」であると言う（TIE 38）。観念の観念、つまり「知っていると知ること」、それが方法だというのである。

「知っていると知るためには、必然的にまず知っていなければならない。［……］真理であることが確かになるためには、真なる観念をもつこと以外何ら他の標識を必要としない」（TIE 34, 35）

名指しはしないものの、おそらくスピノザはデカルト的な方法へのアンチテーゼを意識しているのであろう。知っていると知るために何を知っておかねばならないか、というデカルトふうの問いがすでに間違っている。実際、方法で規準を定めておかないと本当に知っていると言えないとすると、ではその規準が本当の規準だとどうやってわかるのか、ということになるし、逆に、まず確実な第一原理が知られてはじめて真理の規準が定まるというなら、ではその第一原理の真理性をどういう基準で言えるのか、ということになる。スピノザは、そうではない、そんなことをしなくても、われわれはすでに若干の真なる観念をもっていて、規準を云々する前から真だと知っている。むしろこれが解明されるべき事態なのだと指摘する（TIE 30–35）。

「方法は、真なる観念を他の諸知覚から区別し・真なる観念の本性を探究することによって、真なる観念がい

かなるものであるかを理解することである」（TIE 37）

ここで言われている、「真なる観念がいかなるものであるかを理解すること」、これが、われわれが〈解明〉と言っているものだ。スピノザの言う「方法」はもちろん『エチカ』の幾何学的証明とは違う。事柄を定理として説明するのではない。そのうちにわれわれがすでにいる事態を「理解すること（intelligere）」が方法である。

スピノザの議論は、真なる観念をめぐる懐疑論者との対話として読むことができる。[4] 問題とされるのは「虚構された観念」と「虚偽の観念」である。真なる観念はそれとどうやって区別できるのか？ さっそく〈解明〉を見てみよう。

「真なる観念についてすら疑う人々」がいて、真理はわれわれが虚構しているだけかもしれないなどと言う。否、真理は虚構できない。それは虚構というものを考えればわかる、とスピノザは言う。虚構ができるのは、事柄が否定も肯定もできなくて、単に可能である、つまりそういうこともあり得るがそうでなくてもかまわないと見えている場合に限る。もし事柄が必然的である、あるいは不可能であると理解されていれば虚構はできない。たとえば、「私は現に存在している」とか「実は存在していない」とか虚構はできないし、2たす3が5になるとかならないとかいうふうに虚構はできない。針の穴を通ってゆく象や無限大のハエは虚構できない。要するに、事柄が「肯定しかできないこと」つまり必然的であるとわかっていれば虚構はできないし、「否定しかできないこと」つまり不可能とわかっていれば虚構はできない。真理は虚構できないのである。

「できない」のは知性という能力の仕様であるとスピノザが考えているのは面白い。虚構ができるのはせいぜい、真理（または虚偽）が知られない間だけである。たとえば、私はA氏が家にいるとかいないとか勝手に虚構できるが、それは私が真理を知らないからである。いまA氏の居場所について真なる観念をもつ全知の存在があるとしよう。その存在はA氏の居場所がそれ以外であり得ない理由ないし原因を完全に知っているので、私のように虚構しようとしてもできない。真理を知る者は虚構したくてもできないのである。もちろんわれわれは不可能と知りながら想定することはある。例えば背理法や純然たる仮定のように。スピノザもそれは認める。しかしそれは説得や論証のプロセスの一こまであって、だれもそれを結論の真理と混同はしない、というか、できない。それゆえ、いくら少なく見積もっても、いわゆる永遠真理のようなものまで虚構かもしれないという想定は無意味である（TIE 52-62）。

懐疑論者はさらに言うだろう。なるほど真なる観念なら虚構できないかもしれない。しかし、そもそもその観念が虚偽でないという保証はあるのか。ある、とスピノザは答える。保証はその観念そのものの内にある。そもそも真偽の指標をその観念自身の外部に求めるからおかしくなるのである。板に描かれたリンゴの絵があって、脇に本物のリンゴがある。それと同じように観念と事物を考えるから、外から眺めて両者の類似や一致を判定できるような気になる。だが、外から見比べる視点などはじめから存在しない。観念が視点であって、われわれがしかじかの事物を見、理解し、判断するというそのことが観念なのだから。とすれば、こう言わねばならない。真なる思考は実物との一致という「外的命名（denominatio extrinseca）」だけで偽なる思考から区別されているわけではない。むしろ、実際には、その思考自身にそなわった「内的命名（denominatio intrinseca）」によって区別されているのだと（TIE 69）。

ではその「内的命名」とは何か。スピノザはそれを、「精神の中にある主語と述語の整合性（cohaerentia subiecti et praedicati in mente）」と考える。対象との一致でもなく他の諸観念の全体との整合性でもない、「主語と述語の整合性」が真であることのしるしである（TIE 62）。たとえば、「円とは一端が固定し他端が運動する任意の線によって描かれた図形である」。これは円の真なる観念である（テキストでは球の観念という例になっているが便宜のため）。円がどのようにしてできるか、その発生の仕方、つまり「最近原因」が述語として与えられるとき、何が「円」であるかが決まる。それが円を真に知っているということだ。そのために、なにも万物の第一原因まで遡る必要はない。円の真なる観念は、真であると知られる限りでそれ自身で完結している。このように、どんな思考でも、それが真ならば必ずそれ自身に内的な整合性があって、これが対象の確定を可能としている。だから真理を非真理から分かつ「規範」はどこに探す必要もない。その観念自身の内にある（TIE 70–72）。実際、こういう内的整合性を知らなければ、そもそも何についてどう一致を確かめればよいのかさえ分からないであろう。

スピノザのような考えでいくと、真理の規範は一般的に定義してもあまり意味がないことがわかる。個々の真なる思考がそれぞれに今言ったような真理の「内的命名」をそなえているわけで、これは『知性改善論』のように実例に即して示すほかない。「真なる観念を離れて真理とは何かと尋ねる人があるなら、その人は白い物体を離れて白とは何かを尋ねるのに等しい」ともスピノザは言っていた（CM I/6, Geb. I, p. 247）。

ここからスピノザが、デカルトふうの懐疑を批判するのはよくわかる。真なる観念は懐疑のさなかでも、実際には疑えていない。「欺く神」のような不明瞭な観念が何の必然性もなく割り込んでくるから疑っている気分になるのであって、「2たす3は5」という真理そのものは懐疑のあいだいささかも変質してはいないのである（TIE 78–79）。だからわれわれは「与えられた真理の規範」を頼りに、そうした曖昧な観念の割込みがないよう秩序だてて道をたどっていけばよい。このことを教えるのが「方法」である（TIE 49）。

真理へのアプローチの仕方が、スピノザとデカルトではずいぶん違うのがわかるだろう。デカルトの方法が普遍的懐疑の意志に支えられていたのに対し、スピノザの方法は、とるに足らぬように見える若干の真なる観念に身を委ねることから始める。スピノザは方法を、元手となる真なる観念から自生しリカーシブな仕方で次第にはっきりしてくる「道」として考えるのである。

「精神は、多くを知れば知るだけ、ますますよく自らの諸力と自然の秩序を理解する。他方、精神は自らの諸力をよく理解すればするだけますます容易に自分自身を導き、自らのために諸規則を立てることができ、また自然の秩序をよく理解すればするだけますます容易に自らをもろもろの無益なものから遠ざけることができる」(TIE 40)

スピノザの方法は真理を一から探す方法ではない。むしろ、すでに真理の中にいる「精神の諸力」を精神自身に自覚させ、「自然の秩序」へと連れ戻す「道」なのである。そう考えれば、なぜ『知性改善論』が「知性の諸力」への問いで終わっているのかも理解できる。「真なる観念がいかなるものであるか」を理解するにつれ、われわれは自分が判断意志の主体などではなくて、むしろ事物自身がわれわれの中で語るのだとわかってくる。われわれの知性は「一種のスピリチュアルな自動機械」、事物の真理すなわち「自然の秩序」に従属して動く真理機械なのである(TIE 85)。『知性改善論』の終わりの方でスピノザはこの自動機械のいわばスペック一覧を示し、こんな機械が存在し・作動するためには何がなければならないか、と問う。すなわち、この機械は知っていると知っており、ある種の観念は前提なしに生成し、それ以外の観念は他の諸観念から形成する。肯定的観念を形成してからでないと否定できない。事柄を永遠の相のもとに捉える。明晰判明な観念を自らの仕様のみで生成する。ある事物について何種類かの説明を出力できる。その説明は対象の完全性に応じて完全である（TIE 108）。よろしい。いまや「これらの特性が必然的に出てくるところの、すなわち、それが存すればこれらも必然的に存し、それが除去されればこれらすべてもまた除去されるところの、共通なあるものがここに立てられねばならない」（TIE 110）。

この箇所で『知性改善論』が中断しているのは偶然ではあるまい。そういう真理機械が動く世界はどうなっていなければならないのか？　それを説明するには「全自然の根源と源泉とに言及する観念」が必要だろう（TIE 41-42）。事柄は自然の探究に属する。しかし解明をこととする方法は「事物の原因を理解するために推論することそれ自体ではないし、まして事物の原因を理解することではなおさらない」（TIE 37）。それゆえ「説明」は、ここではなくて「私の哲学」（つまり『エチカ』）でやるとスピノザは言っていた（TIE 31n, 34n, 51）。

二-(3)　説　明

実際、『エチカ』はそういう真理機械の、求められていた最近原因による発生的説明を与えている。すなわち、真理がこんなふうになっているためには、思考する力能と為す力能が厳密に同等であるような唯一無二の、かつ自己原因的な能産的自然が実在していて、われわれは何らかの仕方でその働きの実的な一部分であるというふうになっていなければならない（E2p7c, p11c）。そうすれば、「われわれの中において絶対的なあるいは十全で完全な観念」がなぜ「すべて真である」のかが説明できる（E2p34）。同様に、われわれの真ならざる思考は、われわれの部分的あり方から結果する何らかの「認識欠乏」として説明できる（E2p35）。そして懸案の、「真なる観念を有する者は同時に自分が真なる観念を有することを知り・かつその真理を疑うことができない」という事態も説明できる。それはわれわれにおいて実現している神の絶対的な思惟のあり方なのである（E2p43）。『エチカ』第二部「精神の本性および起源について」の諸定理はこうした説明を果たす。そのためにも第1部「神について」の諸定理がまず導かれねばならなかった。そう考えることができる。『エチカ』の全体は真理認識が何をなし得るかの説明であると見ることさえできる。第4部、第5部で「永遠の相のもとに見る」と言われる「永遠」が真理の必然性を指しているのは間違いない。そしてそれが精神の永遠なる部分の証となるとスピノザが考えていることも。

こうしてわれわれは、『知性改善論』と『エチカ』の関係が理解できるようになる。『知性改善論』は真理がそれ自身によって知られるという事態を解明し、『エチカ』は明らかにされた規範に従いながら、解明されたこの事態を「神あるいは自然」の構造によって説明する。〈解明〉は「反省的認識」によって、〈説明〉は「幾何学的証明」によってなされる。『知性改善論』は、説明を導く規範としての「最高完全者の観念」に想到したとき方法は完成するだろうと述べていた（TIE 38, 39）。完成と同時に方法は解明の役目を終え、『エチカ』の原因による説明にバトンタッチする。そう考えれば両者の違いに合点が行く。(5) 実際、従来から指摘されてきたように、スピノザは両者をセットにして構想していたと思われるふしがある。

ともあれ、〈解明〉も〈説明〉も、真理根拠の正当化が問題なのではない。反対に、真なる観念は正当化なしにそれだけで真だと言えるようになっているという事態こそが、解明され、説明されねばならなかったことなのである。だから、スピノザが正当化について語るなら、それは別な問題次元に属していると見るべきだろう。これが次に見る問題である。

二―(4)　正当化

〈正当化〉の次元は真理の正当化ではなく、仮説の正当化に関わっていると思われる。『知性改善論』は、変化する諸個物の理論的認識について言及する。変化する諸個物は無限にあるので、「不動で永遠なるもの」としての自然法則なしにその生成や秩序を考えることはできない。そして法則は万物の根源を正しく定義することから導かれるほかない、とスピノザは言う。(これはデカルト自然学における自然法則の導出とそう違ったことを言っているわけではない。たとえばデカルトの場合も、慣性の法則は神における不動性・不変性から導出される。他の何ものにも妨げられないで同じ運動を永遠に続ける物体など、誰も観察したことはないのだから。)だが、どの法則が個物のしかじかの生成変化に効いているのか決定するには「補助手段(auxilia)」が必要である。補助手段は「われわれの感官の用い方を教え、かつ探究される事物を決定するのに十分な実験を一定の法則と秩序に従って行う(experimenta certis legibus et ordine facere)ことを教える」とスピノザは言う(TIE 101-103)。

「補助手段」が実験・観察を指すのは間違いないと思う。おそらく一種の仮説演繹法のようなものをスピノザは考えているのだろう。半円を回転させれば球ができるように、ある原因Pを仮定すれば理論上必ず結果Qが生じるはずだと言えるとする。PならばQというこの推論は真なる演繹である。いまQが観察されている。あるいは実験的にPを与えてみたらQが得られる。ならばQはPの生じた結果だと推測しても不都合はない。いいかえると、およそQに類するものであれば、それは原因Pで説明してかまわない。Pは有効な仮説である。「補助手段」とは、こういう正当化に必要な手続き的手段のことを言っていると思われる。

『知性改善論』が三番目に分類している次の知覚様式は、こういう類いの認識のことを言っているとしか思えない。

「事物の本質が他の事物から結論される――といっても十全に結論されるわけではない――場合の知覚。これはわれわれが何らかの結果から原因を推測するとき、あるいは、つねに何らかの特性を伴うある普遍的なものから結論がなされるときに生じる」(TIE 19)

これは今の仮説演繹法と考えればよくわかる。実際、PならばQ、しかるにQ、ゆえにP、という推論は論理的には十全ではない。十全な結論ではないとはいえ、「われわれが永遠なる事物とその必然的な法則について十分の認識を獲得し、かつわれわれの感官の本性を知ったあと」(TIE 102)であれば、そしてこの認識をもとにどんな「補助手段」が必要か規定できていれば、この種の知覚様式もそう誤ることはない。「ある意味でわれわれはこれによって事物の観念を捉えうると言えるし、さらにまた、誤謬の危険なしに結論を下し得るとも言える」(TIE 28)とスピノザは言う。ここで論じられているのは科学命題の仮説演繹法的な〈正当化〉の問題であって、真理そのものの〈解明〉や〈説明〉とは別次元の話であることは明らかである。

残念ながらこの問題次元に関するスピノザのまとまった論考は残されていない。彼の残したと思われるいくつかの科学論文、書簡にその片鱗を窺うことができるかもしれない。あるいはひょっとすると、経験の教える統治権の諸特性を「群集の力能」によって説明する『政治論』にも同様の発想があるのかもしれない。が、これは本稿の射程を超える。

三　考察と総括

以上、スピノザにおける真理問題の諸次元を見てきた。四つの次元を通底するスピノザの真理論があるとして、結局それはどういうタイプの「真理説」なのか？　これは言うのが実に難しい。というのも、それはわれわれに知られている真理説のタイプのどれにも似ていて、しかもいずれをもすり抜けていくように見えるからである。この点を最後に考察しておきたい。

スピノザは通常理解されるような「真理の対応説」を退ける。だが「整合説」がそうするように退けるのではない。たしかに観念と対象の一致が真理だと言ってしまうと、命題は命題の外の事実に一致するとき真になるという話になってしまい、それだと誰がその一致を確認するのか言えなくなるとスピノザは指摘していた。しかしスピノザはプリミティヴな真理概念の含意する対応関係を、「精神の中にある主語と述語の整合性」として解釈しなおしていると見ることもできる。観念は印象や絵のようなものではない。スピノザの例で言うと、漫然と丸いものを思い浮かべていても円を知っていることにはならない。どうやれば円ができるかその作図法を理解するとき、はじめて円は真の対象として措定される。だからこそ、描かれた丸い図形のどれが真正の円であるか、「観念との一致」を調べることもできる。また、A氏について知らない人が「A氏はいま家にいる」と述べ、実際たまたまA氏が家にいるとしても、そういう言明は真とは言えない。間違いなくA氏を特定できるのは、A氏がそこにいて他所にはいないことの「最近原因」を完璧に知っている思考である（TIE 69）。このように、知性が十全な述語づけによって主語を確定するという、まさにそのことが「観念」であるとスピノザは考える（これが「十全な観念」の意味である）。この確定から離れて「対象」というものはどこにもなく、裸の事実なるものはどこにもない。それゆえわれわれの精神の中にある主語と述語の整合性以外に、われわれの考えていることが真である規準はどこにも存在しない（TIE 62）。

一方、今日スピノザに帰されることの多い「真理の整合説」との相性はどうだろうか。いま見たように真なる観念は、「しかじかだからこうなる」、「PゆえにQ」というふうに、原因ないし理由による説明の形をとる。しかるにPはPで、さまざまな前提、すなわちなぜPなのかを因果的に説明する諸前提の全体に依存しており、「PゆえにQ」はそれを捨象しているだけである。この点では「真理の整合説」と似ていなくもない。実際、われわれは『エチカ』における神の無限知性がそうした整合的全体であることを見た。しかしスピノザはある書簡（Ep 32）でこうも言う。そんな全体は「われわれ」が見渡すことなど当然不可能である。われわれはただ、事態がそうなっているはずだと「考えざるを得ないようにさせている理由」を示せるだけだ、と。

これは「整合説」への一種の批判になっているかもしれない。整合説は現前不可能な全体をあたかも現前するかのように語らざるを得ないが、その理由については不明なままである。スピノザの場合、なぜそうなのかの理由ははっきりしている。同じ書簡が述べるように、それはわれわれの精神が現実に無限な全体知性の一部分だからである。

「私の考えでは、自然の中に思考する無限の力能が存在し、この力能は無限である限りにおいて全自然を対象的に自己の内に含みます。そしてこの力能の形成する諸々の思考は自然と同一の仕方で進行する。自然はこの力能の観念対象なのですから。そして人間の精神はこの同じ力能であると私は主張します。ただしこの力能が全自然を認識している限りにおいてではなく、有限で人間の身体のみを知覚している限りにおいてですが」(Ep 32, Geb IV, pp. 173-4)。

事物の真なる説明が因果的説明である限り、われわれは因果関係の全体をとりあえず想定せざるを得ないようにできている。それは、われわれがそういうふうに因果的に行為し思考する無限の力能のローカルな部分だからだ、というわけである。

こう見てくると、「整合説」が反実在論と親和的なのに対し、スピノザのポジションは断固実在論であることもわかる。思考から独立した実在という意味ではない。思考と行為の力能が厳密に同等であるような無限の力能、われわれがその現実的な部分である力能、これがスピノザの言う実在なのである。だからこそ、われわれはすでに与えられている真なるもの――単純なもの――から理論を作ることができる。球がどうやってできるか説明する観念を有する者は現実に球体を存在させることができ、水の真なる観念を有する者は水素と酸素から水を生じさせることができる――それが有限知性であろうと無限知性であろうと。(6) これはもう通常理解される「整合説」の及ぶところではない。

今の論点は〈正当化〉の次元に関わる。スピノザが言及する実験による正当化は一見「真理の検証説」に似ている。だが、検証されたもののみが真だとはスピノザは言わない。「もし原因Pがあれば結果Qがある」という演繹推論それ自身は、PからQが帰結するという推論の整合性、すなわち真理の内的特徴を具えている。だから観察結果がQに一致しないからといって「PならばQ」というこの演繹そのものが偽となるわけではない。スピノザの例でいけば、建築家がある建築物を秩序正しく概念するなら、「たとえそうした建築物が決して存在しなかった、または今後も存在しないであろう場合でも、やはりその思考は真である」(TIE 69)。設計（仮説）どおりいかないなら、それは設計から演繹される結果と実際の結果が同一でなかった、ということであって、それ以上でも以下でもない。偽となるのはこの予想された同一視であって設計プランではない。だからこそわれわれはもとの設計をたんなる偽として放棄するかわりに、むしろ設計でカバーされていなかった別な原因が加わっていたと考え、不一致をこの原因によって説明しようとする。そしてこの新たな説明も、やはり同様の真なる演繹を用いて記述されるほかない。もしわれわれがそういう演繹の真を前提にしていなかったら、そもそも何も検証できなかったであろう。明らかに、これは検証されたもののみを真理と見なす真理説ではない。

さて、こういうわけで、「対応説」「整合説」「検証説」等々のどれをもってきても、スピノザの真理論を言い当てることはできない。「真理」をスピノザはついに定義しない。むしろ真理に関するスピノザの思想は、われわれの真理論が共有する「真なるものとなすもの（truth-maker）」は何かという問いに対し、いったいそれは何を問うているつもりなのかと問い返してくるかのようだ。[7] 結局は、思考を真なるものにしているのは常にその思考そのものである。それ以外の真理をわれわれは持ったことはないし、これからも持たないであろうということ、これがスピノザの考えである。こういう思想を「真理説」と呼ぶべきか私は躊躇を覚える。実際それだと、普通には真理の規準や根拠を何も言っていないように見えるからである。あえてこの名づけ難い思想を名づけるとすれば、ある種の批判的な「真理の同一説」とでもなるだろうか。[8] 真となりうるものは思考であり、それを真にしているのもまたその思考自身なのだから。

（1）　論争の整理は次を見よ。Mark (1972), pp. 1-3, 46-54.
（2）　例えば Curley は『知性改善論』を逸脱と見ている。Curley (1994), pp. 1-16.
（3）　同趣の指摘として、Mark (1972), p. 54.
（4）　懐疑主義との関係については、Delahunty (1985), pp. 1-40; Doney (1975), passim.; Garrett (1986), passim.; Mason (1997), pp. 95-112; Odegard (1994), passim.; Rousset, pp. 261-263.
（5）　こうした解釈は次の著作に負うところが大きい。Rousset (1992), pp. 11-28. もちろん解明から説明へというこの接続がどのようなものであり得たのかという問題は残る。『知性改善論』が完成されなかったことを考えればなおさらである。
（6） この方向性を辿った解釈として、Matson (1994), passim, 河井（一九九四）、pp. 121-125.
（7） 現代真理論における truth-maker の問題については、Horwich (1990/1998); Kirkham (1992).
（8） Cf. Joachim, pp. 92-94; Rousset, p. 332. 同一説の現代的な展開として、Dodd (2000).

なお、スピノザの著作については次のように示した。

TIE 4　『知性改善論』（*Tractatus Intellectus Emendatione*）第四段落
E2p32　『エチカ』（*Ethica ordine geometrico demonstrata*）第二部定理32（その他、aは公理、cは系、sは備考）
CM I/6, Geb. I, p. 247　『形而上学的思想』（*Cogitata metaphysica*）第1部第6章（ゲプハルト版全集第一巻二四頁）
KV II/15, Geb I, p. 79　『短論文』（*Korte Verhandeling van God, de Mensch, en des zelfs Welstand*）第二部第一五章（ゲプハルト版　全集第一巻七九頁）
Ep 60　書簡六〇（ゲプハルト版全集第四巻の書簡番号）

参照文献

Alain. *Spinoza*, Éditions Mellottée, 1949 [Éditions Gallimard, 1972].

Bennett, Jonathan. *Learning from Six Philsophers: Descartes, Spinoza, Leibniz, Locke, Berkeley, Hume*, Vol. 1, Clarendon Press, Oxford, 2001.

Curley, E. M. *Spinoza's Metaphysics: An Essay in Interpretation*, Harvard University Press, Cambridge, Mssachusetts, 1969.

Curley, E. M. 'Spinoza on Truth', *Australasian Journal of Philosophy* Vol. 72, No. 1; March 1994, pp. 1-16.

Delahunty, R. J. *Spinoza: The Arguments of the Philosophers*, Routledge, 1985.

Dodd, Julian. *An Identity Theory Of Truth*, Macmillan Press/St. Martin's Press, 2000.

Doney, Willis. 'Spinoza on Philosophical Skepticism', in: *Essays in Interpretation*, edited by Maurice Mandelbaum and Eugene Freeman, Open Court, 1975.

Filho, Raul Landim. 'La notion de vérité dans *l'Éthique* de Spinoza" in: *Groupe de Recherches Spinozistes Travaux et Documents No. 2; Méthode et métaphysique*. Presses de L'univ. de Paris Sorbonne, 1989, pp. 121-142.

Garrett, Don. 'Truth and Ideas of Imagination in the *Tractatus de Intellectus Emendatione*', *Studia Spinozana* vol. 2 (1986), 61-92.

Gueroult, Martial. *Spinoza II: L'âme* (*Ethique*, 2), Aubier, 1974.

Hampshire, Stuart. 'Truth and Correspondence in Spinoza', in: *Spinoza on Knowledge and the Human Mind*, edited by Yirmiyahu Yovel, Brill, 1994.

Harris, Errol E. 'Method and Metaphysics in Spinoza', *Studia Spinozana* vol. 2 (1986), 129-150.

Horwich, Paul. *Truth*, Clarendon Press, Oxford, 1990/1998.

Joachim, Harold H. *Spinoza's* Tractatus de Intellectus Emendatione, *a Commentary*, Bristol/England, Thoemmes Press, 1940/1993.

河井徳治『スピノザ哲学論攷』創文社、一九九四年。

Kirkham, Richard L. *Theories of Truth; a Critical Introduction*, Massachusetts Institute of Technology, 1992.

Korichi, Mériam. 'Le concept spinoziste de mens humana et le lexique du *Tractatus de Intellectus Emendatione*', *Kairos* No. 11, 1988, pp. 9-32.

Mark, Thomas Carson. *Spinoza's Theory of Truth*, Columbia Univ. Press, New York and London, 1972.

Mason, Richard. *The God of Spinoza: A philosophical study*, Cambridge Univ. Press, 1997.

Matson, Wallace I. 'Spinoza on Beliefs', in: *Spinoza on Knowledge and the Human Mind*, edited by Yirmiyahu Yovel, Brill, 1994.

Nachtomy, Ohad. 'Spinoza et les normes de la logique', in: *Spinoza et la norme*, sous la direction de Jacqueline Lagrée, Presses Universitaires Franc-Comtoises, 2002.

Nesher, Dan. 'Spinoza's Theory of Truth', in: *Spinoza: the Enduring Questions*, edited by Graeme Hunter, University of Toronto Press, 1994.

Odegard, Douglas. 'Spinoza and Cartesian Scepticism', in: *Spinoza: the Enduring Questions*, edited by Graeme Hunter, University of Toronto Press, 1994.

Parkinson, G. H. R. '"Truth is Its Own Standard": Aspects of Spinoza's Theory of Truth', *Monist* 55 (1941).

Rousset, Bernard. *Spinoza,* Traité de la réforme de l'entendement, *Etablissement du texte, traduction, introduction et commentaires*, Vrin, Paris, 1992.

田島正樹『スピノザという暗号』青弓社、二〇〇一年。

Wright, Crispin. 'Truth: A traditional debate reviewed', in: *Truth*, edited by S. Blackburn and K. Simmons, Oxford U. P., 1999.

山田弘明『真理の形而上学——デカルトとその時代』世界思想社、二〇〇一年。

第Ⅳ部　ライプニッツ、多様なる真理

一　真理と根拠の多様性と統一性

——「同一性」の論理と認識のトポス——

松田　毅

序　ライプニッツにおける「真理と正当化」問題

ライプニッツの主著『弁神論』（一七一〇年）は、『歴史批評辞典』の懐疑主義者ベールが、われわれは神の意志決定の根拠を知りえない以上、信仰は知的根拠をもたない盲目的なものとならざるをえない、と主張する点を批判するために書かれた。ライプニッツは、それでは神が勝手気ままな暴君になると指摘（G. 6. 72）し、歴史に関する神の行為の理解可能な正当性を充足根拠律により論証しようとする。現に存在する悪に事実真理として十分な根拠を与えることにより、世界の制作者・統治者である神の意志の善性と正義を弁護する。悪の事実と神の意志の善性とは一見矛盾するが、キリスト教の真理が「理性を超越すること」は「理性に反する」、つまり矛盾的ではないと。この意味で「真理と正当化」の関連が主題となる緒論二三節で、「理性」は、主観的な意見や習慣的な判断力と区別された、客観的で知性により理解可能な秩序をもった「真理の連鎖」として語られることになった。

「私が『理性 raison』のもとで理解するのは人々の意見や論議でも、事物を自然の通常の運行に従い判断するために人々がもつ習慣でもなく、真理の破壊しがたい連鎖 l'enchaînement inviolable des vérités なのである」(G. 6. 64)

この深刻で解答の困難な主題を追跡することが本稿の目的ではない。今はライプニッツの懐疑主義への批判的態度を確認すればよい。それが独断への回帰ではないことをわれわれは必然真理の認識論でも見るだろう。かれの反懐疑主義と真理の連鎖としての理性の繋がりは、真理について「述語の主語への内属説」(G. 2. 43) を取るライプニッツが『人間知性新論』(『新論』) などで行う、観念と物との「一致」を基準とする真理対応説への批判とも連動する。つまり、ライプニッツはピュロニズムと「デカルト主義」の二つの懐疑主義の問題に真剣な関心を払い[1]、『デカルトの原理注解』(G. 4. 356. cf. Cassirer. 184) では懐疑主義者と独断主義者が、感覚知覚の所与についてその継起する連関の整合性や予測可能性を超え、「認識と実在との直接的対応」に認識の真理基準を置く点でともに誤ったと述べるのである。

この認識論上のアポリアを避けるために、ライプニッツは観念と物との素朴な一致の代わりに「観念」の「対象の可能性の肯定」あるいは「無矛盾性」という真理基準を挙げる (G. 5. 378)。「対象の可能性の肯定」は、定義の部分概念相互の両立可能性という意味で、狭義の論理的無矛盾よりも広く、実在的定義、言い換えれば因果的ないし構成的定義の問題として展開される。この認識論の試みは、デカルトの「観念」を、無限小幾何学の発明から汲み取られた「構造的類比」の概念を軸に、「表現」概念——それは心身問題における「予定調和説」の認識論的形態でもある——へと転換し、「仮説的真理の蓋然性」の観点を導入するものであった (cf. Brown. 2004)。

この認識論上の問題解決に際して、素朴な真理対応説の難点を改善し、整合性を基準とした真理論が「必然真理」と「事実真理」との区分に対応する形で、「同一律」と「充足根拠（理由）律」の二大原理の問題群として構築される。ただ注意しなくてはならないのは、ライプニッツが二大原理をより包括的な「根拠律」のもとにおくことである。その結果、ライプニッツが知識の根拠づけの義務を語り、「根拠を基礎にしていない真理はない」（C. 11）とするとき、「真理と正当化」のライプニッツ的連関は現代のわれわれの眼にも興味深いものとなる。[2]真理の正当化、つまり根拠づけの問題が「適合性」（G. 6. 614）を鍵とする「充足根拠律」に関しても、問題領域ごとに細分・多元化された遂行様式に従う柔軟さをもつ事実が、ライプニッツ哲学における真理と根拠の多様性と統一性の構造とその意義を問う本稿を動機づけるのである。

以下、まず一節では簡潔に根拠律の解釈史をたどり、ライプニッツの「真理の正当化」の構想を、硬直した合理主義的独断ではなく、むしろ柔軟な問題解決を目指す知識の根拠づけのプログラムとして位置づける。またその構想の多様性と統一性を明らかにするために、基本となる「必然真理」と「事実真理」との区別の三基準を整理し、われわれが特に第四の位相として提示する「抽象」と「具体」の問題への導入をはかる。

二節では必然真理の例、初等算術の「2＋2＝4」の「証明」ないし「正当化」が、根拠律の構想にどう位置づけられるかをフィシャン（Fichant）とグロスホルツ（Grosholz & Yakira）の考察から示したい。それは問題を現代の「数学の哲学」の文脈に置くことである。われわれは、フィシャンの外延主義的解釈に距離を取るグロスホルツが提出する、フレーゲともフッサールとも異なる数学の哲学の「第三の道」として（知性により理解可能の意味での）「知解可能性 intelligibilité」の原理に注目する。この認識論的観点を取るとき、ライプニッツが公理の証明を要求する同時代の懐疑主義に対抗して充足根拠律に訴え、「抽象的存在者」としての数と具体的存在者との認識論的「ギャップ」を埋めようとする点が示される。またライプニッツが「同値」と「同一性」とを区別する一方、数の概念形成にある種の「経験的要素」を認める知解可能性に訴えることは「必然真理」と「事実真理」との区別を危うくするものではないことも示す。

三節では「抽象」と「具体」の区別を「不可識別者同一の原理」との関連で論じる。問題は、具体者とその同一性を強調するライプニッツの唯名論的存在論が、「抽象的存在者」、特に数に固有の「実在性《リアリティ》」を否定しない点をどう整合的に解釈するかである。この争点に関して研究者間には意見対立があるが、本稿は知解可能性を手がかりに、唯名論と「モナド」がライプニッツ哲学を尽くすのではなく、そこには多様な真理と正当化の局面、幾重にも構造化される具体と抽象の「実在性の程度」を認める独特な「実在論」がある点を示す。最後に数と「同値」のこうした問題考察がライプニッツにおける「自然の数学化」の限界づけのための視野を開く点を指摘する。

一　根拠づけのプログラム――「必然真理」と「事実真理」

哲学史では「何ものも根拠なしにはない Nihil est sine ratione」と断言する根拠律は、形而上学の問い、「なぜ何もないのではなく、有るのであり、なぜかく有り、別様ではないのか」に答えようとする合理主義的独断の極みと見なされてきた。カントはこのような解釈史の先頭に立ち、充足根拠律をモナドロジー、予定調和と並ぶライプニッツ形而上学の三大テーゼとして批判（A. 7. 250）し、その克服と変容を超越論哲学的に遂行することとなる。そしてその後を追うショーペンハウアーは、根拠律自体は説明できないこと（Schopenhauer. 194）、それを認識や行為の現象を超え、物自体としての意志へ適用することは形而上学的誤謬であることを指摘する（117）。『意志と表象としての世界』の著者のもとで四つの根をもつ充足根拠律に従う現象の必然性が論証される一方、意志の無根拠性が主張される。この両者のもとで一定の解釈が定着したと思われる。

この解釈は、対立する両極にあるハイデガーと論理実証主義者の根拠律理解にも陰を落としている。根拠律を西洋形而上学の歴史を通底する原理、存在者の根本命題（Heidegger. 14）と見なし、それに代わる「別の思惟」を求めるハイデガーは、シレジウスの詩をモティーフに根拠律を「無が根拠なしに有る Nichts ist ohne Grund」(92）と読み替え、ライプニッツ形而上学とは正反対に「存在」それ自体を「無根拠」とする。科学技術の本質に「唯一の基準としての充足根拠律という強力な根本命題の支配」(202）を見るハイデガーの意図は理解できるが、その解釈が、命題の根拠づけに関わる根拠律本来の問題系の前を素通りする感を与えることは否めない。他方、論理実証主義の場合、検証原理によってこの原理は批判される。シュリックの標語「命題の意味は検証法である」によれば、根拠律は観察可能な事実の対応を持たない点で不死、外界の存在、独我論の命題同様、形而上学の文として排去されなくてはならない（Schlick. 280ff)。『論理哲学論考』のウイトゲンシュタインは、形而上学によくある論理的構文規則を犯す「反意義 Unsinn」と何事も記述しないトートロジーの「無意味 Sinnlos」とを区別したが、実証主義者は要素命題の真理条件をそれに対応する事態の存立・不存立に求めるだけでなく、これが感覚的なものを介して相互に独立にテスト可能とみなしたからである。いずれの場合も、根拠律は合理論の独断という解釈の埒を出ず、その豊かな内容は切り捨てられてしまう。

ここで転機となるのが、落馬し、足場のない泥沼でもがきながら、自分の髪の毛を摑み、自分で自分を引き上げたと自慢げに語る「ほら吹き男爵」にちなむ「ミュンヒハウゼン・トリレンマ」である——それはピュロニズムの「アグリッパのトリレンマ」に遡る。批判的合理主義者、アルバートは、「充足根拠律」を命題の十分な根拠づけの不可能性の否定的文脈で登場させ（Albert. 9ff)、トリレンマを演繹的論証の形式性と究極の根拠づけの意味論的実質性との齟齬を突くものと理解する。つまり、推論式の場合のように、一方で演繹により肯定の真理値が前提の集合から結論へ移行し、否定の真理値が結論から前提に送り返されるとき、新しい情報の付加がないことを、他方で根拠づけが一切に及ぶことを問題とし、言明一般を不可疑の根拠から正当化する構想のもと、根拠自体の把握を問題にすると、確実な根拠に到達できない「無限後退」、根拠づけを要するものに言及する「論理的循環」、そして根拠づけの特定の点での「恣意的中断」のいずれかに帰着するトリレンマが生じると言うのである。

アルバートが根拠を捉える際に、デカルトの「アルキメデスの点」をモデルにすることにひとつの問題がある。つまり、根拠が最終的には確実性に至るべきと考えられている点である。しかし、ライプニッツの場合、「適合性」で括られる「充足根拠」の実態を見る限り、根拠をコギトの直観的確実性のモデルで捉えることは適切ではない。アルバートが「コギト」やヒュームの「印象」を「ドグマ」と考え、認識に代わり「決定」を根拠に据える形で合理性概念の修正を提起し、整合的批判主義としての可謬主義に立ち、アルキメデスの点を仮説と見なすように、ライプニッツも充足根拠の仮説性を自覚していたとすれば、皮肉なことである。実際、ライプニッツが「根拠を基礎にしていない真理はない」とし、根拠づけの義務を語るとき、そこには正当化に関する言語行為的力への着目がある。そうだとすれば、真理要求をもつ言語行為の場合、このように限定された根拠律を合理論的独断として切って捨てることはできないだろう。この点は、根拠律自身に関係する。つまり根拠律を必然真理の正当化の流儀、つまり帰謬法により根拠づけようとしてそれを否定するとき、矛盾は生じないが、そこに命題の真偽を決断により受け入れるしかない危険が生じる可能性がある。したがって、根拠律を循環なしに根拠づけることはできないとしても、この原理を承認する方が(「規範的な意味」で)よいという「正当化」が可能なのである。

ここでピュロニズム批判を試みた未公刊の遺稿(3)の「ピュロンも真と偽とが同時にはない、ということは擁護する陥る点を指摘する（cf. C. 183）が、同様に、ピュロニストが真理要求をもつ発話をするなら、根拠律も退けられないことを含意する。もちろん、それを拒否する沈黙も可能であるが、その場合、その行為は同意と見なされるか、主張に根拠づけ義務があるという言語行為に内在する合理性をもつ（べき）人間共同体の外に立つことと見なされかねない。懐疑主義者も独断主義反駁の論証をする限り、根拠律を前提とせざるをえないのである。ライプニッツは、かりにこの点で自己矛盾か循環か、選択を迫られれば、あえて循環（悪循環ではないが、）を選び、そこに合理性と実在性の根を求め、有益さを推奨するだろう。ライプニッツでは根拠づけ行為が、いわば人間的自然として把握され、根拠律とそのプログラムもそこに根を下ろしているのである。

以上の概観がライプニッツの構想を合理論的独断の先入観から多少とも解放できたとすれば、正当化に関しても同様の自由な見方ができるに違いない。その点に関連してミッテルシュトラースとブラウンの解釈を見ておこう。ミッテルシュトラースの特徴は、根拠づけと生活世界のアプリオリの概念との関連を主張し、特に科学理論の再構成に関し、根拠づけと「基底づけ Fundierung」を区別する点にある。その場合、根拠づけ（Mittelstraß. 456）が、言明の命題内容と遂行的内容について「なぜあるものがこうあるのか」に答える事実確認的言語行為にだけ関連し、「あるものがそうある事実」を示すことと区別される一方、基底づけは言語行為の合理性に従う形で知識形成に関わる叙述形式や探究に関係する――そこには知覚や行為のような経験的要素が含まれる。根拠づけの対象として幾何学、自然科学、倫理学を含む哲学運動としての「構成主義」が、この再構成において知覚や行為に関する生活世界のアプリオリを基底とする点は、グロスホルツによる知解可能性の原理を考える手がかりとなるだろう。

これに対してブラウンはさらに柔軟にライプニッツの根拠律を問題解決型の哲学の観点から解釈する。充足根拠律が内属原理より豊かであること、哲学の問題解決にあたってライプニッツが演繹にこだわらず、「一見したところ葛藤する問題の信念それぞれがいかにして、どのような意味で擁護されうるかを説明する方法」(Brown. 1984. 207) を見出そうとした点を示す。ブラウンは、ライプニッツの思考の弁証法的側面を浮き彫りにし、かれの問題解決優先の態度が、その反面で、例えば、自然学と哲学とにともに公正な整合的理論を作ろうとして独自の緊張を生み出すことも指摘することで(5)、ライプニッツの根拠律の運用の実態を囚われなく見据えている。同じ緊張を「ライプニッツの数学の哲学」にも見出すことができるだけにその指摘は重要である。

以上の解釈史の概観により、根拠律が現実には「アルキメデスの点」からの演繹を典型とする合理主義の通念にそぐわない面をもつことを示した。次に、根拠律の解釈から真理と正当化の連関がどのように展開されるかを見るために、必然真理と事実真理の諸区別を見ておきたい。必然真理に属する数学の場合にも知解可能性の観点での構成的正当化が問題となる点に光を当てるためにも、真理の二様相とその根拠の区分をたどり、その概念分析的基準、根拠の論理的基準、主意主義に関わる自然神学的基準の三つを確認し、第四の要因として「具体」と「抽象」を挙げる準備としたい。

第一の基準は、「分析的」真理観を取る論理主義的解釈が代表し、命題を構成する概念の同一性命題への分解可能性の限界に関わる。必然真理は、有限回の手続きでその反対が明白に矛盾を含む同一性言明への還元が可能だが、事実真理は同一性言明への還元=完全概念の分析が無限に至らざるを得ないというものである。問題は、「同一性命題」には明示的な「AはAである」に加え、潜在的な「ABはBである」「一致」が含まれる点にある。例えば、「理性的動物」としての「人間」の定義に関する、「理性的動物は理性的である」――概念「(AB) 人間」に述語概念「(B) 理性的」が潜在的に含まれる――であれば、形式からトートロジーであることは明白であり、その反対は矛盾を含む[6]。ライプニッツは矛盾律と不可分とする排中律に基づく帰謬法を実際に使用して多くを論証する（cf. Rescher. 119）。

しかし分析的還元を許さない場合がある（G. 4. 438）。つまり、その反対が論理的に不可能でない「シーザーはルビコン川を渡る」のように、現実の個体を主語とする命題に顕著に限界が現われる。個体の全属性、それが現実世界で描く時間空間的軌跡の全体を含み、そのことで同じ世界を構成する他の個体との関係も表現する個体の完全概念の場合、その内包を分析し尽くすことは、人間には不可能である。ここに真理様相の区別の最初の基準が見出されるが、このことは、内属原理だけでは根拠律の普遍的真理要求を現実には充たすことができないことを意味する。狭義の充足根拠律を矛盾律と並ぶ形而上学のアプリオリな二大原理として立てなくてはならない理由がここにある（G. 2. 62）[7]。

第二は、矛盾律と充足根拠律の区別の論理的基準である。分析の無限後退の帰結として、推論の二大原理が根拠づけ、つまり「論証」の様式の区別として登場する。永遠真理は、命題の反対の論理的不可能性だけで真偽が証明できるが、事実真理は、命題の反対が論理的に可能、無矛盾なので「十分な根拠」を必要とするため、ここで根拠の発見の課題が浮上する。この「反対が論理的に可能」を別の可能世界では命題の真理値がこの世界とは変わりうると解するところに現代の可能世界意味論の原点があったが、根拠の「十分さ」の基準、事実真理の「証明」規則がどのようなものか、が問題とならざるをえない。

例えば、シーザーに関する命題であれば、「ルビコン川を渡る」十分な根拠の確実性、高い蓋然性を歴史的に示す仮説、論証の前件に当たる命題（群）を十分な根拠（われわれの眼で見れば、それは当時のローマの政治状況とシーザーの傾向性）として見出してやらなくてはならない。これが充足根拠律が少なくとも方法論的に内属原理から独立である理由である。当然ながら、その論証は厳密な必然性を持たず、根拠は仮説以上ではない。しかし、ライプニッツが、事実真理、つまり現象の広範な領域に関する学問に惜しみなく精力を注ぎ、確率論にまで手を染めたことを考えると、この第二点において、ライプニッツの事実真理の扱いの独自性を問題としなくてはならない。つまり、十分な根拠をどのようにして発見・把握するかという認識問題、仮説の形成とその検証方法とがライプニッツの課題となるのである。

事実、ライプニッツは人間の認識可能な充足根拠の領域として、被造物から始める神の存在証明、原因と結果に関する因果性推理、行為の正当性の論証を挙げる（G. 7. 300）。それらは、現象についての真なる命題を出発点にして、その根拠へと分析的・発見的に遡行し、その根拠から逆にその含意として証明すべき命題を導出する、つまり正当化するものである——論証は仮説演繹的となる。運動現象の「力」、生物現象の「無数の従属的モナドを支配するモナド」、歴史現象の「自由意志」などはその意味の「仮説」であった。そしてこれらの十分な根拠を総称してライプニッツは「適合性」あるいは神の「最善の選択」の名で捉える。事実真理とその根拠の多様性と統一性は、この根拠の多様な仮説的性格とそれを総括する「適合性」の概念のうちに認められる。この思考スタイルが、必然真理の領域に属する数の考察にも見出されることの意味は次節で取り上げる。

第三に、デカルトの「永遠真理創造説」を意識した区別が見出される。ライプニッツは事実真理だけが神の意志に依存し、永遠真理としての必然真理は神の知性に依存し、その内的対象であるとする。このことは、事実真理を神の意志に依存させることで、事実真理に必然的証明がありえないこと、また「たいていはわれわれには知られえない」とあるように、事実真理の十分な根拠がしばしば与えられない点を示唆すると同時に、論理や数学の真理が恣意的でなく、人間にも神にも共通の客観性をもつ点の確保を意図するものであった。

以上、ライプニッツが真理と正当化に関する「多元主義」(cf. Dascal) とも呼べる立場にあったこと、実際に歴史学を始めとした多くの事実真理の領分で多様な方法論を駆使したことから見ても、かれには数学的合理主義しかないのではなく、人文主義の伝統や解釈学的合理性とも呼べる精神も脈打っていたことがうかがえる。しかし、本稿で着目するのは、その点だけではない。必然真理、特に数の真理ないし存在領域を実はライプニッツが単に、論証ないし計算の問題としては扱っておらず、経験の関与する知解可能性や基底づけと呼ぶのがふさわしい仕方で根拠づけようとしたことに注目したい。

二　ライプニッツの「算術の哲学」あるいは「同一性」と「同値」

ライプニッツによる必然真理の正当化のなかで微妙かつ重要な位置を占めるのが「同一性」と「同値」の概念である。この二概念に注目して「2＋2＝4」、ユークリッドの公理、「全体は部分よりも大きい」に十分な根拠を与えることが、根拠律の構想にどう位置づけられるかを考察しよう。その理由のひとつは、近年の研究がこの問題を取り上げ、「論理主義」のフレーゲや「規約主義」のポアンカレ、「現象学」のフッサール、さらには現代の「数学の哲学」を代表するベナセラフとまで関連づけようとしたことにある。フィシャンは二事例についてライプニッツの「証明」が現代の外延主義と十分に両立可能でありえた点を「同値」と「同一性」とに関する現代論理学 (Fichant. 295. n. 1. 307ff. cf. Lenzen. 34) と異なる見方とその限界も含めて示す――ただし、ライプニッツの論理学には個体に関する限量記号が無い制約はやはり決定的であった。他方、グロスホルツは、ライプニッツの数の見方をベナセラフの「対象の理論負荷性」と「対象としての数の存在否定」(Grosholz. 87. Benaceraf. 290) の主張と比較する。これらの点が「ライプニッツの算術の哲学」と現代の数学の哲学との関連する論点と見なせるのである。もうひとつの理由は、必然真理の正当化が、実はライプニッツの実際のパフォーマンスからすると、同一律・矛盾律の適用の形式的側面にとどまらない点をどう捉えるかにある。この問題圏に「抽象」と「具体」の区別と連関に関する認識論上の重要な問題が存在すると筆者は観測する。言い換えれば、必然真理に関係する事実的・経験的要素をライプニッツがどう考えていたかを吟味する必要がある。

最初の論点については公理にも根拠づけを要求するピュロニズムへのライプニッツの対応をまず見なくてはならない。この点は、グロスホルツやラザフォード（Rutherford）による数に関する知解可能性の認識論的原理の強調と照合することで有効なものとなるだろう。「知解可能性」は、懐疑をネガ、裏とすれば、そのポジであり、表である。その際、重要なのは、ライプニッツが懐疑を退けるために、「認識の権利問題」を、「主意主義」やホッブズ的「超唯名論」批判の形で、神的知性と人間知性の原理的同型の主張を通して解決しようとするだけではなく、この「権利」と身体、自然言語、文化の相対性などに制約される有限な人間知性との間に存在する「ギャップ」を埋めるために、正当化を知解可能性として追求することである。しかし、その「抽象性」のために、「数」はライプニッツ哲学に孕まれた認識論と存在論上の葛藤を先鋭化する。まずフィシャンの議論を見る。かれは「2＋2＝4」の証明に関するポアンカレとフレーゲの誤解を正し、それが現代論理学と両立可能であることを示すと同時に、フッサールの『算術の哲学』を思わせる「概念形成」の議論を示唆する。続けて、グロスホルツが、フィシャンの外延主義への譲歩を批判した上で、知解可能性の原理に第三の道を求める点を追う。

問題の証明は「格率ないし公理と呼ばれる命題について」と題された『新論』四巻七章十節に登場する。簡単に文脈を確認しておきたい。それは「『2＋2＝4』の真が証明なしに知られる」と主張するロックの代弁者、フィ

IV-1　真理と根拠の多様性と統一性

定義：(1) 2は1と1。

(2) 3は2と1。

(3) 4は3と1。

公理：「もし等しいものが等しいものに置換されるなら、等しさが残る。」

証明：2と2は、2と1と1である。（定義1）

2と1と1は3と1である。（定義2）

3と1は4である。（定義3）

$$2+2 \;\rightarrow\; 2+\overbrace{1+1} \;\rightarrow\; \underbrace{2+1}+1 \;\rightarrow\; \underbrace{3+1} \;\rightarrow\; 4$$

ゆえに、（公理によって）2と2は4である。証明終わり。

ラルテに対してライプニッツならぬテオフィルが答える場面である。フィラルテは、「２＋２＝４」が直接知の対象だという主張は「あらゆる知識を普遍的、生得的かつ自明な諸原理に依存させようとする」が、「２＋２＝４」を証明するのに必要な原理とはどのようなものかと問う。これにテオフィルは答える。テオフィルが同じ試みをしたロベルヴァルに言及することから、問題が「自明の真理」の証明というピュロニズム的主題に関わるのは明らかである。テオフィルは「２＋２＝４」が直接的真理でないとし、三つの「数」の定義と「同値」に関する置換の公理からその証明を試みる。

そしてこの証明にテオフィルは、次のようなコメントを付け加える。

「2と2は、2と1と1であるという代わりに、私は2と2は、2と1と1に等しいと、また他についても、同様に言うこともできた。しかし、私たちはこのことが、もう一つの公理、つまり、あるものは自分自身に等しい、あるいは同一であるものはすべて等しい、の強さに基づいて、すでになされたことだと仮定できる。」(G. 5. 394. A. 6. 6. 414.)

『科学と仮説』のポアンカレは、この証明が純粋に分析的で、その意味で何も新しいことを学べない「検証」であるとする（ポアンカレ、23）。フィシャンもポアンカレのような「帰納関数」と数学的帰納法からのアプローチがライプニッツの「証明」には欠如していることを認める（Fichant. 308ff）。しかし、フィシャンは、ポアンカレが、ライプニッツの「証明」にポアンカレが明示する加法の結合性に関する交換法則、$a+(b+c)=(a+b)+c$への言及が含まれていたことに気づいていないこと、同じくフレーゲが『算術の基礎』六節で、ライプニッツがそれを見落す誤りを犯したと指摘する点をテキスト読解の不注意として正している（Frege. 18. Fichant. 289）。これは$2+2=2+(1+1)$から、$(2+1)+1=3+1$への移行に際して、$2+(1+1)=(2+1)+1$が前提とされ、それが交換法則の一例だという点に関わる。些細な点であるが、ライプニッツはそれを先の証明の右脇の数字の上下の括弧で示唆したのである。もちろん、ライプニッツはそれをポアンカレのように明示的に定義したのではないが。

しかし、より重要なのはテオフィルのコメントの中の「同値」と「同一性」の関係である。「同一性」に関する現代とライプニッツの違いをフィシャンは正当に指摘する。現代論理学はA＝B、真理値保存による置換、記号の同値から始め「同一性」を導入するが、ライプニッツは「第一の必然真理」、「AはAである」から始めるのである。そこから自己同値としてのA＝Aが、さらに同値A＝Bが導かれる。これが同一性に関して強調すべき第一の点である。フィシャンはここで触れられている基礎的関係を、

(1)　$I(x, x) \Rightarrow (x = x)$

と表わし、同一性の原理が算術的同値の反射性を表現する点を確認した上で、フレーゲに似た仕方で三つの整数の定義が、同一性の原理に従い、同一の数に関する異なる観点からの数詞の同値として捉えられる点を確認する。

われわれはここで同値と同一性の問題に向かう前に、2＋2＝4の証明、つまり検証が、ライプニッツによる公理「全体は部分よりも大きい」と全称肯定命題の特称肯定命題への限（減）量の、簡潔な同一性命題への還元と類比的な点を見ておきたい。その類比の確認から「ライプニッツの法則」、真理値保存による置換の同値と同一性との区別に関する問題考察を展開できるからである。二つの例は遺稿「哲学的証明遂行の手段」（G. 7. 299. cf. Boeder）に登場するが、その証明法に注目することで、直接に明示的同一性へと訴えかけることが知解可能性による正当化の一タイプである点を示せるだろう。ここでも重要なのは、同一性が単に構文的ではなく、記号の指示項を考慮することである。このことは、例えば、ライプニッツが概念論理学を算術計算との類推で構築したいにもかかわらず、実際には『概念と真理に関する一般的探究』（『探究』）の同一性論理学でも算術計算に還元できない類種関係を考慮せざるをえなかったことに反映している。(8)

公理「全体は部分よりも大きい」の証明は以下の通りである（ただしS、M、Pは松田による。）。まず定義「より小さい部分とはより大きいものの部分に等しいものである」が与えられる。次に「部分（S）は全体の部分に等しい（M）」という命題が同一性の公理、「AはAである」に基づいて明白に真とされる。さらに先に与えられた「より小さい部分」の定義によって「全体の部分に等しいもの（M）は全体よりも小さい（P）」が導かれる。この二命題から求められていたものとして「部分（S）は全体よりも小さい（P）」が三段論法の流儀で導出される。この証明は、主語概念「部分（S）」に述語概念、「全体よりも小さい（P）」が、主語概念から分析された媒概念「全体の部分に等しい（M）」を介して含まれることを示すが、同一性は、ここでは単なる記号の同語反復的同一性ではなく、ユークリッド空間内の部分の特定量、図形の移動（重ね合わせ）によっても不変であるような大きさの同一性を指示する。この事例についての内包的観点のアプローチの難点を指摘するフィシャンもこの点を外延的手法で論じている（Fichant. 329ff）が、数の自己同一性に対応する幾何学の線分や図形の大きさの自己同一性が前提とされていると言えるだろう。その限りでそれを検証、理解できるのである。

第二の限量の証明。仮定により「すべてのAはBである」。次いで先の同一性の公理に基づいて「あるAはAである」から「あるAはBである」が導かれる。ここでも同一性により、Aの種的同一性が指示されていると言える。ある個体が集合Aに帰属しているという事実に基づき、外延的に表現すれば、Bが種Aを全称的に包摂し、その結果、Bはその種Aに属するある個体をも包摂することが検証される。このように、同一性命題への分析的還元は、同一性の公理が記号の同値に意味論的基盤を与えることを示している。この「証明」では命題の真理条件の意味論的解釈、自然種の集合とその元との帰属関係の文脈が問題になっている（cf. G. 7. 214）。二つの証明ではいずれも文脈が暗に指定されていることで、自己同一者が導入され、結論が導出されたのである。

これに関連してフィシャンが、ライプニッツの置換と文脈の連関を指摘した点は重要である（Fichant. 293. n. 2）。ライプニッツは、幾何学や論理学の真理値保存の仕方で「一定の権利のある場合の斉一な置換」を表す「あらゆる場所」と真理値保存を条件としない「任意の場合の無条件の置換」を表す「任意の場所で」とを区別したという点である（cf. C. 255. 362. G. 7. 236）。特に、後者についてライプニッツがそこからは何も帰結しえない、と付け加えたことが注目される。これはライプニッツが、いかなる観点、文脈も背景にしない記号の任意の置換は、何も語らない空虚な同語反復に終わることを認めていたことを物語る。逆に言えば、記号を使用し、何かを語ることは、たえず一定の文脈を背景にそれを「〜として」語ることを意味するのである。

そこでフィシャンによる「ライプニッツの法則」、真理値保存の仕方での置換の同値とそれに対応するフレーゲの場合との区別に戻り、論理学と数学に関連する抽象的存在者の問題に向かいたい。まずフィシャンが、ライプニッツの、

(Id)「真理値を保存する仕方で置換されうるもの［ターム］は同一である」(G. 7. 228 ［ ］内は松田による。)

という定式化を基に「ライプニッツの法則」を真理値保存による置換と関連づけ、単に構文的な代入則と区別する点に注目しよう——フィシャンは「ライプニッツの法則[9]」がライプニッツに由来すると見なす。その場合、「ライプニッツの法則」は、記号Aと記号Bとが「同じもの」、同じ真理値を指示するなら、Aについて真であることは、Bについても真である、と主張すると解釈できる。ライプニッツ自身、先の置換の二用法の区別の言葉遣いはルーズなところもあったが、伝統論理学の証明にライプニッツの法則を用いた。

ライプニッツとフレーゲの『基礎』六五節 (Frege. 73) の真理値保存による置換、同値と同一性の捉え方の相違も、文脈指定に従いA＝Bの同値が導かれる点にある。フィシャンは、その点をライプニッツの場合、フレーゲのように(Id)を基にした置換則から同一性が導かれるのでなく、逆である点に即して示す (Fichant. 299)。ライプニッツが同値に関して「大きさを保存する仕方 salva magnitudine での置換」というフレーゲにない観点を際だてる場合にこの差異が顕著になる。それが『新論』の数の、「哲学的証明遂行の手段」の図形の「大きさ」の、同値を指示することは言うまでもない。それらは置換後も「同値にとどまる」——この表現は「質を保存する仕方での置換」などの変奏《ヴァリエーション》をもつ。この些細な違いが重要なのである。なぜなら論理学においても、ライプニッツは厳密

な意味の同一性から出発し、A＝Bを論理学と数学に関連する、ある文脈の観点から見た記号の同値として理解するからである。その上でA＝Bは真理値保存による置換の同一性である限りの意味論的裏付けをもつものとして位置づけられる――この点に限れば、ライプニッツは、「意味 Bedeutung」と「意義 Sinn」とを語るフレーゲに近い[10](Fichant. 305. 315.)。

文脈、観点の強調は、個体、具体的存在者を唯名論的に基点に取ったとき顕著となる、ライプニッツの数に関する構成主義的理解とも無縁ではない。この点は、三節で扱うが、伝統論理学の再構築を目指す『探究』や同期に書かれた『抽象的存在者と具体的存在者』(A. 6. 4. 987ff) および『偶有性の実在性について』(A. 6. 4. 994ff) のメタ論理学的考察の「具体」と「抽象」の区別に関する細かい関心にも現れている。『探究』冒頭でライプニッツは、論理学は基本的に実体や自我や現象のような「具体者」に関するものとした上で、二つの記号の同一性を置換則の定式を用いて表現するが、ここで注意すべきは、「アレクサンダー大王」と「ダリウスに勝利したマケドニア王」、また「三角形」と「三辺形」の置換を語るとき、その部分が原始概念に至るまで完全に分析されて、初めて相互に一致する、つまり形相的に同一である、とライプニッツが考えることである (C. 362)。前者は個体の完全概念に関する事例であるが、後者は数学的対象である。別の箇所でライプニッツは「三角形」と「三辺形」とがつねに置換可能というわけではないことを幾何学の文脈の有無で語っている[11]。すでに見たように、文脈なしには日本語「三角形」と「三辺形」は置換できないというのである。『新論』の等式、数詞の同値関係にもこのことは妥当する。それは数の存在、その体系の文脈を背負って初めて置換可能となる。

こうして数の存在と体系の真理と正当化問題が浮上する。これについてはフィシャンは、ポアンカレにより指摘された「帰納関数」の不在や『新論』の不足を補う数の構成的定義と基数数列の構成への公理的アプローチ (Fichant. 316ff) とを未公刊の遺稿等から再構成し、可能な外延的解釈を施した現代化を試みる一方で、「現象学的」(326) とも呼ぶ構成主義的理解の萌芽があったことを示唆して終わる。つまり、フィシャンは、ライプニッツのもとで単位の概念と複数の単位の反復的集積としての加法操作の概念が、さらにそれらに数0と1の定義を加えた基数数列が構成されえた点を、技術的な詳細も含めて示すのである。特に「一」をある概念の「性質」として導入し、それを互いに区別される個体の「述語」としてライプニッツが扱い、フレーゲの「等数性」、「概念Fに帰属する外延の基数」に当たる概念をもちえた点を、個体の限量記号を用いて表現し (318ff)、たどって見せる。この点でフィシャンは確かにライプニッツの可能性と限界とを十分探査したと言える――その有限主義の構成手続きはヒルベルトの形式主義に近いことも付け加える。

しかし、原始概念としての「単位」の概念形成 (322) について、フィシャンは「現象学的」と呼ぶ構成主義的理解の問題を示唆するにとどまる。それは、知覚表象に与えられる多様なものから、それぞれの物が、識別され、さらにそれらがある単位からなる複数の全体であることが気づかれるようになる認知過程に関わるものである。

「例えば、私が一頭の馬と一頭の牛とを表象するとき、私はそれが同じでなく、異なることに気づく。他方、ある点でそれらが一致するものに従えば、それらは複数となるだろう。つまり、動物とか、存在者ということで。しかし、真理を保存した仕方で相互に置換されるものは、同一である。もしAがDであり、かつBがDであり、かつCがDであるなら、AとBとCは同一であり、Dはひとつである。しかし、AとBとCはそれぞれ異なるなら、それらは複数である。そこから数が生じる。」(Fichant. 326 VE. 1300-1. cf. G. 7. 225)

これは互いに個体として区別されるが、ある観点で同一と見なされる複数のものが、われわれの知覚表象に与えられる事実の記述であるから、これだけで数の概念の現象学的起源が探究されていると主張するのは少々大げさである。もちろん問題提起としては、「算術の哲学」の一類型としてフッサールの『算術の哲学』を思わせ、興味深い。しかし、ライプニッツの実際のパフォーマンスを見る限り、今のところそれ以上先へは進めない――フィシャンの単位と数の概念形成の考察は『計算と図形なしの数学の根拠づけに関する範例』(C. 563ff) などにも及ぶが、その道筋も未開拓のまま残された。

ここでグロスホルツが知解可能性の原理[12]を第三の道として提出する点が助けとなる。グロスホルツは、この点で数学内部での「類比」の役割を強調し、同じく未公刊の遺稿を参照しながら、「普遍数学」の構想の中で、代数、幾何、算術の関連を確認しつつ、「不定の数」としての「普遍数」からのそれぞれの導出、そして幾何と算術との密接な連関から「2＋2＝4」の証明をたどる。これはライプニッツの真理と正当化を考える上でひとつの可能な選択肢である。事実、ここからライプニッツの数学の基礎概念に関するある種の「経験」に根ざした「歴史」の問題とそれを基盤にした論理学や数学の命題あるいは真理の正当化に関する興味深い問題が提起される。つまり『新論』(G. 5. 255ff. Grosholz. 59) でロックの概念形成の議論に対して、概念の (「権利」の意味の)「起源」と (発生の意味の)「歴史」の区別が強調されたことが注目されるのである。

グロスホルツはメイツが代表する唯名論的解釈を批判し、抽象的存在者の「実在性」の権利を擁護し、それと区別される形成の問題があることを承認する。ライプニッツはそこでロック流の感覚知覚から形成される「類似性」に基づく、粗い「抽象理論」に欠けているものを、「生得観念」をつかむ「反省能力」として語るが、グロスホルツはこの反省能力に「類比」[13]を含む知解可能性を位置づける。重要なことは、彼女が知解可能性を抽象的存在者に関して「先行性」と「必要条件」の二点を特徴とする「要件」――「基底づけ」の順序の観点――と関連づけて理解(65)し、さらにライプニッツの「分析」を「ある存在者の知解可能性の条件、その意味の構成の識別」(82)と特徴づける点である。われわれはこの二条件を概念形成の「歴史」の観点と結びつけるとき、類比の認識論上の役割を評価できるだろう。正当化と発見をともに語るライプニッツの場合、類比は「類比を通しての正当化」とも言うべきものに関わる。整数を超え実数、虚数の知解可能性にも類比が関与する。この観点が正しいとすれば、知解可能性一般は、懐疑主義に対抗する根拠づけの構想で類比に限定されない幅と奥行きをもつにしても、類比が、正当化は演繹に限られないことを確かに示すのである。(14)

この知解可能性が「一」あるいは単位についてどう機能するかを立ち入って見ておこう。ここにフィシャンと異なる切り口として「大きさ一般の学」としての「普遍数学」の構想での代数、幾何、算術の関連づけ、「不定の数」としての「普遍数」からの導出がたどられるからである(cf. C. 97ff)。グロスホルツの取り上げる遺稿の特徴は、整数が実在的定義、

(1)「集合された諸単位からなる全体」により導入され、そこから負数あるいは加法操作などが幾何や運動との関連で構成される点である。この連関は第二の定義、

(2)「大きさとは合同の部分の数によって指示されるものである」(Grosholz. 80)と定義、

(3)「整数とは集合された部分のような諸単位からなる全体である」とから明らかになる。

このような関連づけは、フィシャンも指示する『計算と図形なしの数学の根拠づけに関する範例』にも晩年の「位置解析」と関連する『数学の形而上学的基礎』にも見られる。類比は、これらの系列間の同型性を指すのである。定義に見られるように代数の単位と幾何の合同の部分としての「線分」、算術の数一の間の対応は、単位と単

位、線分と線分、一と一のそれぞれの関係の系列的対応である。加法についても同様に、〃＋〃による結合、線分の大きさの増加、運動体の移動距離の増加の対応づけ、が行われる。負数については、減法との関連で、〃－〃による分離、線分の大きさの減少、運動体の移動距離の減少が対応づけられる。こうした発想の延長上で今日「連分数展開」と呼ばれる方法で無理数も構成される（C. 566. GM. 7. 23 cf. 邦訳 2. 76）。ライプニッツは、定規を使わず、線分を重ね合わせる仕方で、任意の有限な二線分の大から小を引いた結果生じる線分を再度、先の小の線分から引き、何もなくなるまで同じ操作を繰り返す幾何学的手法と任意の実数の連分数展開が有限な仕方では止まらない非共約の無理数を構成する「連分数展開」の代数的手法との対応を語っている。ここでは構成に連続した直観的認知が伴うことが重要なのである。

しかし「普遍数」を現実の単位、メートルやヤードと関係づけ、現実世界に向けるとなると、単位の選択に恣意性が、その記号の指示確定に偶然性が伴うことは避けられない。単位となる質料は経験なしにありえず、単位の選択は規約的であり、「一メートルは一〇〇センチ」はその限りで偶然的、相対的である。(15) とはいえ、必然真理と事実真理の区別が危うくなることはない。ライプニッツは、一般に証明における「形式の力」と「質料の力」とを区別したが、「質料の力」と関わる現実の単位の名称とその指示項は規約的であるとしても、それを操作する論証や計算規則の形式は必然真理の基準にしたがう以上、「形式の必然性」は確保される。したがって、ライプニッツの構成的作業は、論証における「質料の力による妥当性」に関連する定義の適切さ、数の知解可能性を示すことに尽きる。実際、われわれは異なる単位を同値と見なし、置換し計算できるのである。

だが、具体的に何と何が同値かは形式では決まらない。個々の同値は、つねに一定の観点による構成の様相をもつ問題がある。こう見たとき、同一性と区別される同値に関するライプニッツの考察は、抽象的存在としての数の

「実在性」の位相をその「歴史」も含めて示し、確保する意図を示している。「無限小」も単に「有用な虚構」としてではなく、この知解可能性のうちに位置づけられるべきだろう。[16] ライプニッツが整数一や幾何の線分を原始概念として認める一方、それらの概念の獲得の探究も行ったことを説明するのは、結局、かれの反懐疑主義以外にはないのである。これはライプニッツの微積分や行列などに関する数学者としての先駆的業績とは独立に評価しなくてはならない哲学的貢献である。構成的正当化はそこに位置し、数学的対象の存在が確保される。

数は、ピュタゴラス主義的な『結合法論』を著したライプニッツの場合、デカルトらも用いたプラトン主義的表現で「一切を重さ、尺度、数に従い創造した」神（G. 7. 184）のもと、すべてを従属させる「形而上学的形象」としてそこにある秘密が残るとされる一方、アリストテレス的表現で、具体的存在者としての個体と対比される抽象的存在者としても位置づけられる（Schneider. 168. cf. C. 350）。数のこの存在論的二義性を、ベナセラフと同様に、例えば整数として「多型実現する抽象的構造」として捉えることはなお躊躇されるが、この難問を代数や幾何との類比を基盤とした知解可能性の視点が、解消したとも言えない。ただライプニッツの「数学の哲学」を理解する上で、数の問題を数詞か、個体に関する束縛変項かという形ではなく、認識論的正当化の連関においた意義はそこに認められるべきだろう。

三　「不可識別者同一の原理」――「抽象」と「具体」の差

必然真理が語られる同値の地平を考える際、重要なのが、不可識別者同一の原理の位置である。この問題には多くの研究が存在するが、本稿で重要な論点は、この原理が具体的存在者と抽象的存在者の場合で機能上の違いを見せることである。ライプニッツ自身が、晩年になるほど多くの場合、自然のうちには「単に数においてのみ」ないし「外的命名によってのみ」識別されるものはない、という表現で、この原理の形而上学的そして認識論的意義を強調した。ここで不可識別者同一の原理、「具体」と「抽象」の区別、同一性と同値の区別が交差する。「2＋2＝4」の場合、等号が表現する同値は抽象的関係を特徴づけ、個体、具体者の同一性と区別され、他の証明では同値を根拠づけるため、数一、線分の大きさ、個体の種的同一性に訴える形で知解可能性の原理が適用されたのだった。この問題連関についてローレンツは『第一の真理』の次の箇所を取り上げる。

「完全な同値はその場所を不完全な、抽象的概念のうちにもつに過ぎない。そこでは事物はあらゆる仕方ででではなく、そのつど一定の観点から考察される。例えば、われわれは図形をただ図形として見るとき、それを作っている質料を無視する。それゆえ二つの三角形は幾何学によって正しく同じものと見なされるが、二つの対象的に完全に等しい三角形に出会うことは決してない。」(C. 519 cf. Lorenz. 154. G. 7. 395)

ここでは自然物ではなく、抽象的存在者としての三角形の「タイプ」的同一性と様々に描かれた「トークン」とが区別され、それぞれが不可識別者同一の原理に照合されている。後者には質料の「自然性」があるが、これは数と数詞、個々の数えられたものとの関係にも当てはまるだろう。しかし、これまでの解釈ではこの点が見落とされ、原理がもっぱら自然的存在に限定されて適用されると見なされた誤解をローレンツは指摘する。[17] 確かに二つの対象の同一性が、任意の文において真理値保存の仕方で置換されることにより、定義される点では、「具体」と「抽象」の差別はない。原理が主張するように、論理的には二対象の概念が完全に一致すれば、不可識別で同一とならざるをえない。この指摘は正しい。アダムとイブは別人であるが、「人間」という点では等しいし、二つの正三角形は合同なり、相似なり、真理値保存の仕方で置換されるが、個体化されると厳密には異なることは変わらない――通常はトークンとしての図形の差に意味がないだけなのである。

　しかし、不可識別者同一の原理が「自然のうちには」とあえて付言していることは、やはり重要である。直観的に言えば、自然の細部《ディテール》には、真理値（量）の保存による置換則が表現する、完全な同値はなく、個体的実体的な「内的ないし質的同一」があるはずであること。逆に言えば、細部を度外視した抽象の次元で初めて数や量の観点で同値が成立するのである。この操作を可能にする論理・数学の領域は、それ自身としては抽象あるいは観念の領域なのである。この抽象を個体の完全概念が含む「無限数の述語により、世界全体を表現する文脈的関係性」の捨象・離脱と捉えることもできるだろう――ライプニッツは、個体を「裸の個体」としてではなく、「記述の束」、概念を通して考えるからである。

　これはライプニッツの存在と認識に関する基本洞察を反映している。抽象的存在者が「不完全 incompletus」なのは、それが完全概念の限定性を持たないからであるが、同値はこの位相を捨象して成立するという認識がライプニッツにはある。それが不可識別者同一の原理に反映する限り、確かにそこに唯名論的個体主義を見るべきである。しかし、その点を踏まえたときに、この原理が「具体」と「抽象」について二様に用いられていることが指摘できる。つまり、原理は、一方では、識別可能を個体的実体について主張し、それをまだ識別されていない内的性質を見出す発見法的原理として用いることができ、他方では、識別、特に有意味な検証が不可能という形で、第五クラーク書簡五六節のように、ニュートンの「同質性」と「空虚」を特徴とする時間・空間の「実体性」を否定し、それが「抽象」つまり観念にすぎない点を帰謬法的に論証する使用も可能なのである。前者については「ブリダンのロバ」の逸話が語る無差別の自由と連関する神の選択意志の根拠の自然神学上の論点で、選択の充足根拠を与える現実の時空の非同質性や事物の差異とそれを識別する無意識の微小表象の主張がそこから導かれる。

また後者については、事物も出来事も何もない「空虚で同質な空間」と「一様に流れる時間」の中で神が「現実空間」をその中にいるわれわれが気づかない仕方で一気に移動させたり、現実の世界創造よりも「以前に」創造し得た可能性を語るクラークの仮説を退けるために、充足根拠律とともに用いられる。二つの出来事の区別では原理の使用に際して「具体」、つまり現実の時間・空間の部分である出来事や物体は、「抽象的単位」のようなものとは見なせないと主張される（G. 7. 395）。これは場所も出来事もすべて互いに完全に無差別ではないという主張を含む——それは現実の時間と位置の個体性と、「同時的」な現実の諸物体の確定した配置、「継起」する出来事の「不可逆」的順序の決定性を含意する。この観点から見れば、ニュートンの語る絶対の時間と空間は「数において」しか互いに識別できない限りで、量の保存による置換則が成り立つ同値な時空点からなる数学的存在ではありえても、実在的、言い換えれば、個体的ではないのである。さらに知解可能性の原理が同値の根拠づけのため、単位、線分の抽象的構成として展開されたのと同じように、同書簡の四七節では「位置解析」の手法を用いた位置の同値類としての「抽象空間」の構成が試みられる[18]。

ここにも認識論的ギャップを埋める知解可能性の原理の実行がある。もちろん、ここにはすでに述べた抽象的存在に関する二義性、ラザフォードの表現では唯名論とプラトン主義の「ねじれ」（Rutherford. 118. cf. Mugnai）がある。ラザフォードは双方を「知解可能性」の原理により両立可能なものとみなす（239）が、事はそれほど容易ではないだろう。確かに相互に独立のモナドの全体を調和させる「神的意志」を語る予定調和的解決に持ち込み、後は認識論的に抽象による知解可能性に訴えることで、唯名論を維持する可能性もありうる。しかし、たとえ「表現的」ないし「観念的」と言われるにしても、否定しがたいモナドの「関係性」は、「神的意志」以上の何かを訴えかけている。カッシーラーは、ライプニッツを批判する『運動体について』のバークリによるロックの「抽象作用」への非難との対比で、ライプニッツの「抽象」が経験の可能性の制約として果たす積極的役割を強調（Cassirer. 232. G. 3. 605）し、数の「実在性」を否定しない解釈の可能性を示唆する。ライプニッツが『探究』と関連する一連のテキストや晩年のデ・ボス書簡など（G. 2. 252, 439, 458. C. 437）で「唯名論」の姿勢を終始崩さないことも真実である（A. 6. 4. 991. C. 174. 433ff. Mates. 171. Rutherford. 118）が、この可能性はなお探査されてしかるべきではないだろうか。

実際、唯名論とモナドでライプニッツ哲学を尽くすのは、その豊かさからすれば、余りに惜しいことである。むしろ「実在性の程度・階層」（A. 6. 4. 991）の発想を発展させることに豊かな可能性があるのではないか。バークリのように、心的モナドとその観念的な属性以外何も存在として認めないのではなく、関係や物体にも「実在性」を認める可能性が追究できるのではないか。[19] このことは、本稿の限りでは「抽象」と「具体」の差を不可識別者同一の原理と知解可能性――基底づけの順序の先行性と必要条件からなる要件――に即して考えることで果たされた。それは、知解可能性の原理に従い、具体から始め抽象を含む同値の水準にまで認識が連続的に至ること、「真理の連鎖」をたどることで正当化を行い、各段階の「実在性」を承認することを意味する。この場合、基底づけ関係の中で抽象は具体との関係で、モナドに対する物体、物体に対する空間のように、「よく基礎づけられたもの」として、流動的かつ機能的に捉えられるだろう（cf. Schneider. 168）。

世界は表象に応じた固有の実在性をもって与えられるのである――『モナドロジー』の都市のパースペクティブの隠喩（G. 6. 616）の意味もそこにある。[20] ライプニッツ自身が、このことに対応して、相手に応じてある時には唯名論者のように個体から、ある時にはプラトニストのように、「イデア」ないし抽象の反省能力そのものから語るのである。ライプニッツの説明でも通説でも必然真理と事実真理の区別と「抽象」と「具体」の区別の相関が明示的に語られることはないが、このように考えれば、必然真理は「抽象」を「抽象」として扱う学問の真理となるだろう。ライプニッツがその点にきわめて自覚的で注意深かったことが、不可識別者同一の原理の定式とその使用には見られる。世界に帰属する具体者の同一性とそれを脱文脈化した論理・数学の同値との違いと「抽象」自体の上位の文脈性の限界が鋭く意識されていたのではないか、ということである。

結語　「存在と真理の多様性」と「自然の数学化」

最後に抽象と具体の観点から数や同値、必然真理を考えることがライプニッツによる「自然の数学化」の限界づけへの視野を開く可能性を指摘したい。ライプニッツの合理主義を考える上で重要なこの視点もライプニッツに二義的な相貌を与える。一方でライプニッツはあらゆる領域の「数学化」の第一人者であったが、他方でその限界とある暴力性に気づきえていたからである。本稿が取り上げた根拠づけにも二面性がつきまとう。それは科学的実在論を擁護するようにも、抽象性をスコラ主義の残骸の中から告発するようにも見える。この点でライプニッツの最終的立場は明確ではなく、時代状況からして数学化の推進者の色彩が強い。しかし、不可識別者同一の原理が含む洞察は、「存在と真理の多様性」に合理性と実在的意義を認める下地も用意している。この点でトゥールミンの語る「近代のアジエンダ」の中でライプニッツの普遍主義は誤解されている（トゥールミン、165）。

晩年のライプニッツは「連続律」の「観念性」を強調し、「永遠回帰」説批判に際しては、時空と出来事の個体性を認め、人間的知識の経験的地平性を強調した。[21] 論理と数学の限界に気づき、事実真理の問題解明の重要性に突き動かされていたように見える。一言で言えば、理性の真理の「抽象性」を自覚したと。この点を感じ取れたからこそ、どのような意味と条件下で同一性が同一性として語りうるかを明らかにすることに注意を払うことができたのである。ここで同一性に暴力を認める現代哲学の「同一性と差異」の問題群を考慮するなら、その限りでライプニッツの「普遍主義」は「同一性」の暴力を免れることができるだろう。ライプニッツの「合理主義」は「普遍記号学」の「論理主義的解釈」が与える論理学の「一義性」への変わらぬ信仰告白の印象にもかかわらず、「現象を救う」(G. 4. 496) ために、経験と論理を行き来しながら、知識を獲得し、正当化する柔軟な構えを崩さず、真理と根拠の多様性と統一性とを認める。その点で現代になお多くの生きた洞察を与えてくれるのである。[22]

(1)　歴史上の二つの「懐疑主義」がライプニッツ形而上学形成に果たした役割は（松田、二〇〇三）を参照されたい。
(2)　現代の「真理と正当化」問題の懐疑主義と認識論との関連を筆者はM・ウイリアムズ (Williams) に関して論じた（松田、二〇〇四）。知解可能性の観点が含む構成的正当化の着想を現代の「知識の哲学」の議論にどう生かすかは今後の課題である。また本稿は、ライプニッツにおける「真理と正当化」問題の他の諸相を取り上げることはできなかった。その点は（松田、二〇〇三）を参照されたい。
(3)　この遺稿は（松田、二〇〇三）で論じた。遺稿原文は（松田、二〇〇一）に掲載している。
(4)　この点では、ライプニッツは、合理性を語用論に求め、「修正への強制」を促す排中律を重視するアルバートやそのアルバートを批判し、対話的根拠づけを非－演繹的とするアーペルとも近い。
(5)　心身問題では自然と精神の二領域の法則の調和の側面と二分法否定の側面の葛藤が、弁神論では種の多様性において可能なかぎり豊かであることと善人と悪人との賞罰を含めての道徳的完全性の相反が挙げられる。
(6)　その真理条件は「内包的観点と外延的観点の可換性」(G. 5. 468. Lenzen. 29) によれば、集合Aと集合Bの外延の共通部分ABがBの外延に包摂されることとして、Bが空でない限り、常に充実される。

(7) 関連するライプニッツによる根拠律、充足根拠律、内属原理の把握の変遷は（松田、二〇〇三）で論じた。矛盾律と対比すれば、充足根拠律は純粋な論理原則とは見なされない。

(8) 例えば、『探究』一八節（C. 366）で概念論理学ではAC＝ABDから代数、算術のように両辺のAを割り、C＝BDとはできないことが触れられている。

(9) 石黒は「ライプニッツの法則」が誤ってそう呼ばれているとし、この規則を「同一者不可識別」とその逆の「不可識別者同一」の二原理と区別する（石黒、19）。

(10) 構文上の操作に不可欠のA＝Bとフレーゲ流の「プラトニズム」との関連をフィシャンも示唆する。「同値」を単に記号的と見なすことはライプニッツによるホッブズの「超唯名論」批判とも整合しない。

(11) ライプニッツが内包的文脈に注意を払い「真理値保存の仕方での置換」の制限を語ることの重要性は（松田、二〇〇三）で論じた。

(12) 力学と心理学、モナドロジーに関する類比の発見法上の役割と知解可能性の関連は（松田、二〇〇三）で論じた。ライプニッツは、「感覚可能なもの」との対比で、不変量として保存される力を「知解可能なもの」（G. 4. 497）と位置づける。

(13) 類比の背後に同型性の意味論を認める点では筆者たちは共通する（Grosholz. 84. Fichant. 366）。この意味論の形成と位置は（松田、二〇〇三）で論じた。背景には新プラトン派的「一と多」、「同一性と差異」の形而上学がある。それは「差異が同一性によって補償される（diversitas identitate compensatur）」（A. 6. 2. 283. cf. Matsuda. 1990. 54）と表現された。

(14) 基底づけが演繹による正当化と異なる点は、「物体」を虹に準え「よく基礎づけられた現象」とすることで、しばしば「現象主義的」とも「観念論的」とも称される「部分と全体論 mereology」（cf. Harz, Cook）の観点からの「物体」や「連続体」の構成問題にも現れている——このアプローチと類比とは知解可能性の下位概念と見なせるだろう。

(15) この議論はクリプキの『名指しと必然性』における有名なメートル原器に関する議論を思い起こさせる。

(16) ライプニッツは、整数一の原始性を認める一方、無限小を「不定的」とし、それを「数」と見なさず、ガリレイに反対し公理「全体は部分よりも大きい」が維持されると見なした。この点は「連続体合成の迷宮」に関して線分——ブラウアー・ワイル的連続体（Breger）——を原始的と見なす問題解決に反映している。無限小についての「知解可能性」は石黒の文脈的定義の解釈からの説明が啓発的である（石黒、112）。

(17) アダムが「アダム」と呼ばれることも述語として完全概念に含めると、原理がトリビアルないし循環的となる問題のローレンツによる回避には立ち入らない（cf. Lorenz. 155ff）。

(18) ライプニッツの時間・空間論の認識論上の意義は（松田、二〇〇五ａ）で論じた。

(19) ライプニッツとバークリの比較は、二〇〇三年九月にリバプール大学で開催されたイギリス哲学史学会での発表（Matsuda. 2004）で論じた。

(20) 個体と完全概念の問題は固有名論とも関係づけうるが、今後の課題としたい。また都市の隠喩は、デ・ボス書簡付録の平面図と遠近法などの作図法の比較の隠喩（G. 2. 438. cf. Wilson. 66. 195）と並べて読まれるべきである。それは認識者の表象能力に応じて世界が現象するパースペクティヴィズムと普遍主義の実在論的位相を物語る（Matsuda. 2004）。

(21) ルターの宗教改革とともに蘇った「万物の再創造の神秘思想」を「いつかある日あらゆる真理が発見され尽くすのか」という問題としてライプニッツは考える。「結合法」思想に基づき、幾つかの前提が満たされれば、永遠回帰はありうると認める一方、無限の長さの時間を貫通する「私」の仮定は不合理であると考え、知識のある地点への「無限収束」の傾向があるにしても、人間の知識を限る経験的「地平」の拘束がある限り、「発見」の可能性は尽きないと言うのである。これもまたライプニッツのオプティミズムと人は呼ぶかもしれないが。

(22) なお本稿が取り上げた、ライプニッツの「合理主義」の性格規定の問題をめぐって *The Leibniz Review*, 13(2003)-14(2004) 誌上で Schpers ——一九九九年に公刊されたライプニッツの、一六七七年から九〇年までの哲学関連の遺稿を集めた、アカデミー版 VI. 4 の編集責任者——と Dascal との間の論争が継続中である。

文献と略記号

簡潔にするため、可能な限り、典拠は本文中に丸括弧内で示した。その際、頻出する原典類については（G. 4. 249）のように、略号を用い、アラビア数字で巻数と頁数を表記する。ライプニッツのゲアハルト版哲学著作集（G）、同数学著作集（GM）、クチュラー版（C）、アカデミー版（A）、暫定版（VE）である。邦訳は工作舎『ライプニッツ著作集』がある。他についても（Cassirer. 1998. 120）のように、筆者名、（複数ある場合は）発行年、頁数で表記し、特に必要な場合以外は、タイトルなどは文献表に記載した。また同一文献の指示が続く場合は、(188) のように原則として頁数だけを記し、邦訳から典拠を取ったものは邦語文献だけを記載した。他の略号も文献表を参照されたい。

Albert, H. 1980. *Traktat über kritische Vernunft*. Tübingen.

Benaceraf, P. 1983. "What numbers could not be" *Philosophy of Mathematics*. Ed. by Putnam, H & Benaceraf, P. Cambridge: 272-294.

Boeder, H. 1974. "Leibniz und das Prinzip der neueren Philosophie" *Philosophisches Jahrbuch*. 81. 1-29

Breger, H. 1986. "Leibniz, Weyl und das Kontinuum" *SL. (Studia Leibnitiana). Su*. 26. 316-330

Brown, S. 1984. *Leibniz*. Minneapolis.

Brown, S. 2004. "The Leibniz-Foucher Alliance and Its Philosophical Bases" *Leibniz and His Correspondents*. Ed. by Lodge, P. Cambridge, 74-96.

Cassirer, E. 1998. *Leibniz' System in seinen wissenschaftlichen Grundlagen*. Darmstadt.

Cook, R. T, 2000. "Monads and Mathematics: The Logic of Leibniz's Mereology" *SL*. 32/1. 1-20

Dascal, M. 2000. "Leibniz and Epistemological Diversity" *Unitá e Multiplicitá nel pensiero filosophico et scientifico di Leibniz*. ed. by Lamara. A. et Palaia. R, Firenze. 15-37

Fichant, M. 1991. (ed, traduct.) *Leibniz De L'Horizon de la doctrine humaine*. Paris.

Fichant, M. 1998. *Science et mētaphysique dans Descartes et Leibniz*. Paris.

Frege, G. 1988. *Die Grundlagen der Arithmetik*. Hamburg.

Grosholz, E&Yakira, E. 1998. *Leibniz's Science of the Rational. SL. So. 26*.

Hartz. G. A. 1992. "Leibniz's Phenomenalism" in: *The Philosophical Review*. vol. 101. 3. 511-549

Heidegger, M. 1957. *Der Satz vom Grund*. Tübingen.

石黒ひで、二〇〇三、『ライプニッツの哲学』岩波書店。

Kant, I. 1968. *Werke*, Akademie Textausgabe. Berlin. (通例の略号に従う)

Lenzen, W. 1990. *Das System der Leibniz'schen Logik*. Berlin/New York.

Lorenz, K. 1969. "Die Begründung des principium identitatis indiscernibilium" *SL. Su.* 3. 149-159

Mates, B. 1986. *The Philosophy of Leibniz Metaphysics and Language*. New York.

Matsuda, T. 1990. *Der Satz vom Grund und die Reflexion-Identität und Differenz bei Leibniz* Frankfurt. a. M.

松田毅、二〇〇一、「ライプニッツの懐疑主義論駁の試みをめぐって——一七一一年のある未公刊の草稿の提起する諸問題」神戸大学大学院文化学研究科『文化學年報』二〇。

松田毅、二〇〇三、『ライプニッツの認識論』創文社。

松田毅、二〇〇四、「認識論的実在論——懐疑論と認識論の将来に関するウイリアムズの診断」『哲学論叢』31　京都大学哲学論叢刊行会編。

松田毅、二〇〇五(a)、「なぜライプニッツは時間と空間を「観念的」と考えるのか?——ライプニッツ-クラーク書簡の認識論的考察」関西哲学会年報『アルケー』13。

松田毅、二〇〇五(b)、「二つの迷宮とモナド——ライプニッツと現象学的モナドロジーの対比のために」『現象学会年報』21。

Matsuda, T. 2004. "Leibniz's 'Realism' in contrast to Berkeley's *Principles*" (manuscript).

Mittelstaß, J. 1970. *Neuzeit und Aufklärung*. Berlin.

Mugnai, M. 1990. "Leibniz's Nominalism and the Reality of Ideas in the Mind of God." in: *Mathesis rationis. Festschr. f. H. Schepers*. Münster. 153-167

Mugnai, M. 2001. "Leibniz on Individuation: From the Early Years to the "Discourse "and Beyond" *SL.* 33: 36-54.

ポアンカレ、H、一九七八、『科学と仮説』河野伊三郎訳、岩波文庫。

Rescher, N, 1991. *G. W. Leibniz's Monadology An Edition for Students*. Pittsburgh.

Rutherford, D. 1995. *Leibniz and the rational Order of Nature*. Cambridge.

Shapiro, S. 2003. "Philosophy of Mathematics" *Philosophy of Science Today*. Ed. by Clark, P. & Hawley, K. Oxford: 181-200.

Schlick, M. 1986. *Philosophische Logik*. Frankfurt. a. M.

Schneider, M. 1988. "Funktion und Grundlegung der Mathesis Universalis im Leibnizschen Wissenschaftsystem" *SL. So:*

162–182.

Schopenhauer, A. 1970. *Über die vierfache Wurzel des Satzes vom zureichenden Grunde*. *Hamburg*.

トゥールミン、S、二〇〇一、『近代とは何か　その隠されたアジェンダ』藤村・新井訳、法政大学出版局。

Williams, M. 1996. *Unnatural Doubts Epistemological Realism and the Basis of Scepticism*, Princeton.

Williams, M. 2001. *Problems of Knowledge*. Oxford.

Wilson, C. 1989. Leibniz's *Metaphysics*. Princeton, Nj.

付記　この論文は平成一六年度学術振興会科学研究費、基盤研究（C）による成果の一部である。

二　真理の連鎖

――「合理主義」の戦略――

佐々木　能章

哲学史の常識も、出自を探れば曖昧な場合が少なくない。西洋十七世紀の哲学に一つの潮流が認められ、それが rationalism(-e) という名を与えられ、そこにかかわる人物たちが rationalist(-e) と呼ばれ始めたのは、いつ頃で誰によってなのか、そしてそれはどのような意図でなされたことなのか、またそれに対する「合理主義（論）」や「理性論」という訳語がどれほど原語の意を汲んだものなのか。教科書的には当たり前になってしまった表現だが、改めて考えてみると、よくわからないことだらけだ。加えて、ratio や raison という語の意味が多様でしかも多重的であることが理解を一層むずかしくさせている。しかしそのことは、「合理主義」の概念が改めて問い直されなければならないということでもある。

以下では、ライプニッツにおいて、ratio や raison という語がどのように使われ、どのような働きをしているか、さらにまたどのように翻訳されるか、ということに目を向けることによって、少なくともライプニッツにとっての「合理主義」なるものの意味を探ることにする。

一　「理性」と「理由」

ギリシア語の「ロゴス」がラテン語に翻訳されて「ラチオ」となったときに、「言葉」という意味は抜け落ちてしまったが、理性、根拠、比、などの意味の多くは踏襲されたという。ライプニッツの中でもこの多義性は至るところに見られる。日本語に訳すときにはこの多義性をそっくりそのまま写し取ることができないため、どうしても意味内容を限定し、それに応じた日本語をあてがう必要がある。場合によっては訳し分けに迷う場合もあるし、スコラ哲学由来のかなり特殊な用法もしばしば見られるが、主要な使い方として、とりあえず「理性」と「理由」の二種類を見てみる。それぞれ代表的なテキストを示す。（なお、以下の引用文中ゴシック体で示した語は、ratio, raison あるいはその関連語であることを強調するために私が付したものである。）

（1）「理性」

まず、「理性」と訳される場面を見てみよう。

〈1〉　われわれ［＝人間］は必然的かつ永遠の真理を認識しており、この点で単なる動物から区別され、**理性**と知識（les sciences）をもつのである。われわれは高められて、自己自身を知り神を知るにいたる。そして、これこそわれわれの中にある**理性**的な魂（Ame raisonnable）、すなわち精神（Esprit）と呼ばれるものである。

（『モナドロジー』二九節　GP. VI-612　訳　九巻二一五頁）

もう一つ。

〈2〉 真の**推理**（raisonnement）は、論理学、数、幾何学の真理といった必然的ないし永遠の真理に依存しており、それら真理が観念の不可疑の連結と誤ることのない結論付けをなす。……これら必然的真理を認識している動物こそまさに**理性的**動物（animaux raisonnables）と呼ばれるものである、その魂は精神と呼ばれる。

（『理性に基づく自然と恩寵の原理』五節　GP. VI-600-01　訳 九巻二四九頁）

ここで「理性」と訳されたraisonは、人間の知的な能力のある段階を表している。西洋の伝統的な考え方からすれば、「理性」は人間の認識能力の中では「感覚sensus」よりも上位にあり「知性intellectus」よりは下位に位置するものであった。ただ、こうした順位には本質的な不安定さが内在しており、カントによって順位に逆転が生じたりすることになるわけだが、ライプニッツは少なくともこの点では伝統保持者である。ここでは、ライプニッツにおける「理性」の扱いについて三点指摘しておく。

A　人間の精神　ライプニッツの場合、デカルトと違って動物にも魂の存在を認める。その根拠は、魂を人間にのみ制限しなければならないような理由がないからだ、ということになる。しかしだからといって人間は他の動物と変わるところがなくなってしまうわけではない。そこに「理性」の役割がある。人間は理性を持ちうるという点で他の動物とは区別されるというのである。人間を理性的動物だとするのはむしろ伝統的な考え方でとくに目新しいものではないが、ライプニッツはその「理性」の中身を確定しようとする。動物一般に魂の存在を認めるための根拠は、例えば記憶力である。犬であっても、一度叩かれた経験があれば次に棒を見れば逃げ出す。それと同様、多くの人間も過去の経験に学び生活に役立てる（『モナドロジー』二六節）。しかしこのときにはまだ理性は行使されていない。単なる経験の蓄積だけではできごとの経過の必然性を認識することにはならないからである。ライプニッツはこの必然性の認識というところに理性の固有の働きを求める。

B　永遠真理　テキスト〈1〉に見られるように、理性は必然的で永遠の真理を認識する能力だとされる。この種の真理とは、例えば数学や論理学が示すようなもので、現実の諸条件の変化とは無関係にいついかなる時にも完全に同一の結果を導き出すことができるような知識である。しかし必然的真理を数学や論理学の場面にだけ限定するのは適切ではない。ライプニッツはおそらくそこに社会規範のようなものも含めて考えていた（「事実には一切依拠することなく**理性**にのみ依拠する学問、例えば、論理学、形而上学、算術、幾何学、運動学、さらに法学など……」（『正義の共通概念』Sève（文献4）p. 114）。とりわけ法についてのライプニッツの思索は、理性の重要性を強調する。

〈3〉　法律学というのは、法律や慣習によって明確に示されてはいないことに関して、完全に**理性**に基づいている……。なぜなら、それ［＝明確に示されてはいないこと］は、法律または法律がなければ自然法から、理性によって常に導き出すことができるからです。（『人間知性新論』四巻七章一九節　GP. V-408　訳 五巻二二一頁）

自然法と理性との関係は、これまた伝統的なものである。自らも法学者であるライプニッツが法の領域での理性の役割を強調しても不思議ではないが、事実や経験からだけでは見出すことのできない規範を把握する能力として、理性が位置づけられている。このことの意味については後ほど再び取り上げることにする。

C　知性より劣る

伝統的な思考では理性は知性の下に位置づけられていた。ratio の語源である reor という動詞は元来、数える、計算することを意味する。このことが示すように、「理性」は論理的、数理的な認識能力である。それはまた記号の指示対象を明確にすることを求める概念的思考だとも言える。この点で、「ロゴス」というギリシア語からは直接継承されなかったとはいえ、言葉という意味さえ ratio に含意されていると理解できる。この「理性」の上位に位置する「知性」はどのような役割をもつのか。簡単に言うなら、直観的な認識である。理性が概念を介した間接的認識であるのに対し、知性は対象そのものの直接的認識である。そしてそこで問われた「対象」は多くの場合、感覚を超えた存在であり、その究極が神である。したがって、信仰にかかわる場面では、理性にはどうしても限界がある。信仰の秘義は概念的な認識の彼方にあるとされるからである。

ライプニッツは理性によって把握されることのない領域での真理の存在を否定はしない。ただし、理性の側からの制約が加わる。これをライプニッツは、「理性に反するもの」と「理性を上回るもの」というスコラ以来の区別を用いて説明する。

〈4〉 **理性**に反するものは、絶対的に確実で不可欠な真理に反するが、**理性**を上回るものは、普段経験し把握しているものに反するだけ……である。……ある真理が**理性**を上回るのは、われわれの精神がその真理を把握できないときである。……しかし、およそ真理が**理性**に反するということはあり得ない。**理性**によって完膚無きまでに論駁された教義は、把握不可能だなどというものではなく、むしろ、これほどまでに容易かつ明白に不合理だと言えるものはないからである。なぜなら、……**理性**という言葉は、人々の意見や発言とか、自然の通常の経過に沿って起きる物事について下す判断の仕方などを意味しはしないからである。(『弁神論』「信仰と理性の一致についての緒論」二三節　GP. VI-64　訳　六巻六六―六七頁)

〈5〉　秘義はわれわれの**理性**を越えている。なぜなら、秘義の内には［われわれが自然の光を通じて認識する］諸々の真理の連鎖の中では捉えられない真理が含まれているからである。しかしそのような秘義もわれわれの**理性**に反することは決してないし、かかる連鎖から導出し得る真理と矛盾することも決してない。したがって、ここで問題になっているのは神の内にある普遍的**理性**ではなく、われわれの**理性**なのである。(『弁神論』「信仰と理性の一致についての緒論」六三節　GP. VI-86　訳　六巻九六頁)

理性で把握できないような真理はあり得るが、理性に反する真理はあり得ないということである。これにより、理性は、神秘的な真理に対する最低限のフィルターの役割を果たすことができることになる。このようにしてライプニッツは、「われわれの理性」が限界の中にありながらもどのような役割を果たし得るかを見定めようとしていたのである。

(2)「理由」

次に「理由」と訳される場面である。

〈6〉何ものも十分な**理由**なしには生じない、言い換えれば、何ものも、事物を十分に認識する者に対して、それがそのようであって他のようではないのは何故かを決定するのに十分な**理由**を呈示できるのでなければ、生じない……。(『理性に基づく自然と恩寵の原理』七節　GP. VI-602　訳 九巻二五〇−二五一頁)

ライプニッツの哲学を特徴づけるのは、この「理由」の意味が前面に出るという点である。とりわけ、後世、シェリングやハイデガーらによって高く評価されることになる「十分な理由の原理(充足理由律)」は、ライプニッツにとって存在の根幹にかかわる大原理であるとされる。ただしこれも、上のテキストを見ると、二つの位相が混在していることに気が付く。

A「理由」の第一位相　第一の位相は、存在の側に定位される。テキスト〈6〉の最初には「何ものも十分な理由がなければ生じない」とあり、理由律は存在そのものにまっすぐかかわる原理であることになる。ここには、さらに突き詰めるならば、或るものがどのようにあるかといういわば内容にかかわる理由と、そもそもそれが存在することにかかわる根本的な理由とが問われていることになる。テキスト〈6〉に続く箇所にもそのことが書かれているのだが、この点をもっとはっきりと述べているテキストを示そう。

〈7〉 何故、なにものも存在しないのではなく、むしろ或るものが存在するのか、というその**理由**が自然のうちにはある。これは、**理由**なしには何ものも生じないというあの大原理の帰結である。同様に、何故他のものではなく、むしろこのものが存在するのかの**理由**もまたなければならない。(『二四の命題』 一 GP. VII-289 訳 八巻四六頁)

ハイデガーなどが目を付けたのは、なぜ何もないのではなくてむしろ何ものかが存在するのかということにまつわる「理由」である。しかしライプニッツが問題にしようとしていたのはほとんどの場合が、どのようにあるかという内容にかかわる理由についてであった(アルノーやクラークとの論争の焦点のひとつはここにある)。実際のところ、ライプニッツにとっては、存在そのものの議論はそれがどのようにあるかという議論と切り離すことができないような形で論じられているからである。(この点をもう少し詳しく説明するためには、現実世界に先立つ可能的世界の中から神が最善世界を選んで現実化させたという創造のシナリオについて述べなければならないが、ここには踏み込まないでおく。)いずれにしても、現実に存在するものについてのその存在根拠そのものが「理由」という言葉で語られている。

B 「理由」の第二位相

ところがテキスト〈6〉の「言い換えれば……」以降は単に存在の理由だけとは言い切れない論述となっている。ここで焦点となっているのは、十分な認識能力のある者に対して十分な理由を示すことができるかどうか、ということである。この「事物を十分に認識する者」を神と考えるなら、創造に先立つ神の世界構想の議論となるので、実質的には第一の位相と同じことになるのだが、次の『モナドロジー』の一節は必ずしもそうとは言い切れないことを示している。

〈8〉 われわれの**思考の働き**（raisonnements）は二つの原理に基づいている。その一つは矛盾の原理で……／もう一つの原理は十分な**理由**の原理で、これによってわれわれは、事実がなぜこうであってそれ以外ではないのかということに十分の**理由**がなければ、いかなる事実も真であることあるいは存在することができず、またいかなる命題も真実であることはできない、と考えるのである。もっともこのような理由は、ほとんどの場合われわれには知ることはできないけれど。（『モナドロジー』三一、三二節　GP. VI-612　訳 九巻二一六－二一八頁）

ここも通常は理由律の説明として読まれるのだが、主題は思考の働き（＝推論）の原理であり、矛盾律と並んで理由律が挙げられている。つまり、或るものが十分な理由があって存在していると、われわれが考えるための原理なのである。ここで「われわれ」と言っているのを神とただちに同一視することはできない。それは何よりも人間（あるいはもう少し広く言ったとしても、神以外の知的な存在）が問題となっているはずだ。言い方を換えるなら、第一の位相としての「理由」が議論される場面は、人間にとって納得できているかどうかというところにある。理由律は「決定の原理」ともいわれ、無数の可能的世界から最善世界を選ぶという神の所業の正当性を裏付ける原理であり、その限りはあくまでも第一の位相である。しかし『モナドロジー』のこの言い方には、それ以上の含みがあるように思われる。第一の位相が神の知恵に定位されるものなら、どれほど賢明な人間であってもそれを認識しつくすことはできない。或るものがそうであることの理由は他のあらゆるものとの関係なしには説明できず、それは結局無限の存在の連関構造にまで及ぶことになり、有限知性の人間にはとうてい十分に理解できるものではない。テキスト〈8〉の最後にもそう書いてある。

だがこのテキストは、人間も「十分な理由」を知るようにせよと無理難題を押しつけているのではない。むしろ、現実の事実には十分な理由があると考えよ、と促しているようである。つまり、理由律はわれわれ（人間）がものを考える際の一種の作法として自覚すべきだ、と説いていることになる。この第二の位相は人間の認識の方法あるいは学問の態度にかかわるものであり、存在そのものにかかわる第一の位相とは明確に異なる。

しかしだからといって、存在の原理と認識の原理とが乖離していないのが、ライプニッツの考え方の特徴でもある。なぜわれわれが事実には十分な理由があると考えなければならないかというと、何ものも十分な理由なしには生じないからである、ということになる。なにやら議論が循環しているようだが、存在の原理がこうであるからにはそれとは違った方法論で存在を捉えることはできない、とライプニッツは考えていたことであろう。普遍学という形での総合を試みる学問の理念は、世界という存在の多様性を普遍性が貫いているという確信に支えられている。そしてここに、「理性」と「理由」の接点が見えてくる。

これまで、ライプニッツにおいてraisonが「理性」と「理由」とに訳し分けられた場面を見てきたが、「理由」の第二位相は、人間の思考法に向けられたものであり、その思考を担当する能力といえば、それは「理性」だということになろう。このあたりから、二つの訳語が接近する。それは決して混乱状態にあるのではない。両者の関係は、ライプニッツにあってはもっと自覚的に絡み合っている。

しかしライプニッツには、理性とも真理とも断定しかねるような raison の用法がある。

二　真理の連鎖

〈9〉　**理性**とは諸真理の連鎖、とりわけ人間精神が信仰の光に依らずして自然の力で到達できる諸真理の連鎖である。……諸真理の連鎖たる**理性**は、経験によって**理性**に与えられた諸々の真理を結びつけた上で、その諸真理から複合的な結論を引き出すことができる。しかし、経験から区別された純粋な裸の**理性**は、感覚から独立した真理にのみ与っている。（『弁神論』「信仰と理性の一致についての緒論」一節　GP. VI-49　訳 六巻四四頁）

テキストの文脈上、ここでは「理性」の訳語を与えざるを得ないのだが、人間の理知的能力という意味のままで解することはできない。信仰によるのではなく自然の力で真理に到達するというところには、「理性」の特徴というよりも、叡智ないし知性と比べた限界が示されてはいるが、「真理の連鎖」という言い方は、単なる能力を示すとは考えにくい。だがライプニッツは、raison とは元来このような意味だとまで言う。この引用文に続く箇所では、「真理の連鎖」こそが raison の正真正銘の意味だとし、それを理解することができなかった人もいたが結局は同意してくれた、と述懐しているほどだ。そしてこう理解することによって、経験とも正しく対比できるのだとも言う。テキスト〈5〉にも同様の表現がある。

これがライプニッツにとってのraisonのいつもの用法かというと、決してそうではない。むしろ用例としては少ない方ではないだろうか。しかし、そもそもraisonとは、と説明をしようとするとこの言い方になる。これを含めて、raisonが多義的であることについてライプニッツがまとめて述べた箇所がある。

〈10〉 **理由**（A）というのは、他のより知られていない真理と結びついて、私たちにその未知の真理に同意を与えるよう促す既知の真理のことです。しかし、それが特にすぐれて**理由**（B）と呼ばれるのは、それが私たちの判断の原因であるだけでなく、真理自身の原因でもある場合であり、これはまたア・プリオリな**理由**（B）とも呼ばれるものです。事物における原因は、真理における**理由**（B）に対応しています。そういうわけで、原因自身が、それもとくに目的原因が、しばしば**理由**（B）と呼ばれるのです。そして最後に、真理のこのような連結を自覚する能力、つまり**推論する**能力もまた**理性**と呼ばれるのです。（『人間知性新論』四巻一七章一節 GP. V-457. 訳 五巻二八六－二八七頁。ここで**理由**に（A）、（B）とあるのは以下での検討の便宜上付けたものである。）

ここの訳語の選定には相当の注意が求められる。「理由」も「理性」も原語はもちろんいずれもraisonである。それには三つの意味が認められる。

まず**理由**（B）から見る。これは、真理の根拠そのものを指している。そこでこれを「真理の根拠」とする。それが「アプリオリ」だというのは、われわれが真理の判断を下す以前にすでにそれ自身が成立しているからであろう。ここには、事実にかかわる存在のあり方、さらには宇宙全体の統一性までもが考えられている。「原因」という概念と並べられていることにも注目したい。この「真理の根拠」は、先ほど述べた「理由」の第一位相つまり存在の原理とおおむね重なると見ておいてよい。

つぎに**理性**は、「理由（B）」である真理そのものを認識し、それに基づいて論理的思索を展開する能力である。したがってこれを「推論の能力」とする。この箇所に対応するロックのreasonも、おおむね人間の理知的能力を意味するものと解して間違いではない（ロックも、reasonが多義的であることを認めた上で、当該箇所での自分の考察は人間の理知的機能を意味するとわざわざ断っている。John Locke: *An Essay concerning Human Understanding* IV-17-1）。ライプニッツにとっての「理性」の内実についてはすでに述べてある通りである。

最後に**理由（A）**だが、これはテキスト〈9〉では「真理の連鎖」として「理性」と訳されていたものである。それは『弁神論』の「信仰と理性の一致についての緒論」からなので、raisonを「理性」と訳していた。テキスト〈10〉では「理由」と訳されている。訳語に迷う場面である。「理由」と「理性」とが絡み合っているということでもある。両テキストの言い方は正確に一致しているわけではないし、重点の置き所も異なっているが、それでも複数の真理をつなげる役割を担っているという点では共通している。（本論末尾〈補注〉参照）

以上の「真理の根拠」「推論の能力」「真理の連鎖」の三つの意味の中でライプニッツが最も基本的だと考えていたのは、テキスト〈10〉で見る限りは、「真理の連鎖」であるようだ。ただこれは決して理解しやすいものではない。「理由」と「理性」の訳語が錯綜するのも無理からぬところがある。「理由」と訳せば、「真理の根拠」に傾斜することになる。そうすれば、「真理の連鎖」とは、存在の側の事態と異なるものではない。数学のような永遠真理であれ、事実にかかわる真理であれ、一つのことがらがそれだけで単独に真理性を主張できるはずはなく、他のさまざまの事態と密接に関連しあっている。それが全体として世界を形成するとするならば、全体のシステムという観点も問われる。それを「真理の連鎖」と呼ぶことに難しさはない。他方、「真理の連鎖」を「理性」つまり「推論の能力」と同じように理解しようとすると、言葉の上ではかなりの違和感を抱くことになるが、少なくとも、人間の理知的な能力の一断面を示すことにはなる。それは、個別性に依拠した感覚知でもなく、超越的なものへ直接向かう悟性的な知とも異なる、普遍化を求める全体的知であることになる。

だが「真理の連鎖」は単純に「真理の根拠」とも「推論の能力」とも一致しない。もしそれらで足りるなら、あえて「真理の連鎖」という厄介な概念を持ち出す必要はない。むしろライプニッツにとっては、「真理の連鎖」こそが raison の基本であり、「真理の根拠」と「推論の能力」はその二つの側面である。しかし比較的理解しやすい「理性」と「理由」の二概念を足場にすれば、「真理の連鎖」についても手がかりが得られるかもしれない。「真理の連鎖」はその二つの側面から見れば、両者をつなげる役割として理解することもできる。テキスト〈10〉の理由(A)の説明はそのように考えれば理解しやすくなる。そこで、テキスト〈10〉の最初の部分だけを再度抜き出してみよう。今度は「理由」ではなく raison のままにする。

〈10′〉 raison というのは、他のより知られていない真理と結びついて、私たちにその未知の真理に同意を与えるよう促す既知の真理のことです。

この場合、raison にとっては人間あるいはそれに類した知的な存在が不可欠な一側面であることになる。ここに限らず、ライプニッツが「真理の連鎖」と言うときには、その真理との関わりの中で人間の精神の役割が念頭におかれている。もちろん、raison が常に人間にのみ定位しているというわけではない。テキスト〈5〉にあるように、「神の普遍的理性」という概念もある。しかし「真理の連鎖」を問題にするときは、人間の存在がいつもある。次のテキストは人間に照準を合わせた「理性」の意義である。

〈11〉 正しい**理性**は諸々の真理の連鎖であり、堕落した**理性**は先入見と感情とが入り交じったものである。これら二つの**理性**を分かつためには、順序よく歩を進め、いかなる命題も証明なしには認めず、論理学の最も初歩の規則でよいからそれに照らして形式的に整っていない証明は認めない、というだけでよい。これ以外には、いかなる基準も要らないし、理性に関しての論争の判定者も要らない。（『弁神論』「信仰と理性の一致についての緒論」六二節　GP. VI-84-85　訳　六巻九五頁）

そこで、人間の位置を主軸において raison の意味をさらに探ってみたい。

三　人間にとっての raison

「真理の連鎖」という概念は、まずは同一範疇にある真なる命題相互の関連という仕方で理解できるだろうが、テキスト〈10′〉はそのようには読めない。ここで重要なのは、既知の真理群と未知の真理群との関連である。われわれは既に手にしている真理をもとに、まだ知られていないことがらを獲得しようとする。この知の営みのベクトルを支えるところに raison が置かれている。テキストからは、raison は既知の真理群に位置している。つまり、既知の真理群の間に張りめぐらされた連鎖が、未知の真理群との連携を求めて、人間の探求を促していることになる。あえて「理性」と「理由」という言葉を使うなら、raison は理性を理由へと向かわせる働きである。逆の言い方をするなら、理由を理性へと呼び込む働きでもある。

(1) 発見の論理

したがって、このような raison の働きは「発見の論理」と言ってもよいだろう。発見というのはライプニッツの普遍学の基本概念でもある。

〈12〉 私は、普遍学が十分な所与から他のあらゆる学問を発見し、かつ、論証するしかたを教える学問であると理解している。したがって、ほとんど偶然に発見することができたような諸認識は、この学問に依存するものではない。(『普遍学の基礎と範例』GP. VII-60 訳 十巻二三〇頁)

ここには、raison という語はないものの、その役割りが簡潔に表明されている。後半の否定的な言い方は、「理性的な」探求は単なる経験主義的なものであってはならないということである。raison が確実な知の全体性を支えるというのはきわめて自然であろう。それは、既知の真理群と未知の真理群との連携には、一般性をもった確実な保証が求められるからである。その保証のための道具がいくつか用意されている。しかしいずれにしてもそのような既知から未知への連携が可能であるとの確信がライプニッツにはあった。それは、理性の営みの構造と理由の全体的構造とが同型的であるとの確信である。

このことは、記号にまつわる思索によく表れている。ライプニッツは、よく案出された記号ならば、その操作だけで記号の対象となる事物を解明することができるとさえ言う。もちろん、ライプニッツも記号の恣意性は承知している。ただしそれはあくまでどのような記号を採用するかの恣意性である。ある概念をどんな音声で表そうが絵文字で表そうがそれは勝手である。また、数の体系を十進法で扱おうが十二進法で扱おうがどれでもかまわない。しかし、表記に用いられた記号相互の関係は決して恣意的ではなく、そこには動かすことのできない関係があり、そこに真理が存すると言う（『対話――事物と言葉の結合、ならびに真理の実在性についての』GP. VII-192　訳 八巻一五一―一六頁）。記号の恣意性に基づいて真理までも恣意的だと考えた、としてライプニッツはホッブズを批判する。ライプニッツにとっては、記号は真理への正しい導きとならなければならない。人間にとっては、あらゆることを直接認識することができない以上、どうしても記号的な認識に頼らざるを得ない。そのためにこそ記号の設定とその操作法に磨きをかける必要がある。ライプニッツの普遍学はこのような記号のあり方と切り離すことはできない。したがって、記号やその操作法の案出（inventio）が発見（inventio）でもあることになる。正しい方法が存在そのものと対応するはずだという確信は、ライプニッツに限らずこの時代の「合理主義者」は共有していたのではあるまいか。スピノザが「観念の秩序および連結はものの秩序および連結と同一である」（『エチカ』第二部定理七）と述べたことにも通じるであろう。ライプニッツは raison を、既知から未知への運動として理解したのである。

（２）善への志向

既知から未知への移行という方向性が全体像を目指すところに、普遍学の理念が見据えられていた。しかしこれは決して理論的な知の体系にとどまるものではない。

〈13〉 **理性**に反して語るのは真理に反して語ることです。なぜなら、**理性**とは諸真理の連鎖だからです。**理性**に反して語るのは、自分自身に反して、また自分の善に反して語ることです。**理性**の主要な特質は、善を認識しそれに従うことにあるからです。(『人間知性新論』二巻二一章五〇節　GP. V-185　訳　四巻二三四頁)

人間の理性は常に真理を目指している。しかもそれは、善を認識することであり、さらにその善に従うことである、とも言う。それは人間の幸福を目指すことだと言ってもよい。ここにはライプニッツの学問の理念の一端が見られる。一六八〇年頃に書かれたと推定される普遍学についてのメモが残されている。そこからライプニッツの学問の理念のようなものを拾い出してみよう。

〈14・1〉 知恵とは、思うに、幸福の学問に外ならず、また真の教養とは(知恵を準備するものとして)、正しく、幸せに生きるための知識を最高かつ最大に働かせることによって作り出される、心の習慣に外ならない。(『百科全書あるいは普遍学のための予備知識』GP. VII-45　訳　十巻二一六頁)

しかしながら人間には寿命もあるし能力に限界もあって、すべての学問を知ることはできない。そこで次のように言う。

〈14・2〉 一種の「百科全書」、つまり、諸々の「真理」の秩序づけられた——それが可能である限り、そこからあらゆる有用なものを導き出すために十分なものの——集成を作成することが、人類の幸福のために重要

であることがここから帰結する。（同　GP. VII-45-46　訳　十巻二一七頁）

ライプニッツは普遍学の構想を若い頃から晩年に至るまでたびたび書き残している。細かい構成などはそのつど変更が見られるが、全体の位置付けにそう大きな違いはない。とくに、知識は人間の幸福のためにあるという視点は一貫している。

(3)　態度としての理由律

ここまでくると、理由律についての一つの見方が浮かび上がってくる。先に挙げたテキスト〈8〉を振り返ってみよう。

〈8′〉もう一つの原理は十分な**理由**の原理で、これによってわれわれは、事実がなぜこうであってそれ以外ではないのかということに十分の**理由**がなければ、いかなる事実も真であることあるいは存在することができず、またいかなる命題も真実であることはできない、と考えるのである。（『モナドロジー』三二節　GP. VI-612　訳　九巻二一七―二一八頁）

これを私は先に「理由の第二位相」とした。つまり、十分な理由は人間に事実のあり方に対する思索の方向を示しているとした。「真理の連鎖」としての raison は人間を既知から未知へと向かわせる。そこへとしっかりとした足取りで進ませようとするのが、少なくともテキスト〈8〉で示された理由律の意味である。従来の理由律の理解はややもすると、存在論的な解釈、つまり私が言う第一の位相にあまりにも傾斜しすぎていたように思われる。その面の重要性は認めつつも、この原理をもってライプニッツが自覚しようとしていた思索の態度を見失ってはならない。それは、人間の幸福を見据えた学問の全体に取り組む際の知的な態度を示しているのであり、その限りにおいて人間は自らの「理性」を最大限に駆使し、「合理的」であろうとすべきだ、との決意表明である。これは学問的な態度であるとともに、時代を生き抜くための覚悟でもある。しばしば「楽天主義」と訳され揶揄もされてきたライプニッツのオプティミズム（optimism(-e)）は、このような点から冷静に見据えていく必要がある。

四　合理的な戦略

テキスト〈14〉にあるように、普遍学の確立を目指したライプニッツにとって、学問は人間の幸福に狙いを定めるものであった。そしてその知的な営みは、人間の「理性」が司るものである。学問の探究に「理性」がどのような働きぶりをするか、それを見てみる。

ライプニッツが真理を二種類に分けたことはよく知られている。

〈15〉　真理も二種類ある。**思考**の真理（vérités de raisonnement）と事実の真理（vérités de fait）である。**思考**の真理は必然的でその反対は不可能であり、事実の真理は偶然的でその反対も可能である。（『モナドロジー』三三節　GP. VI-612　訳　九巻二一九頁）

「思考の真理」はしばしば「理性の真理」(vérités de raison) とも言われる。内容上さしたる違いを認めることができないので、ここでは両者を同じものとする。また、永遠真理とも重ねて説明されることもある。これは、テキスト〈1〉、〈2〉が示すように、人間が理性を正しく行使することによって到達可能な真理である。この場合には、思考の原理としては矛盾律だけで足りる。raison が「ロゴス」から引き継いだ「比」の意味が数学的合理性としてここでは存分に発揮されている。もちろん、このような必然的な真理の場面であっても、人間はすべての真理を一どきに認識することができないために、何らかの記号に頼る必要はある。しかしそれを上手に用いさえすれば、神の認識に匹敵するだけの真理を獲得することが可能である、とライプニッツは考えていたはずだ。既に述べたように、このような真理は数学や論理学が典型的な場面であるとはいえ、それだけではなく、ライプニッツは法や正義においても同様に考えていた。

だが、事実にかかわる真理はそういうわけにはいかない。永遠真理ならば概念を分析して完全に説明することが人間にとってでもある程度までは可能であるのに対し、事実の真理は個別的な事情の細部にまで立ち入らざるを得ず、それは結局のところ宇宙の全体との連関までも含むことになって、分析が無限に及ぶからである。そのため、事実に関することがらはどうしても完全な認識を獲得することはできない。せいぜいのところ、「真らしい」という程度にまでしか至り得ない。日常の生活においてはほぼそれで足りるのだが、哲学的な思索を進めるときの姿勢としてはそれでよいのだろうか。おそらくデカルトであれば、そのような曖昧さを含んだ中途半端な姿勢は決して許さなかったことであろう。しかしライプニッツはそうではなかった。

〈16〉 真らしいものに基づいた臆見 (opinion) も、おそらく認識という名称に値するでしょう。そうでなければ、ほとんどすべての歴史的認識や、他の多くの認識が崩れ去ってしまうでしょう。……蓋然性(probabilité)の程度の探求は非常に重要であり、しかも私たちにはまだ欠けていて、このことは私たちの論理学の重大な欠陥であると思います。というのも、問題を完全には解決できない場合でも、所与から真らしさの程度を常に決定できるからです。したがって、どの方針が最もありそうなものであるのか、**理性的に**(raisonnablement)判断できるのです。(『人間知性新論』四巻二章一四節　GP. V-353　訳 五巻一四八－一四九頁)

人間を取り巻くできごとが臆見に満ち満ちていることは承知の上で、では臆見は一切排除するかというとそうではなく、どこまで信頼に足るものであるかどうかを判定すべきだというのである。歴史の探究を生涯にわたって続け、外交や政策立案に当たってきたライプニッツにとっては、曖昧さを除去しきれない認識について、多くの証言や資料の信憑性を見極める方法を必要としていたのである。そしてその方法としての新たな論理学が必要だと考えていた。ライプニッツにとって、論理学は必然的な真理のみにかかわるのではない。「蓋然性」に関する論理学が、事実に対する判断のために求められていると痛感していた(文献2、3参照)。

この論理学の方法論は、当時着想されだした確率論を取り入れることになる。もともとが賭け事から出発した確率の議論は、パスカルやフェルマーによって数学の議論となった。ライプニッツはこれをヤーコプ・ベルヌーイらとともに数学として磨きをかける一方で、社会政策への応用を試みた。その一例は生命保険であり、これについては私はかつてやや詳しく検討したことがある(文献1)。またライプニッツは年金制度についても膨大な研究を残している(文献5～7)。債務の計算法は、今日遺失利益の計算法としてホフマン方式と並んでライプニッツ方式として名を残し、日本の民事裁判で今でもしばしば採用されている。

これらの政策は、時代背景抜きに考えることはできないにしても、ライプニッツらしさは十分に現れている。つまり、これら確率論に基礎をおく判断は、いわば既知の真理群から未知の真理群へと移行することであり、真理の連鎖たる raison の営みであるからだ。それだからライプニッツは、テキスト〈16〉の最後にあるように、所与から真らしさを判断することが「理性的」つまりは「合理的」だとしたのである。

ライプニッツを「合理主義者」として語ることは決して間違いではない。ただしそのときには、少なくともこれまで見てきた視点をすべて含んだ上でのものでなければ、十分とは言えない。ライプニッツにとって「合理的」であることは、自分のすべての仕事を前にした決意でもあるからだ。

〈補注〉ドイツ語訳も同じような難問に直面していたようで、テキスト〈10〉において参照した二種類のドイツ語訳はいずれも、「理由（A）」にあたる箇所を、苦肉の策であろうか、Vernunftgrund としている（Ernst Cassirer (übers., mit Einl. und mit Anm. vers. von): *Gottfried Wilhelm Leibniz Neue Abhandlungen über den menschlichen Verstand*, Felix Meiner Verlag, 1996 (1. Auflage 1873), S. 517-18. Wolf von Engelhardt und Hans Heinz Holz (hrsg. und übers. von): G. W. *Leibniz Neue Abhandlungen über den menschlichen Verstand*, Suhrkamp, 1996, S. 541. 後者はフランス語とドイツ語の意味の相違を注記している。なお両訳は、最初の「理由（B）」も Vernunftgrund としているが、これには同意できない）。いずれにしても、このテキストは、raison というフランス語（事情としてはラテン語も英語も同じ）が日本語やドイツ語に簡単には置き換えられないことを示している。逆に言うなら、ライプニッツ自身がフランス語の raison の多義性を梃子にして思索していることを推測させる。ついでながら、テキスト〈9〉には、ライプニッツ自身によるドイツ語訳がある。ライプニッツは自著『弁神論』の「信仰と理性の一致についての緒論」の8節の途中までを自らドイツ語に訳していて、問題の箇所では raison を Vernunft としている（GP. VI-465）。文脈上やむを得ないとしても、本人が居心地の悪さを感じていたとしか思えない。この「緒論」のドイツ語訳が頓挫したのにはいろいろな事情があるのだろうが、あるいは言語のずれもその一因ではなかったかと推察せざるを得ない。日本語の場合には、可能な限りraisonの多義性を追いかけることができるようにするためには、せめて「理」の一文字にこだわりたい。「理性」と「理由」と「真理」とが「理」の一文字でかろうじて連なっている。ライプニッツの合「理」主義の屋台骨である。

原文は基本的に次による。C. I. Gerhardt: *Die philosophischen Schriften von Gottfried Wilhelm Leibniz*, Bd. I-VII, 1875-1890; reprint: Hildesheim, 1960-61.［略号　GP］

訳文は、『ライプニッツ著作集』全十巻（下村寅太郎、山本信、中村幸四郎、原亨吉監修、工作舎、一九八八－九九年）を用いた。［略号 訳］

参　照　文　献

1、佐々木能章「共有された悪――ライプニッツの保険論」『横浜市立大学論叢』第四六巻人文科学系列第一、二、三合併号、一九九五年。
2、佐々木能章「地上のオプティミズム――ライプニッツの社会哲学への視点と数学的方法」『思想』九三〇号、岩波書店、二〇〇一年。
3、佐々木能章『ライプニッツ術』工作舎、二〇〇二年。
4、René Sève (éd.): *G. W. Leibniz —— Le droit de la raison*, Vrin, 1994.
5、Parmentier, Marc (éd.): *G. W. Leibniz —— l'estime des apparences*, Vrin, 1995.
6、Eberhardt Knobloch und J.-Matthias Graf von de Schulenburg (hg): *Gottfried Wilhelm Leibniz Hauptschriften zur Versicherungs- und Finanzmathematik*, Akademie Verlag, 2000.
7、Jean-Marc Rohbrasser et Jacques Véron: *Leibniz et les raisonnements sur la vie humaine*, Éditions de l'Institut national d'études démographiques, 2001.

第Ⅴ部　合理主義と真理

一　真理と神

――無神論の幾何学者は真理を語りうるか――

山田弘明

はじめに

一七世紀合理主義の真理論に関しては、多くの哲学者について様々な論点が問題になろう。ここではとくにデカルトに関心を寄せる。デカルトによれば、人間が明晰に捉える真理がその通りに真理であることを保証しているのは神であり、われわれが善なる神の存在を知らないかぎり真理は真理でありえない。この意味で無神論の幾何学者は本当の真理を語りえないことになる。だが、それはどういうことであるのか。ユークリッドは立派に幾何学を語っているではないか。神による真理の保証という事態をどう捉えるべきであろうか。これは合理主義の哲学者たちにおいて微妙に異なってくる問題でもある。真理と神との関わりを、数学的真理の成立および永遠真理創造説という点に着目して分析し、デカルト真理論の意図を、最近の研究を踏まえながら明らかにしたい。

一　神を語りうるか

最初に、そもそも神を語りうるのかという点について、序論的な考察をしておきたい。現代のわれわれ（とくに東洋人）から見てまず抵抗を感じるのは、合理主義の思想において「神」なるものが、明確に定義されることもなく、あたかも既存の金科玉条のごとく登場してくることだろう。はたして哲学者は正当な権利をもって神を語ることができるのであろうか。

一八世紀のヒュームやカント以来、神は人間理性の探求の対象にならないので、理論哲学に神を持ち込んではならない、という考え方があった。現代哲学もその延長線上にあり、神（そのことばで何を意味するかがむろん大問題ではあるが）は超越者であるという理由で、哲学的探求の積極的な対象にはならない場合が多い。だがカントの場合、神は理論哲学の領域では姿を消したものの、実践哲学や宗教論の領域では保存され、結局、神はカントにおいて最重要の究極の問題であった。それと同様に、現代哲学においては、たしかに神の問題が表立って正面から論じられることはあまりなく、探求の埒外に置かれている観がある。しかし、現象学にせよ分析哲学にせよ、どこか神を気にしているところがある。よく読めば、神の全面否定などではなく、それぞれ何らかの仕方で神について語っていることに気づかれる。

フッサールの『イデーン・I』第五八節は「神という超越者は遮断される」(1)と題される。そこでは、「世界外的な神的な存在……は、ただ単に世界を超越したものであるだけでなく、明らかにまた絶対的意識をも超越したものであるはず」とされる。神は「意識という絶対者とはまったく別の意味における絶対者」であり、「世界の意味における超越者とはまったく別の意味における超越的なもの」である。したがって、神は現象学という「研究領域からは、あくまで遮断されているべきである。なぜなら、この研究領域は純粋意識そのものの領野であるべきだから……」とする。フッサールは超越者を認めるにやぶさかではなかったが、こうした絶対者としての神は世界をも人間の意識をも超絶しているので、(2)研究の対象外として現象学的還元にかけられるのである。以上は『イデーン』の時代のフッサールの見方であるが、晩年には「内なる他者」としての神を含めた形而上学を考えていたようである（ヘルト『生き生きした現在』）。いったん括弧に入れられ凍結された神が、晩年になって解凍されるという事態に注目しておきたい。

ハイデガーは多くの箇所で神を語っているが、一七世紀の合理主義とは異なり、哲学の究極的根拠づけを神に求めることを拒否した人である。(3)かれの言う「存在」を「神」に置き換えることができるとする解釈もあると聞くが、もしそうならかれの存在論は神学であり、アリストテレス以来の形而上学に帰ることになろう。かれはまた「最後の神」なる言い方をし、最晩年には「ただ神なるものだけが、かろうじてわれわれを救いうる」という謎のことばを残している。この神は西洋形而上学の伝統的な神ではないだろうが、(4)それでもハイデガーはそれを神（Gott）という昔の名前で呼んでいることに注意しておきたい。

レヴィナスにいたっては、もはや神は隠れもなく議論の中心にあらわれてくる。周知のように、顔としての神、超越としての神、絶対的他者としての神、無限の観念としての神、「観念に到来する神」などが、直接に論じられている。哲学者が神を語ることが再び公認されたかのようである。その神はユダヤの神に源を発するものであり、きわめて難解であるが、神をぬきにしてはレヴィナスの哲学も倫理も成立しないことだけは確かである。

他方、ウィトゲンシュタインは『論理哲学論考』(5)において、本来語るべきでないはずの神について語っている。

「かつてひとは言った。神はすべてのものを創ることができる。ただ論理の法則にさからうものを除いて、と。――つまり「非論理的な」世界について、それがいかなるものかを語ることなどできぬだろう、ということ」(3. 031)。これはスコラの命題を指すと思われるが、神は論理の法則に逆らうものをも創造しえるとするのがデカルトであった。本稿にとっても重要な言明であると思われる。「かりに神がある命題を真とするような世界を創造したならば、神は同時にその帰結命題すべてを真とするような世界を創ることになる。同じく神が命題pを真とするような世界を創りながら、しかも、かかる命題の対象のすべてを創らずにおくことはありえない」(5. 123)。この文章は、神は真理の演繹体系のすべてを創るとするもので、デカルトにも適合するだろう。もっとも、これらは神についての直説法的な言明ではなく、間接的な仮定の下で語られている。直説法的には「神は世界の中には顕れない」(6. 432)としている。神は世界の外に隠れてあり、世界がいかにあるかは神の知ったことではないということか。このことばは「神秘的なるもの」を集めた命題のなかに登場する。「いいあらわせぬものが存在することは確かであり、それはおのずと現れ出る。それは神秘である」(6. 522)とも言われ、神についてニュアンスを残している。後期の『哲学探究』[6]でも、神はときとして語られている。「神がオウムに突然悟性を与え、オウムがいまや自分自身に語りかけている、といったことを想像できないだろうか」(346)。「神はわれわれの知りえないことを知り、無限数列全体を見、人間の意識の中を見通しているのである」(426)。「神がたとえわれわれの魂の中を覗きこんだとしても、われわれが誰について話しているのかをそこに見出すことはできなかったことであろう」(xi)。また『マニュスクリプト』(Man. 138, 229)[7]にも、神という名で何を意味するかが問題である、「神の本質は存在を含む」という命題において存在は問題ではない、などという記述が残されている。これらの神についての言及は、いずれも消極的な言い方であったり、仮定にもとづいた例にすぎなかったりする場合が多い。だが、かれのような神学や伝統的哲学にはあまり縁のない人においてさえも、すぐに神が例にとられ、他方で神が神秘の領域として保存されていることは、記憶にとどめておいてよいことだろう。

要するに、カント以来、神の問題に関しては、多くの反発があったと同時に求心があったといえる。現代でもそれは続いており、「神」ということばに拒絶反応を示す人も多いが、神に相当するものを哲学の原理とする哲学者も多い。西洋近世の多くの哲学者の思想は、東洋的なメタファーを以って言えば、ある意味で所詮は釈迦の掌の上での営為にほかならないということになろうか。

現代哲学においては、たしかに神という名を安易に用いることには慎重にならざるをえない。経験的に検証される議論にはならないからである。だが、神は現代哲学の思考の枠組みにおいても、けっしてナンセンスな主題ではなく、有意味に語りえる場合があるだろう。デカルトがそうであったように、絶対的なもの無限なものを想定したうえで、人間の諸問題を有限性という観点から反省してみることは、今も有意義だと思われる。たとえば、西洋形而上学の神を問い直し、新たな責任倫理を確立しようとするレヴィナスの試みや、分野は異なるが、民族・宗教問題に取り組む宗教現象学などは、その一つの方向を示すものであろう。一七世紀の合理主義が神なしには語れなかったように、現代においても、人間を全体的に捉え(8)、ものごとの根本を知ろうとするなら、神を語りうるし、語るべき場面があるのではないか。

二　数学的真理と神

本題に入ろう。デカルトは神が真理の根拠をなし、真理を保証すると考えるわけだが、そこにはどういう問題があるであろうか。ことがらを数学の場合に限り、数学的真理の成立という場面で真理と神との関わりを見てみよう。デカルトの問題意識に即していえば、「三角形の内角の和は二直角である」という命題が神との関わりなしに真理といえるかどうか、換言すれば無神論の幾何学者は真理を語りうるか否か、である。

「第二反論」においてメルセンヌを中心とする神学者たちは言う。あなた(デカルト)はものごとを確知するには「存在する神の明晰な認識」を要するとしているが、その時点であなたはまだ神の存在を証明していない。だが「無神論者は、三角形の内角の和が二直角に等しいことを明晰判明に認識している」(VII, 125)[9]ではないか、と。いわゆる「循環」にからめた、もっともと思われる批判である。古代ギリシアの数学者は、幾何学の命題について明晰な認識をもっていたはずである。これに対してデカルトは答えている。

「『無神論者も三角形の三つの角の和が二直角に等しいことを明晰に認識できる』ということについて言えば、それを私は否定してはいません。ただ、彼のそうした認識が真の知識 vera scientia ではないということを私は肯定しているのみです。というのも、疑わしくなりうるいかなる認識も知識 scientia と称せられるべきではないと思われるからです。彼は無神論であると想定されているからには、彼にとって最も明証的と思われる事物そのものにおいて自分が欺かれていることはないということを彼は確知することができないのです。」(「第二答弁」VII, 141)

この答弁は、デカルトの真理論や知識論について多くのことを示唆していると思われる。以下、それが含みもつ主要な論点をまとめておく。

(1)「明晰な認識」への懐疑

神を考慮に入れない場合でも数学的真理は明晰に認識される。デカルトはこれを否定しない。実際、「私がきわめて明晰判明に理解するところのものはすべて真である」という有名な規則は、神の存在証明がなされる以前の「第三省察」始め(VII, 35)で表明されている。『方法序説』(VI, 33)でもそれは同じ位置に来ている。これは、無神論者においてであると否とにかかわらず、だれにも適用可能な「一般的な規則」である。そのかぎり、神のあるなしにかかわらず、明晰に捉えられた数学的な命題は普遍妥当的に真であると考えられる。これが普通の考え方であり、そこで神をもちだすならば循環の危険性が生じる。メルセンヌはそう言いたいのである。『規則論』の時代のデカルトならば、それを大きく肯定するであろう。「示された対象について……憶測するところを求むべきではなく、われわれが明晰かつ判明に直観し、または確実に演繹しうることを求むべきである。なんとなれば、他の途によっては知識 scientia は獲得されないからである。」(『規則論』X, 366)。この立場では、明晰に認識されたものがそのまま確実な知識となるからである。

しかし後にデカルト形而上学において懐疑の対象になったのは、まさにこの数学的主知主義であった。たしかに数学的真理は明晰判明に認識されるが、明晰ということだけで真理が保証されるのか。ひょっとすると、それは本当は真理でも真の知識でもないかもしれない。先に提出された規則の有効性も、懐疑を前にして揺らぎはじめるのである。デカルトの狙いは、次のことばに集約されている。「数学の証明についても、これまで自明であるとみなされていた原理についても、疑うことにしよう。なぜなら、……もしかすると全能の神はわれわれを、われわれにはこのうえなく明白に見える事がらにおいてさえ、つねに誤るようなものとして、創造することを欲したのかもしれないからである」(『哲学原理』1-5)。全能の神、私を誤らせうる神、欺く神という発想が懐疑の原動力となっていることが注目される。

周知のように、懐疑のプロセスにおいては、明晰な知の真理性を主張する文脈と、それをも疑いに付す文脈とが対峙している。

「私が目覚めていようが眠っていようが[10]、二たす三は五であり、四辺形は四つ以上の辺をもたず、これほど明白な真理が虚偽の嫌疑をかけられることはありえないと思われる。……しかし、私が二と三とを加えるたびに、あるいは四辺形の辺を数えるたびに、あるいは他のもっとより容易なことが考えられるならそのたびごとに、〔すべてのことをなしえ、私を現にあるようなものとしてつくった〕この神は私が誤るように仕向けたかも知れないではないか。」(「第一省察」VII, 20-21 括弧内は筆者による挿入)

「第三省察」でも同じ文脈の対峙が繰り返される。

「私が、算術あるいは幾何学に関することで何かきわめて単純で容易なこと、たとえば二に三を加えると五になる、などを考察したとき、私は少なくともそれらを、真であると肯定するに足るほど十分明らかに直観していたのではないか。……しかし、もしかして何らかの神があって、このうえなく明証的であると思われるものにおいてさえも、欺かれるような本性を私に与えることもできたはずである……。神の全能というこの先入の意見が私に生じるたびに、もし神がその気になれば、私が精神の目で最も明証的に直観していると思うものにおいてさえも、私を誤らせることは神には容易である、と認めざるをえない。」(「第三省察」VII, 35-36)

ここまでは上の「第一省察」と内容的に同じであるが、「第三省察」はさらに次のように続ける。しかし、われわれは明晰な認識への強い信念をもっているので、こう言いたくなる。

「できるものならだれでも私を欺いてみよ、……二に三を加えると五より多くあるいは少なくするなど、要するに明らかな矛盾が認められることを、なすことはできないであろう。」（同 VII, 36）

この一節は『規則論』の残響にも聞こえる。だが、明証性への確信と神の欺きの可能性という二つの文脈は、シーソー・ゲームのように拮抗する。そして明らかに後者がまさっている。神の何たるかを知らず、無神論をとるかぎり、ひとは幾何学について明晰な認識をもつことはできても、神がその認識を誤らせている可能性を除去できないからである。「第六答弁」は、三角形の三つの角の和が二直角に等しくないようにすることも、永遠の昔から四の倍数が八でなかったようにすることも、神には不可能でなかったことを暗示している（VII, 432, 436）。こうした事態を打開するために、「第三省察」のデカルトは誠実なる神の存在証明を急ぐのである。

(2) 現前の明証性と過去における明証性

神の存在の全証明を終えた「第五省察」で、あることがらを現在明晰に認識している場合と、過去にそう認識した理由を想起する場合との文脈の差異が、同じ三角形の例をもって語られる。

「私は幾何学の諸原理に通じているので、『三角形の三つの角は二直角に等しい』ということは、私にはきわめて明証的に思われ、その論証に私が注意しているかぎりは、それが真であると信じないわけにはいかない。だが、私が精神の目をそこからそらすや否や、たとえ私がそれをきわめて明晰に洞察したことを今も記憶していても、私が神を知らないなら、それが真であるかどうかを疑うということが、容易に起こりえるのである。というのは、私は、このうえなく明証的であると認識すると思うものにおいても時として誤るように自然によって作られている、と信じこむことができるからである。」(「第五省察」VII, 69-70)

同じことは『哲学原理』でも語られるが、それは神の存在を論じる直前に位置し、存在証明への導入となっている。

「『三角形の三つの角の和は二直角に等しい』といったことは容易に証明される。……精神はこういうたぐいの証明を演繹する前提となったものに注意を向けているかぎり、それらの証明が真であることを確信する。ところが精神は、つねにそういう前提に注意しているわけにはゆかないゆえに、あとになって精神が、自分にとってきわめて明証的と見えることがらにおいてすら誤るような本性のものとして、自分はつくられているかもしれない、ということを思い起こすとき、上述のような証明について自分が疑うのは正当であるということ、また自分の起源の作者を知るにいたるまでは、なんら確実な知識 certa scientia をもちえないのだということに、気づくのである。」(『哲学原理』1-13)

現在の明晰な認識と、過去における明晰な認識の想起との文脈をあえて区別し、神が要請されるのはとくに後者の場合であるとしているわけだが、これは循環を意識した防衛線だと読めるかもしれない。ジルソン(11)などは、これをそのまま解釈に採用している。では、われわれが現在あることがらを明晰に認識している場合には、それは神を要さずとも真といえるのか。もしそうならば無神論者も確実な知識をもちえることになり、上述の「第二答弁」の内容と矛盾してくるであろう。われわれによれば、[12] 欺く神の力が現前の明証性にも及ぶことは明らかである。デカルトの言わんとするところは、無神論者が現在それに注意を向けていることがらは、たとえ明晰に認識されてはいても真の知識ではなく「変わりやすい意見」あるいは「確信」にほかならない、ということであろう。要するに、現前の注意のあるなしにかかわらず、「もし私が神を知らないなら、……私はいかなるものについても真で確実な知識 vera et certa scientia をもたない」(「第三省察」VII, 69) のである。

以上のことから言えることは、いま無神論者が明晰に認識していることについても、それを疑う十分な理由があるということである。それゆえ「彼にとって最も明証的と思われる事物そのものにおいて、自分が欺かれていることはないということを確知することができない」のである。その背景には、すべての「事物の確実性が神にまったく依存しており、神なしには何ごとも完全には知られえない」(「第五省察」VII, 69) ということがある。無神論者が「自分の起源の作者」を知らないのは決定的なことであり、それゆえかれはつねに欺く神の襲来に曝され、そのかぎり確実な知識をもちえないのである。

(3)　明証性の規則と神

無神論者のもつ明証的な認識が疑いえるならば、先に触れた「私がきわめて明晰判明に理解するところのものはすべて真である」という明証性の規則も、神を知らないかぎり疑いえることになるであろう。この規則は「第三省察」で表明されたものの、誠実なる神の存在が確認される「第四省察以前には証明されることができなかった」

（「概要」VII, 13）。デカルト自身がそう述べていることは重要である。つまり、論理的演繹の順序からすれば、この規則はそれ自身では有効ではなく、無神論者の認識がそうであったように、本当の意味での「知識」を構成しない。誠実なる神の保証を得ることによってはじめて有効な真理基準となるのである[13]。

明証性の規則すらも神に依存しているということを、最も詳細に説明しているテキストは『方法序説』である。

「われわれがきわめて明晰判明に理解するところのものはすべて真である、ということすらも、神があり存在すること、神が完全な存在者であること、および、われわれのうちにあるすべてが神に由来しているということ、のゆえにのみ確実である。われわれの観念や概念は、それらの明晰判明な部分のすべてにおいて、ある実在性を有し、かつ神に由来するからこそ、その点において真ならざるをえない。……われわれのうちにあって実在性をもち真であるところのすべてのものは、完全で無限な存在者から由来すると、われわれが確かに知るのでなかったならば、われわれの観念がいかに明晰で判明であろうとも、それらの観念が「真である」という完全性をもつことを、確信しうる理由をわれわれはもたないだろう。」（『方法序説』VI, 38-39）

かの規則だけでなく、われわれのもつ明晰判明な観念も、神に由来するゆえに真で確実であるという。その場合の「神に由来する」（その逆は「無に由来する」である）ということがカギになろう。それは、真なる観念や真理が無でなく「何か実在的なもの」（同 VI, 39、「第四省察」VII, 54）であるかぎり、神に淵源するということである。すなわち、私が明晰判明に観念するものは、作者たる神によってその通りに作り出されることができ（「第六省察」VII, 71）、神による実在化が可能である。逆に私から見て、無ないし矛盾を含むものは実在化されない。私のもつ観念や真理が、それがそこから発する源泉と正しく接続され、いつでも実在化される状態にあること、これが「神に由来する」ということであろう。神との接続なしには、観念だけがいくら明晰判明であっても真とはいえない。それゆえ神の保証なしには明証性の規則も空手形であり、われわれの側の確信にすぎない。欺く神の疑いが晴れないかぎり、本当に確実な知識の基準とはなりえない。

(4) 確信・知識・神

しばしば登場する「確信」と「知識」との違いは次のように説明される。

「われわれを疑いへと導くかもしれない何らかの理由が残っているとき、それは確信 persuasio である。しかし知識 scientia は、それ以上に強い理由によって揺り動かしえないほど堅固な理由による確信である。神を知らないものは、そうした知識をもつことはない。」(レギウス宛て一六四〇年五月二四日 III, 65)

知識とは神によって欺かれていることはないとの絶対の保証を伴った知である。他方、確信は、最も完全な確実性と同一である「人間的確実性」(「第二省察」VII, 144) として十分真理でありえるが、神の保証を欠くかぎり「知識」とは区別される。したがって無神論の数学者のもつ知識は真の知識ではなく確信にすぎない。

「無神論者の知識 scientia について言えば、それが不変で確実でないことを論証するのは容易です。というのは……かれは、きわめて明証的に表れるものにおいてさえも誤るほどに不完全な本性をもっているのではないかと疑う、大きな事由をもつからです。真にして欺かざる神……によって自分が創造されたということを知るのでないかぎりは、かれはその疑いからけっして解放されないでしょう。」(「第六答弁」VII, 428)

それゆえ、無神論者は幾何学について明晰な認識はもちえても、自分の起源の作者を知らないかぎり、本当の真理を語りえないのである。既述のように、神を知らなければ、「真にして確実な知識」をもちえず、ただ「意見」をもつにすぎない(「第五省察」VII, 69)。逆に、「神を知っていれば、明晰判明に理解したものについて真で確実な知識をもつ」(同VII, 70)のである。デカルトは、神との依存関係を考慮に入れたものの知り方を「完全に知ること」perfecte scire(同VII, 69, 71)と呼んでいるが、無神論者はいわば不完全にしかものを知らないことになる。

ところで、先にも述べたように、真の知識が神に源を発するというアウグスティヌス的思想はデカルトに特徴的であり、重要であると思われる。

「この世にあるすべてのものの作者である神……は、すべての真理の源泉であるから、われわれの知性を、それがきわめて明晰判明に認識するところの事物について下す判断において誤るなどということが、けっして起こりえないようなものとして作った。」(『哲学原理』序IX-2, 10)

われわれが明晰な認識において誤ることがないのは、その作者たる神が真理の源泉であるからである。「神は……あらゆる善と真との源泉である」(『哲学原理』1-22)。真なる神には「すべての知識と知恵の宝が秘められている」(「第四省察」VII, 53)。「神は……他のすべての真理がそこに由来する唯一のもの、すべてのものがそれに依存する唯一の作者」（メルセンヌ宛て一六三〇年五月六日 I, 150）でもある。「あらゆる知識の確実性と真理性とが、もっぱら真なる神の認識に依存する」（「第五省察」VII, 71）とも言われる。これら一連の文章は象徴的な言い方ではあるが、デカルト真理論の根底を流れる「永遠真理創造説」を示唆していると思われる。真理の源泉たる「神を知るにいたるまでは私は他の何ごとをも完全には知りえなかった」（同）のはむしろ当然であった。この点でも神の存在証明は急務であり、「神の存在を前提しないかぎり、この懐疑を除去するのに十分ないかなる理由も示しえない」（『方法序説』VI, 38）のである。逆に、神の証明が示された時点では、満を持してすべてが氷解する。

「神が在ることを認識した後では、他のすべてのものが神に依存すること、神が欺瞞者ではないことをも同時に理解したので、そこから、私が明晰判明に認識するすべてのものは必然的に真であると結論した。そこで……私はそれについて、真にして確実な知識 scientia vera et certa をもつことができるのである。」（「第五省察」VII, 70）

神の存在を証明することは、同時に、神が誠実であって欺瞞者ではないこと、すべてのものを創造したこと（つまりすべてが神に依存すること）、を確認することでもある。これによってはじめて明晰判明の規則も保証される。「われわれの認識能力は、当の対象を明晰判明に認識しているかぎり、真でない対象をとらえるようなことは、けっしてありえない。……数学的原理はきわめて分明であるゆえ、もはやわれわれにとって疑わしいものであるはずがない」（『哲学原理』1-30）。神を根拠としてはじめて、数学的真理が真の知識として成立することになるのである。

(5) まとめと展望

以上から分かることは、神との関わりなしには現在における明晰な認識も、明証性の規則も真理とはいえず、そのかぎり数学的真理は成立しない。したがって無神論者が数学に関してもつ知は、神によって欺かれている可能性を残すので真の知識ではない、ということである。神を知っていると知らないとでは、天地の差があるのである。

だが本当にそうであるのだろうか。当時のスコラでは、神が欺くことはありえず、数学の真理の成立には神などは必要ないというのが常識であった。神は矛盾をなしえず、数学や論理学の必然性に従う、と考えるのが普通であったからである。そもそも数学はフランスから見て古代異教徒の地であるエジプト、ギリシア、アラビアに起源をもつ学問であり、「無神論者」たちは堂々と数学を論じ、発展させてきたのである。キリスト教世界はそれを移入したにすぎない。メルセンヌの批判は、この時代の人たちの理解を代弁した適切なものであったとも思われる。実際、スピノザ、ライプニッツ、マルブランシュの三者は、いずれもこの点でデカルトを批判している。

スピノザにおいては、「真なる観念」のもつ自明性が欺く神という疑念を除去する。欺く神のゆえに「真の観念を疑いうるのは、神について明晰判明な観念をもたないかぎりにおいてのみである。……しかし、もしわれわれが三角形についてもつ［三つの角の和が二直角に等しいといった明瞭な］認識を、神についてもつなら、すべてのこうした疑いは除去されるであろう。……われわれは、ある最高の欺瞞者がわれわれを欺くかどうかを確実に知らないにもかかわらず、三角形についてこうした認識に到達できる」（『知性改善論』79）。真なる観念をも疑うということは論理的にナンセンスであって「精神を欠く」（同47）ことに等しい。[14] 神にせよ三角形にせよ、真なる観念をもてばそれが直ちに真理の基準になる、と考えられている。

同様に、ライプニッツもデカルトの真理観を批判する。理性の真理はすべて矛盾律を原理としており、「私が神をあらかじめ認識していなければ数学的真理は確実には知られえない、と主張することほど不合理なことはない」(『ライプニッツ哲学著作集』IV. p. 327)[15]。論理的な真理の必然性は矛盾律に基づくものであって、神の認識に左右されるものではない、と考えられている。

マルブランシュの場合はより明瞭であって、「2×2が4であることはつねに真であったし、それが偽になることは不可能である。それは明らかであって、最高の立法者たる神がこれらの真理を確立したということは必要ではない」(『第十釈明』)とする[16]。数学的真理の根拠は、それ自身がもつ理性的本性のうちに求められるべきであり、神もこの普遍的理性(それは神と区別されるものではない)にしたがうと考えるからである。

このように、真理と神に関するデカルトの言明は当初から多くの学者の批判[17]を呼んでおり、合理主義者の哲学者たちも例外ではない。しかし、批判を見越した上でのことであったとすれば、結局デカルトはそれによって何を主張しようとしているのか。こうした特異な真理観を提出することで意図されていることは何であるか。以上の分析だけでは、まだよく分からないことが多い。

三　永遠真理創造説をめぐって

すでに触れたように、神と数学的真理との関係については、その根本に永遠真理創造説が踏まえられていることは明らかである。この説によって、前章の二で述べたことがよりよく説明されるであろう。その特徴とそれに対する同時代人の批判、および諸家の解釈をみよう。そこからデカルト真理論の意図がある程度見えてくるだろう。

（1） 永遠真理創造説の特徴

この説についてはすでに触れたことがあるので[18]、ここではその要点のみをまとめておく。最も代表的なテキストはメルセンヌ宛ての書簡である。

「永遠と呼ばれている数学的真理は神によって定められ、他の被造物と同じく神に全面的に依存しています。実際、もしこれらの真理が神から独立であると言うなら、それは、神がユピテルやサチュルヌスのように三途の川や運命に服すると言うのと同じです。王がその王国に法を定めたように、自然本性のなかにこれらの法則を定めたのは神なのです。このことを、至るところで憚ることなく、どうぞ確言し公言されますよう。」（メルセンヌ宛て一六三〇年四月一五日 I, 145）

「憚ることなく……」と敢えて言い添えていることからは、この説が当時のスコラの常識とは異なることをデカルト自身が意識し、かつ自信をもって強く主張していることが推察できる。[19] たとえば後期スコラの普通の考えでは、永遠真理はいわゆる被造物ではなく、「それが真であるがゆえに神においても必然的にそうと知られるもの[20]」、つまり神とは独立のステータスをもつもの、とするのが常であった。永遠真理創造説の特徴は、こうした常識にことごとく造反する点にあろう。

その要点の第一は、真理が神の意志に全面的に依存することである。数学的真理は特権的なものではなく、他の被造物と同じ被造物である。「神は被造物の存在と同時に本質の作者である。その本質がこれらの永遠真理にほかならない」（同一六三〇年五月二七日 I, 152）。神によってその本質を規定されているという意味で、数学的真理は神に「全面的に」依存するのである。換言すれば、数学的真理は、神と独立にその必然性によって成立しているのではない。それは神自身がものの本性のうちに植えつけた、いわば神為的な構成物である。たとえば「全体はその部分より大きいといった永遠真理は、神がそう設定しなければ真ではありえない」(同一六三八年五月一七日 II, 138)。およそ、あることがらが真であるのは、

「神がそれを欲し、そして認識するということからのみそうなのであって、神がないとしてもそれらの真理はやはり真であろうと言ってはならない。なぜなら、神の存在はすべての真理のうちで最も主要で永遠な真理であり、他のすべての真理がそこに由来する唯一のものであるからである。……無神論者たちが、数学的真理は完全に理解するが神の存在はそうでないということから、真理は神に依存しないと思ったとしても、それは驚くには値しない。」(同一六三〇年五月六日 I, 149-150)

ところで真理の設定は神の意志によることである。それが真であるから神はそれを創造したわけではなく、神がそれを意志してそう創ったがゆえに、それが真理なのである。「数学的真理は神から独立ではない。……神がそのように欲し、そのように按配したがゆえに、それらは不変であり永遠である」(「第五答弁」VII, 380)。たとえば「神が、三角形の三つの角の和が必ず二直角に相等しくあるよう欲したがゆえに、それゆえに今やそのことが真なのであって、それとちがったようにはなりえない」(「第六答弁」VII, 432) のである。

第二に、神の絶対的自由である。神も数学的真理や論理学の必然性に従うとするなら、ギリシアの神々のように、他のものに従属することになり、それは神の自由意志には相応しくない。「神には、世界を創らなかったことが自

由であったように、円の中心から円周に引かれた直線がすべて等しくないようにすることも自由であった」(メルセンヌ宛て一六三八年五月二七日 I, 152)。だが神の自由とは必ずしも神の恣意ではない。絶対王政を髣髴させる王の比喩は、真理の変更可能性を言うのではなく、神はそれを変えることはできるが変えないという、神の意志の不変性を言っている。[21] 神の意志の本質は非決定であり、神は完全な選択の自由をもつにもかかわらず、意志によりいったん決定したことを変更しない、ということであろう。

第三に、上の引用のすぐ後に出てくることだが、神の決定内容はわれわれには不可解であってよい、ということがある。およそ神のなせる業は、人間知性がそれを理解できるか否かには関係ない。「神はわれわれには理解できないことをなしえないわけではない」(同一六三〇年四月一五日 I, 146)。たとえば「神は4の2倍が8であることが真でなかったようにすることもできた」が、ただわれわれにはそれが理解できないだけである(「第六答弁」VII, 436)。同様に、「神には、三角形の内角の和が二直角に等しい、あるいは一般に、相矛盾するものは両立できない、を真でないようにすることが自由であり、非決定であった」(メラン宛て一六四四年五月二四日 IV, 118)。およそ神には不可能ということがなく、谷なき山を作ることができたし、1+2が3でないようにすることもできた。ただわれわれにはそれが不可能で矛盾としか思われないだけである(アルノー宛て一六四八年七月二九日 V, 224)。神の自由なる意志は人間の理解を絶する、神意は人間の理解を超絶する、ということが強く打ち出されている。

以上を要するに、真理の神の意志への依存、神の絶対的自由、神の超越性、を強調する点にこの説の特徴があると解される。これによって、前章に述べたことはよりよく説明される。すなわち、真理が神から独立であるとすれば、無神論の数学も成立することになる。そうではなくて、真理は神に全面的に依存し、真理は神の意志によって創造されたとする。これを根拠として、神を知らなければ真の知識はなく、神の保証なしにはわれわれの現前の明証的な認識も、明証性の規則も疑える、と考えることができよう。また欺く神の可能性については、神の絶対的自由をもって説明できる。つまり全能なる神には、人間にとっては矛盾と見えることをなすことも自由であった。2＋3が5でないように、あるいは三角形の内角の和が二直角でないように設定することもできたのである。最も明証的と思われることがらにおいても、われわれは欺かれうることになる。こういう状況では、無神論者は幾何学の真理を有意味に語りえないであろう。さらに、神は真理の源泉ではあるが、その深淵に何があるかは人間には知りえない。神はいわば隠れたる神であり、神意は人間の忖度するところではない。無限なる神は有限なる人間を超越、あるいはむしろ超絶しているからである。かくして神を知らないとする無神論者は、真の知識をもつことから遠く離れていることになる。

(2) 同時代人の批判

しかしながら、この説は広く人口に膾炙していたわけではなく、むしろ批判が多かった。デカルトを支持する見解を見出すのが困難なほどである。メルセンヌでさえも、一六三〇年四月以来何度も説明されているにもかかわらず、それを肯定していない。前章の冒頭で触れた「第二反論」（一六四一年）の一節は、一〇年を経てもなおメルセンヌが態度を変えていないことを示すものである。その理由を推測するに、メルセンヌのようなデカルトをよく知る人においてさえも、数学的真理が神に依存する、神には絶対的自由がある、神が欺く、などといった思想は納得し難いと思われたのであろう。[22] 多くの神学者や哲学者が批判するなかで、デカルトだけが孤立し、四面楚歌の観がある。

伝統的なスコラの考えによれば、神が数学的真理の源であるとするのはよいとしても、神がどんな真理をも自由勝手に作りうるとするのは間違いである。トマス・アクィナスにおいては、矛盾を含むものは絶対的に不可能であり、神の全能のもとには入らない。たとえば「神は三角形の三つの角が二直角に等しくないようにすることはできなかった」[23]のである。一七世紀のライプニッツはこの観点からデカルトを批判している。

「私が形而上学や幾何学の永遠真理……は神の意志の結果にすぎないと主張する他の哲学者たちのことばを、まったく奇妙に思うのもそのため［意志が理性にとってかわり、専制的権力だけが残ること］である。本当は、それらの永遠真理や規則は神の知性から出てくるものにほかならない。」（ライプニッツ『形而上学叙説』2）

神の意志によると言えるのは偶然的真理の場合のみである（『単子論』46）。これに対して、数学や論理学の必然的真理は神の知性に基づく永遠のものであり、恣意的ではありえない。これは正統的なスコラ主義に立つ批判であろう。ライプニッツ自身は、永遠真理は神によって決定されているが、人間の自由については予定調和の下に保存されている、と考える人であった。

マルブランシュの批判もこれと同様なものであった。普遍的理性と神と同一の「共永遠的」なものではあっても、必然的で不動なものである。それゆえ数学的真理が神の意志に全面的に依存するという想定は「根拠のない想像」（『第十釈明』）にすぎない[24]、とする。

スピノザにはとくに永遠真理創造説そのものに対する反論は見出されないが、かれは神が数学的真理を創造したという考え方をしない。神と真理との結びつきはもっと直接的であり、とくに初期思想では「神は真理であり、真理は神そのものである」（『短論文』II. 15）とさえ述べられている。それが言い過ぎであったとしても、少なくとも真理は所産的自然（被造物）ではなく、能産的自然に属する。真理は神の本質の顕れであり表出である。われわれが「真なる観念」によって真理を知るとは、神の無限本性がそこに表れていることであり、その必然性を知ることでもある。[25] スピノザは大きな決定論のなかで、真理と神との内在的関係を考えた人である。

これに対してパスカルは、デカルトと同じく「神と真理とが不可分である」（『ド・サシ氏との対話』）と考える。そして「真理が邪悪な存在によって作られているとするなら、数学もその本質からして不確実あるいは偽になる」（同）として、欺く神の想定も肯定している。しかしパスカルは、永遠真理創造説それ自体はよいとしても、それは宗教的救済の用をなさないとする。

「たとえある人が、数の比例は非物質的な永遠の真理であって、その本源である……神に依拠し存立していると納得させられたにしても、私はその人が自分の救いに向かってさほど前進したとは思わない。」（パスカル『パンセ』L449-B556）

若い時代のパスカルは、「三角形の内角の和は二直角であるという命題は、公理からの正しい帰結によって明証的に論証され、……確実で真である」（ノエル宛て一六四七年一〇月二九日）と考えていた。しかし今のパスカルは、数学の永遠真理などよりも救いに直結する真理こそ人間が求めるべき本当の真理である、と考えている。信仰をぬきにした理性の営みはその役に立たない。たとえば「幾何学はこの世で最も優れたメチエ（技巧）ではあるが、所詮はメチエにすぎない」（フェルマ宛て一六六〇年八月一〇日）。「数学はその深さにもかかわらず無益である」（『パンセ』L694-B61）。無神論者の説く幾何学などは、もとより「真理」を語っていない。人間の救いという視点をもたないデカルト哲学もまた「無益にして不確実」(L887-B78)であった。結局パスカルは、信仰に拠らないかぎり確実性も真理もありえない、という立場に立つ人であった[26]。

永遠真理創造説へのこうした批判は、ある意味で当然であるとも思われる。というのは、パスカルは別としても、一七世紀合理主義の哲学者たちは、同じ一つの神をそれぞれ異なった観点から見て、それぞれの立場に立った理論を展開しているからである。いわく、万物を予定調和する神、無限な本性の必然性からしてすべてを決定する神、すべてのものの観念を包含する神など。しかしデカルトの神はそのいずれでもない。神の全能という属性を最大限に肯定し、神の自由意志、非決定、絶対的自由を強調するものである。デカルトはさまざまな批判を受けるなかで、広大無辺な能力をもつ神、積極的な自由をその本質とする神、という新しい神の規定を提出したことになるだろう。ただ永遠真理創造説がひとりそのために構想されたとは考えにくい。問題は、新しい神の概念規定によってデカルトが何を意図していたかである。そのためには現代における解釈を見てみるのが一つの有効な手段となろう。

(3) 現代の諸解釈

永遠真理創造説についてはすでに多くの解釈がある。デカルト真理論の意図という観点から現代における諸家の解釈を見てみよう。

一つの代表的な解釈は、そこに神学的戦略を読み取るものである。ジルソンによれば、永遠真理創造説には、被造物の神への全面的依存、神の独立自由、その能力の広大さ、無限さなどの点で、ベリュールやジビューフなどオラトワール会の思想の影響が見られる。この説には一方でむろんデカルトの独自性が認められるが、他方でそれを主張することによってデカルトは単にオラトワール会の在俗宣教師となったであろう[27](その帰結として永遠真理創造説には、自然の目的論的解釈から機械論的解釈への転換が読み取れる)、としている。当然ながらその背景には、自由をめぐるイエズス会のモリナとジャンセニウスとの神学論争があり、デカルトもそれと何らかの関わりがあったことは十分ありえるであろう。だが、永遠真理創造説はとくに神学的な意図を主眼としていたわけではないし、特定の宗派のために構想されたものでもないだろう。本来デカルトは神学を論じることを潔しとしなかった人である。永遠真理創造説は神学の問題よりもむしろ、「自然学において触れざるをえない多くの形而上学の問題のうちの一つ」(メルセンヌ宛て一六三〇年四月一五日 I, 145) であったことを銘記すべきである。

他方、そこに形而上学の戦略を読み取り、斬新な解釈を打ち出して大きな影響を与えたのはアルキエである。アルキエによれば、永遠真理創造説は初期の科学研究や『規則論』が知らなかった「存在」の次元の発見、という点できわめて重要であり、「形而上学の次元の出現においてとり行われる世界の非実在化」[28]を示すものである。すなわち、この説によってはじめて科学の世界が「存在」の在り処ではないことが自覚され、自然学における真理の相対化、偶然化がなされる。これと入れ替わりに「存在」への存在論的反省としての形而上学が着手される。この意味でこの説は形而上学のすべてである、とする。たしかにそれはデカルトの形而上学の核心をなしているだろう。だが、神によって自然学の真理が相対化されるなら、形而上学の真理もそれが神に依存するかぎりは、相対化されるはずである。むしろデカルトは、神による自然法則の設定ということによって自然学の基礎づけをしようとしたと考えられる。ロディス・レヴィスの解釈[29]のように、永遠真理創造説は自然学と形而上学とを関連させる理論とするのが妥当な線だろう。

マリオンはこの説に中世哲学との断絶を読み込み、それをかれのいう「白紙の神学」の中心に置く。すなわち神の無限性や不可解性を強調することで、神と人間との間に成立していた中世的な「存在の類比」(アナロギア)や

「存在の一義性」を拒絶しているとする。[30] たしかに神の不可解性は、神と人間との間の存在論的・認識論的断絶を想わせる。しかしわれわれの問題は、中世と断絶することによってデカルトが何を狙っていたかである。それによって近世哲学の地平を準備したというだけのことならば、通常の哲学史の記述を超えるものではない。

中世的アナロギアからの離脱という点では、オン・ヴァン・キュンも同様の解釈をしている。[31] 彼女によればデカルトの「創造」には両義性がある。それは一方で、原因から切り離された結果としての創造行為であり、他方で、結果のなかにその行為が（存在の保存として）現前する状態でもある。そのうえで彼女は「全能」という伝統的な主題に関して、デカルトの独自な捉え方を主張するなかで、永遠真理創造説に触れる。この説は真理の偶然性を強調するものであって、それが神の意志と独立に決定されるとするスアレスとは違う。人間知性を神の知性の分有と見るトマスやスコトゥスの範型主義とも、オッカム主義とも異なる。デカルトが扱うのは、神は過去の出来事をなかったようにすることができるのか、という中世的な問題ではない。数学的真理と矛盾律との間の関係を、単に認識の観点から問題にするのみである。デカルトのアナロギアの思想は、創造の範型主義的理論に書き込まれてはおらず、無限によるアナロギアになっている、とする。だが、範型主義に反した真理観を提出することがどういう意味をもつのか。彼女の書は「全能」の解釈や永遠真理の歴史的背景については多くの示唆を与えてくれるが、真理が神の意志により決定されるとすることのデカルト的な意味については沈黙を守っている。

ドゥヴィレール[32]は、ライプニッツの側からデカルトの永遠真理創造説を問題にする。その書の前半部分で、創造説の含みもつ諸相を分析し、神の全能、神の自由と論理的矛盾、不可解性、神の非決定、不動性、自由な創造と目的性、認識論的弁神論などを論じる。結論としては、デカルトの神はスピノザの神（盲目的必然性）に近いとするライプニッツの立場をとる。だが、永遠真理創造説そのものの評価にまで筆は達していない。

ロビネの書は、『省察』を自然の光という「弁証法の論理」によって読み通そうする意欲的なものである。[33] 永遠真理創造説に関しては、その被造性（非造物ではないこと）、形而上学と神学との乖離というテーマの下に、その特徴をいくつかの論点にまとめている。しかるのちにこの説の意図に触れ、それが教えているのは、学問が基礎づけられるのは（われわれが理解不可能な）神の本性においてではなく、（理解可能な）自然本性においてであるということであり、人間理性が追求できるのは自然法則によって建設可能な自然学の領域のみである、[34] とする。しかし、学問（たとえば数学的真理）の存立が自然本性に基づくというのはトマスやライプニッツの主張である。デカルトの創造説の趣旨は、その根拠を不可解な神の意志に求めることにあったはずである。また、たしかに永遠真理創造説は自然学の原理になりえるが、その射程は自然学の領域だけに限られるものではなく、形而上学にも及ぶものであったろう。

以上の解釈はいずれも永遠真理創造説の評価に関して、重要な見通しを与えてくれる。すなわち、オラトワール派神学の影響、存在論的形而上学の導入、中世哲学との絶縁宣言、無限のアナロギア、自然本性における学問の基礎づけ、という論点が可能であり、これに加えて、近世的な神の概念規定、デカルト的主意主義の表明なども可能であろう。いずれも解釈として十分成立しうると思われる。しかし永遠真理創造説が、とくにそのために用意されたという決定的な証拠があるわけではない。いずれも一つの可能性にすぎない。これらの解釈を以ってしても、全体としてこの説がいったい何を目指したものか、それを提起したデカルトの意図がどこにあったか、は必ずしも十分に説明されているとは思われない。では、われわれはどう考えるべきであろうか。

四　デカルト真理論の意図

問題は、多くの批判にもかかわらずデカルトはなぜ無神論の幾何学者は真理を語りえないとするのか、永遠真理創造説を提出して数学的真理さえも神の意志に全面的に依存するとしたことの真意は何か、である。デカルト体系のうえから大局的に見るならば、先述したように、この説は形而上学と自然学とを内的に連結するインターフェイスとして準備されたものとわれわれは考える。元来この説は「自然学における形而上学的問題」(メルセンヌ宛て一六三〇年四月一五日I, 145) の一つであり、自然法則は神の定めた永遠真理の一つと解されるからである。だが、デカルトの省察の歩みに即して仔細に見るならば、それがとくに懐疑と深く関わっていることは明らかである。つまり、無神論の幾何学者は真理を知らないとか、数学の真理も神に依存するという主張は、文脈上は普遍的懐疑の態度表明であり、懐疑を原点とする学問的姿勢を言っていると考えられる。結局、デカルト真理論の意図は、テキスト的な現場検証によるかぎり、徹底的懐疑の遂行にあったのではないか、とわれわれは考える。もとよりこれも一つの可能性にすぎないが、その意図に関してさし当たって二、三の気づいた点を記すにとどめる。

第一に、デカルト哲学が目指すところは、すべてを懐疑にかけたうえでの「形而上学的確実性」(『方法序説』VI, 38) であることを周知させる意図があったと思われる。形而上学的確実性とは、日常生活で確信される道徳的・実践的な確実性以上のもので、神によって基礎づけられた絶対的な確実性である。

「自然的事物のうちにさえ、絶対的に、かつ実践的以上に確実だと思われるものがいくつかある。それは次のような形而上学的基礎に依拠しているところのものである。すなわち、神は最高に善なるもの、そしてけっして欺かぬものであるということ、したがって、神がわれわれに授けた、真を偽から分かつための能力は、われわれがそれを正しく用いてそのおかげでものごとを判明に知覚するかぎりにおいては、誤ることはありえない、ということ。このように確実なものとしてあげられるのは、数学の証明である……」(『哲学原理』4-206)。

「数学の証明」は、誠実な神による保証があってはじめてこの確実性に達する。逆に「形而上学的基礎」をもたない数学、たとえば無神論者の幾何学は、形而上学的確実性に達しておらず、知識とはいえない。「幾何学の証明そのものの確実性も神の認識に依存する」(『省察』概要 VII, 15) からである。このように、神を知らないかぎり数学も根本から疑えることを示すことによって、デカルトは確実な「知識」がどういうものか、その定義を厳しくし、知識に対して高い確実性を求めていることになる。永遠真理創造説には、かれの哲学がそうした確実性の探求であることを周知させる意図が込められていたと思われる。この説が納得されれば、デカルトの形而上学はより容易に理解されるはずである。メルセンヌに対してこの説を公言するよう求めた理由の一つがここにあるだろう[35]。

数学を疑うという場合、神と真理との関係は次のようになっている。トマスやライプニッツが考えたように、真理が神の知性に根拠を置くのであれば、数学的真理は神の知性を分有しているかぎり疑いえない。だがデカルトの永遠真理創造説は、真理が依拠するのは、人間の知性でも神の知性でもなく、もっぱら神の意志であるとする。そうであれば、神の意志のあり方によって真理は人間知性の理解を超えたものとなることもありえるし、神の欺きという可能性も残されている。かくして、真理が成立する根拠に非決定な「神の意志」を置くならば、その神の誠実性をわれわれが知らないかぎり、数学や論理学の知も疑えることになる。これはもはや『規則論』の数学的主知主義の立場（無神論の立場）ではなく、形而上学的省察の立場である。

数学や矛盾律までをも疑うのは常識的にはとんでもないことであり、そこまで疑った人はあまりいなかった。アリストテレスもトマスも、一七世紀の数学者も考えもしなかったことである。スピノザやライプニッツの言うように、それを疑うことはあるいはナンセンスであるかも知れない。自分の理性の機能をつぶし、学問にならない恐れがあるからである。だがデカルトはその危険を冒してまで懐疑を遂行している。真理を探求することはまさしく「戦いを挑むこと」（『方法序説』VI, 67）である。哲学にかける意気込み、真理の条件に対する厳しい考え方、これがかれらとは根本的に違う。そこで要求されているものは懐疑を透過した形而上学的確実性であり、数学以上の確実性をもった絶対に確実な知識である。このことをデカルトは世に広言することを意図したと思われる。

第二に、神の意志の「不可解性」を論拠として神の属性を吟味する（したがって神もまた懐疑の対象になりえる）ことが、必要で正当な手続きであることを主張していると思われる。数学的真理の成立が神の意志に依存するということは、真理は人間には見通せない神意によって自由に創られたということである。それは同時に、真理の存在論的根拠が人間知性を越えており、人間による知的な分析や理由づけを許さないということでもある。したがって人間から見てとんでもない不合理でも、あるいは真理になりうる。ボッティチェリの「ビーナスの誕生」が描くように、いわば神の息の一吹きによって真理は生じるのである。

そこで神に下駄を預けることになるが、神がいかなるものかはまだ分からない。神と人間との間には有限と無限との差がある。パスカルの言い方では神は「隠れたる神」であり、その意志は闇の向こうに隠れていて人間には読めない。神意は不可解であり正体が知れない。人間知性も神によって欺かれているかもしれない。真理の源である神が欺くものでないことをはっきりさせないかぎり、数学的真理といえども真理として成立しない。そこで神が最高の善であって欺かないことを裏づけ、その誠実性を検証する必要が生じる。

「神が在るかどうか、そしてもし在るなら欺瞞者でありえるかどうかを吟味しなければならない。というのも、このことが知られなければ、いかなる他のものについても、私はまったく確かであることができないと思われるからである。」（「第三省察」VII, 36）

神の属性の吟味なしには確実な知識は成立しない。デカルトは神の不可解性を表立たせることによって、神の誠実性を検証することの必要性ないし正当性をより説得的なものとしているが、そこには当然予想されるスコラからの批判を予め抑制するねらいがあったかも知れない。

ところで神の誠実性を検証するとは、ある意味で懐疑が神にまで及んでいることを示している。懐疑は人間についてだけでなく神についても向けられている。神は真理を自由に設定したが、その神の属性も懐疑のフィルターにかけられるのである。スコラ的伝統にとっては、神は当然のことながら常に真で誠実であり、デカルトの説はとんでもない非常識である。だがかれは、神を疑うことも辞さないという決意で懐疑を遂行している。デカルトの真理論にはそのメッセージが投影されていると読める。

第三に、懐疑論ないし無神論の克服という戦略があったと思われる。人間は確実な知識に達することはない、判断中止をすべきだ、というのがモンテーニュの解する近世懐疑論である。これはそのまま放っておけば無神論になりうる。モンテーニュはそれゆえにこそ信仰が必要だとした人であった。一七世紀では、学問や信仰の真理を守るために懐疑論（それはピュロン的危機と呼ばれた）や無神論を克服しなければならない、という知的雰囲気があった。そのことは『省察』巻頭の「ソルボンヌ宛て書簡」から読み取れるし、メルセンヌの諸著作のタイトル（注22参照）からしても推し量ることができよう。デカルト自身、私は欺く神の仮説を「懐疑論と無神論とをうまく追い払うためにのみ使った」（レイデン大学評議員宛て一六四七年五月一日 V, 9）としている。

懐疑論がいわゆる無神論に直結するわけではないが、デカルト的な意味では無神論になる。つまり、人間が確かな知識をもちえないとする懐疑論は、真理を基礎づけるべき神を考慮しないという文脈で無神論となろう。同様に、真理の根拠を神に置く必要はなく、数学的真理は神とは独立に人間理性において成立すると考える立場（パスカルの用語では独断論）もまた、神を要しないとするのであるから無神論を許すことになろう。パスカルは懐疑論も独断論も拒否し、かれらの間の論争を信仰の次元によって一気に解決しようとするが、デカルトは信仰によってではなく、永遠真理創造説をもってそれらを共に克服しようとするのである。そこには、懐疑論を論破すればこの種の無神論も論破できる、という発想があったのではないか。要するに、数学的真理も神に依存するとか、無神論の幾何学者は真理を知らないとする背景には、このように懐疑論ひいては無神論を克服する戦略があったと考えられる。

その具体的方策は毒をもって毒を制すること、すなわち懐疑論者のそのまた上をゆく大なる懐疑を展開することによって懐疑論を凌駕することであった。つまり欺く神や悪霊という、常人の思い及ばざる仕掛けによって数学的真理を疑うことである。これは一七世紀の他の合理主義の哲学者たちと決定的に違う点である。ポプキンなどは、この点にデカルト的懐疑の極点を見出し、コギトによってピュロン的危機を脱したと正しく分析している(36)。実際、コギトは「いかなる法外な懐疑論者の想定によっても揺り動かすことができないほど堅固で確実な真理」（『方法序説』VI, 32）であり、そのゆえをもって「哲学の第一原理」（同）とされるのである。デカルトは、「懐疑論者たちの懐疑を最初に打ち破ったのは私だ」（「第七答弁」VII, 550）と豪語した。そして懐疑論を論破することは、信仰でなく自然的理性によって神の存在を証明することでもあるので、無神論者を説得することにもなると考えた(「ソルボンヌ宛て書簡」VII, 2)。しかし他方で、ラディカルな懐疑のゆえに多くの誤解のタネを蒔き、デカルト自身が無神論者・懐疑論者として批判される場面があったのも事実である。

以上の三論点は、当初から意図されたものではなく、哲学を深める途上で自然と出てきたものと思われる。つまりデカルトの真理と神に関する議論は、本来かれの懐疑遂行のスタンスと密接な連関があり、総じて懐疑理由の根本動機を形成している。それが形而上学の成立、自然学の根拠づけ、中世哲学との隔絶などに寄与するものとなっているとしても、それは結果に他ならない。

おわりに

一七世紀の合理主義にはさまざまな仕方で神が入っており、神なしには成立しないことは明らかである。哲学者たちはむろん本気でそう考えていた。かれらは神の創造という存在論的な次元にまで立ち入って、真理の成立を論じている。ライプニッツもスピノザもマルブランシュも、数学的真理は神の意志から独立に真であるとして、それを疑うことはなかった。この意味では無神論の幾何学者を認めている。だがデカルトにおいては、数学は神の意志に依存するとされ、懐疑は数学だけでなく、真理の作者たる神にも及んでいる。それゆえ無神論者の幾何学は学問的知識として成立しない。この考え方には当時でも反論も多かったが、ここにデカルトの独自性が見出されるといえよう。これに対して、その神がいなかったらどうなのか、神なしにも数学は十分に成立する、というのが無神論者の問題提起であろう。真理が真理である根拠を神をぬきにして考えうるか、また神をぬきにしない場合でも、いかにしてそれを検証できる形で語るか。これはもはやわれわれ現代人の問題だろう。

（1） 渡邊二郎訳『イデーン・I』（みすず書房、一九七九年）二四六―二四八頁。
（2） この神はユダヤ教の神を思わせるが、しかしキリスト教（とくにトマス・アクィナス）の神においては、人間の「純粋意識」なるものもまた神の知性の反映にほかならないと解される。
（3） 辻村公一『ハイデガーの思索』（創文社、一九九一年）一七六頁。
（4） 同書一九二頁。
（5） 藤本隆志・坂井秀寿訳『『論理哲学論考』（法政大学出版局、一九六八年）による。
（6） 藤本隆志訳『哲学探究』（「ウィトゲンシュタイン全集」八、大修館書店、一九七六年）。
（7） G. Hallett, *A Companion to Wittgenstein's Philosophical Investigations*. 1977. pp. 426–427.
（8） 人間を無限なるものに基づいて全体的に捉えることの重要さについては、薗田坦『クザーヌスと近世哲学』（創文社、二〇〇三年）一一七―一一八頁より示唆を得た。
（9） 以下デカルトからの引用は、*Oeuvres de Descartes* publiées par Charles Adam et Paul Tannery, 1996. からとし、その巻数とページとをこのように記す。『哲学原理』のみは、その部と節のみを示した。訳文については、中央公論社、白水社、岩波書店による既存の訳を参照しつつ、独自に訳し直したところがある。
（10） 「たとえ眠っていても、もし非常に判明なある観念をもつならば、例えば一人の幾何学者が何か新たな論証を見出すとするならば、彼がそのとき眠っていたとしても、その論証はやはり真であることには変わりはない」（『方法序説』VI, 39）。もっともこれは神が証明されたあとのことを言っている。
（11） E. Gilson, *Discours de la méthode, texte et commentaire*. 1925. pp. 360–362.
（12） 拙著『デカルト『省察』の研究』（創文社、一九九四年）二二一―二二五頁。
（13） この規則を真理基準として神の存在証明には使うことはできない。しかるに神が証明される以前に、それは真理の一般的規則として提示されている。こうしたことから「循環」の疑義が発生したと思われる。少なくともメルセンヌはそう感じていたし、ここからアルノーやガッサンディなどの反論が生じることとなる。しかしわれわれは、この規則は神の存在証明の論理構成そのものには関わっていない（同拙著、一四〇－一四五頁）と見る。

(14) 拙著『真理の形而上学』（世界思想社、二〇〇一年）一〇四頁。

(15) 同一五六頁。

(16) 同六六頁。

(17) 現代の観点からすれば、数学的真理の基礎に神を置くのはとんでもない謬見ということになろうか。数学に超越的基礎などはないとするパトナム、数学的確実性は特権的なものではないとするウィトゲンシュタインが代表的であろう。佐々木力『デカルトの数学思想』（岩波書店、二〇〇三年）五二一－五二二頁。

(18) 拙論「デカルトの永遠真理創造説についてのノート」（上）（下）『名古屋大学文学部論集』哲学四六・四七（二〇〇〇・二〇〇一年）。

(19) 当時オラトワール修道会が、旧態依然たるカトリックの刷新を唱えて設立されていたが、デカルトはベリュールやジビューフを通じて、この会の影響下にあった（E. Gilson, *La liberté chez Descartes et la théologie*. 1913. pp. 157-210）。「憚ることなく確言し公言せよ」とは、この会の思想（それは永遠真理創造説そのものではないが、神の自由を最も強調する点でデカルトの所説と重なる部分がある）を世に広める意図があったからと思われる。デカルトが強調する神の絶対的自由は、ジビューフの『神と被造物との自由について』（G. Gibieuf, *De libertate Dei et creaturae*, 1630）が主張するところでもあった。実際デカルトは「神の自由について、私はジビューフ神父の説くところと……全く同意見です」（メルセンヌ宛て一六三〇年五月二七日 I, 153）と述べている。

(20) F. Suarez, *Disputationes Metaphysicae* XXXI. sec. XII. 40. 拙著『真理の形而上学』一三〇頁。

(21) アルキエは変えられないと読むが（F. Alquié, *Oeuvres philosophiques de Descartes*. Tome. 1 p. 261. note. 1）、神には不可能はないのでこのように解釈する。

(22) メルセンヌはすでに、『創世記の諸問題』（*Questiones celeberrimae in Genesim* 1623）、『当代の理神論者、無神論者、リベルタンの不敬虔』（*Impiété des Déistes, Athées et Libertins de ce temps* 1624）、『懐疑主義すなわちピュロニズムに対する諸学問の真理』（*Vérité des sciences, contre les septiques ou Pyrrhoniens* 1625）などの著作をもつ。フランシスコ会に属し

てはいるが、神の意志に関してはデカルトとは逆に、トマス・アクィナスに忠実にしたがっている（E. Gilson, *Opus. cit*. pp. 149-156)。

(23) Thomas Aquinas, *Summa contra Gentiles*. II. 25. 拙著『真理の形而上学』三〇七頁注(21)、拙論「デカルトの永遠真理創造説についてのノート」（下）『名古屋大学文学部論集』哲学四七（二〇〇一年）五－六頁。

(24) 拙著『真理の形而上学』六五－六六頁。

(25) 同一〇六－一〇九頁。

(26) パスカルについては同拙著、第七章を参照。

(27) E. Gilson, *Opus. cit*. p. 208.

(28) F. Alquié, *La découverte métaphysique de l'homme chez Descartes* 1950. p. 93, Expérience ontologique et déduction systématique dans la constitution de la métaphysique de Descartes, in *Descartes, Cahiers de Royaumont, Philosophie N. II*. 1957.（香川知晶訳「デカルトの形而上学の構成における存在論的敬虔と体系的演繹」『現代デカルト論集Ｉ、・フランス篇』勁草書房、一一七－一六〇頁）

(29) G. Rodis-Lewis, *L'oeuvre de Descartes*. 1971. p. 131（小林道夫・川添信介訳『デカルトの著作とその体系』紀伊国屋書店、一四三頁）なお、同じ著者による *Descartes, Textes et débats*. 1984. pp. 319-333. には論争点が簡潔にまとめられている。

(30) J.-L. Marion, *Sur la théologie blanche chez Descartes*. 1981、拙著『「デカルト『省察』の研究」二六二頁注(13)

(31) K. S. Ong-Van-Cung, *Descartes et l'ambivalence de la Création* 2000. pp. 9, 216-219.

(32) L. Devillairs, *Descartes, Leibniz Les vérités éternelles* 1998, pp. 25-81.

(33) A. Robinet, *Descartes, La lumière naturelle. Intuition, disposition, complexion* 1999 pp. 283-290.

(34) *Ibid*. p. 289.

(35) そのことは、学問において「何か確実なものを知る」（『省察』VII, 24）というデカルト哲学の指向性が、一六三〇年の永遠真理創造説の時点ですでに存在していたことを示している。『省察』の原型にあたる「形而上学小論」（一六二八年）にも、こうした確実性の探求の姿勢が見えていたと推察される。

(36) R. Popkin, *The History of Scepticism From Erasmus to Descartes*. 1960. p. 183（野田又夫・岩坪紹夫訳『懐疑――近世

哲学の源流』紀伊国屋書店、二三一頁)。

二　真理・魂［精神］・自然

――一七世紀合理主義の一断面――

谷川　多佳子

一　真理、理性的魂、普遍的知

1

ライプニッツから始めよう。デカルトより半世紀あとにドイツのライプツィヒに生まれ、一七世紀後半から一八世紀初めまでを生きたこの哲学者は、科学や哲学においていわば後進的地域にあったドイツで学生時代を過ごした（そこですでに力学の優れた論文を書きロンドンのロイヤル・ソサイエティーとパリのアカデミーに送っているが）。そして二〇代後半の三年間パリで、クリスチァン・ホイヘンスに師事し、さらに研究に没頭することにより、数学・自然学において世界のトップレヴェルに達した。デカルトの手稿を写し、パスカルの業績にも接した。ここで彼の数学の才能は開花し、周知のように微積分の基本定理や表記法を考案するにいたった。帰国後、四〇年余の残りの生をハノーファーで送り、そこでの業績は、数学、力学、鉱山学などから、哲学、宗教論、歴史学にまでいたる広汎な領域を覆っている。遺されたかれの哲学は、いっそう多様で広い視点をもって、一七世紀「大合理主義」の、到達した豊穣な魅力を感じさせる。こうしたライプニッツの問題提示を基点にして一七世紀合理主義のいくつかの側面ないし断面を考えてみたい。

ライプニッツにおける真理の基準は、デカルトのように規則のかたちで明示されることがないが、「概念が矛盾を含まず、したがって論理的に可能であること」が、真理の重要な前提となっていると考えてよいだろう[1]。つまり、ある概念に矛盾がなければ、それは可能的であり、可能的であるとは、それが真なる本質として存在しうることだから、その概念は真だということになる。諸事物の「可能性は、その事物が現実に存在していなくても、神の存在の内で基礎づけられた実在性を有している。というのも、もし神が存在しなかったとしたらどんなものも可能でなくなってしまうからだ。可能的なものは、神の知性の観念の内に存在している」(『弁神論』、神の大義、八節)。デカルトと異なり、神は法則や論理規則を意志的に創造することはできず、論理や数学の領域の真理性は保証されている。ライプニッツが主知主義と言われるゆえんであり、その合理主義はまず、このような論理や数学の真理性を保証するところにある[2]。

『モナドロジー』(書名はライプニッツがつけたものではないが)はライプニッツ最晩年一七一四年の形而上学的著作であるが、そこでは思考の原理が示され、「われわれの思考の働きは二つの大原理に基づいている」として、次のように述べられる。

「一つは矛盾の原理で、これによってわれわれは、矛盾を含んでいるものを偽と判断し、偽と反対なもの、すなわち偽と矛盾するものを真と判断する。」(三一節)

「もう一つの原理は十分な理由の原理で、これによってわれわれは、事実がなぜこうであって、それ以外ではないのか、ということに十分の理由がなければ、いかなる事実も真であることはできないし存在することもできない、またいかなる命題も真でありえない、と考える。もっとも、ほとんどの場合、このような理由はわれわれには知りえないのだが。」(三二節)

つぎに、この二つの思考の原理に基本的に対応して、[3] 真理が「思考の真理」と「事実の真理」に区別される。「真理にも二種類ある。思考［理性］(raisonnement)の真理と事実の真理である。思考の真理は必然的で、その反対は不可能である。事実の真理は偶然的でその反対は可能である。」(三三節)。

思考の真理は「必然的かつ永遠の真理」ともよばれるが、数学や論理学によって体現され、アプリオリな必然的真理である。その反対は論理的矛盾を生じる。つまり、可能的本質の世界である。[4] 事実の真理は、可能性でなく、現実存在にかかわる。歴史的事実や現実世界におけるアポステリオリな偶然的真理である。

いずれの真理も神に根拠づけられている。「必然的真理はもっぱら神の知性に依存し、その内的対象になっている」。他方、「偶然的真理の原理は、神における適合つまり最善の選択ということである」。(四六節) 必然的真理は神の知性に基づき、偶然的真理は神の意志が根拠となる。そして「真理が必然的である場合には、その理由を分析によって見つけることができる。すなわち、その真理をもっと単純な観念や真理に分解していって、最後に原初的な観念や真理にまで到達する」(三三節)。「そうして最後に、定義することのできない単純観念がある」（三五節）。

2

さて人間の観点からは、「われわれは必然的かつ永遠の真理を認識し、この点で単なる動物から区別され、理性と諸学をもつのである。われわれは高められて、自己自身を知り神を知るにいたる。そしてこれこそわれわれの中にある理性的な魂（Ame raisonnable）、すなわち精神（Esprit）と呼ばれるものである」（二九節）。

『モナドロジー』とほぼ同じ時期に書かれた『理性に基づく自然と恩寵の原理』にも次のように述べられている。

「真の推理（raisonnement）は、論理学、数、幾何学の真理といった必然的ないし永遠の真理に依存しており、それら真理が観念の不可疑の連結と誤ることのない結論付けをなす。……これら必然的認識を認識している動物こそ、まさに理性的動物と呼ばれるものなのであり、その魂は精神と呼ばれる。こういう魂は反省的な働きを為しえて、自我・実体・魂・精神と呼ばれるもの、一言でいえば、非物質的な事物や真理を考察できる。そしてそれこそが、われわれに諸学ないし論証的認識をもてるようにする。」（『理性に基づく自然と恩寵の原理』五）

人間の精神は理性を具えた魂である。ライプニッツは、デカルトのように動物に魂の存在をみとめない動物機械論の立場はとらず、動物に魂の存在を認める。だが人間の魂は理性をもち、単なる記憶や経験の蓄積だけでなく、できごとの経過の必然性まで認識することができる。精神と呼ばれるわれわれの理性的魂は、真理を考察でき、諸学をもつことができるようにするのである。

「理性 raison とは諸真理の連鎖、とりわけ人間精神が信仰の光に依らずして自然の力で到達できる諸真理の連鎖である。……諸真理の連鎖たる理性は、経験によって理性に与えられた諸々の真理を結びつけた上で、その諸真理から複合的な結論を引き出すことができる。」(『弁神論』、緒論一)

こうした理性の働きはライプニッツにおいては「発見」の論理ともいえる。「発見」は、ライプニッツの普遍学を支える理念でもある。

「わたしは、普遍学が十分な所与から他のあらゆる学問を発見し、かつ、論証するしかたを教える学問であると理解している。したがって、ほとんど偶然に発見することができたような諸認識は、この学問に依存するものではない。」(『普遍学の基礎と範例』)

V-2 真理・魂[精神]・自然

ライプニッツは若い頃から、人間の思考のアルファベットを記述することを夢みていたが、『結合法論』で次のような試みを語っている。人間の思考のアルファベットを案出し、そのアルファベットの文字の結合とその文字からできている言葉の分析によって、すべてのことを発見し判断することができる、と。具体的には、記号がすでにあるものを示すだけでなく、記号を操作することによって、これまで知られていなかったものまで指し示すことができるということである。思想や文学の作品は、二〇数文字のアルファベットからなっているのであり、これまでの作品はもちろん、これから書かれるすべての文章もアルファベットだけの組み合わせで表される。同じように、いくつかの基本的な概念をうまく組み合わせれば、無数の概念を作り出すことができ、これまでに知られなかった真理もそこに含まれるはずだ、と。(5)

具体的には、従来のアリストテレス的な三段論法、論証の論理学である「分析論」に対して、「発見」の論理学として構想されたものが「結合法」である。その方法は、基本となる単純概念が、存在することと、その数の少ないことが前提されている。こうした単純概念には記号が与えられ、「人間思想のアルファベット」が形成される。すべての概念がそうした記号の結合、数学的・形式的なやり方で表現されていくことがめざされる。概念を記号の結合に、命題をこれらの記号間の関係に置き換え、推論を一種の計算的形式としていく、いわば代数的論理学といえる。

記号によってあらゆることを表現できる、という意味でこの構想は「普遍記号学」characteristica universalis と称され、未知の真理を発見できるという意味で「発見の論理学」ともいうことになる。

そして普遍記号学はすべての学問に通じる百科全書の体系化を前提していく。ライプニッツの考えた百科全書とは、理論的知識から実践的さらには歴史的知識にまでいたる、あらゆる知識の集成であり、論証的方法に、したがって論理的秩序のもとに配置されたものとなる。それは諸々の分野を構成する単純概念の定義——思考のアルファベットを構成する——から始まるものとなるだろう。

「この百科全書が私の望むように作られたとすれば、根本的真理や与えられた事実からの結論を、算術や代数学と同じくらい正確で、単純な計算の方式で与えられる手段が得られることになるだろう」(『諸学問を進展させるための格率』)

普遍学は、真の論理学をめざし、「永遠真理の原理」と「発見術」とからなると考えられたが、発見術はそれ自体が少数の原理や命題から学問全体を総合するものと考え直され、普遍学全体が発見術と同一化されるにいたる。(6)

3

そして理性的な探究は単なる経験主義的なものであってはならず、正しい方法が存在そのものと対応するはずだという確信は、ライプニッツにかぎらず、この時代の「合理主義者」は共有していたといえる。(7)

デカルトも、たとえば初期の『規則論』において、「あいまいで盲目的な研究によって、技法というよりはむしろ偶然の助けを借りて、事象の真理へと到達する」他の学者たちを非難する(「規則」一〇、A. T. X, 403)。これまでの学者たちは、「あたかも、宝を見いだそうというおろかな欲望に燃える者が、絶えず街路をうろつき、……旅人の落としたものでも見つかるかと探し回る」ような偶然や運にまかせて研究をすすめてきた。しかしそれでは「自然の光が曇らされ精神が盲にされる」。「事物の真理を探究するには方法が必要である」(「規則」四、タイトル)。そしてまた、「これらのあらゆる技術は、われわれがそれらを他人に負うのではなくて自分自身で発見するならば、驚くほど精神を錬磨する」(「規則」一〇、Ibid. 404)

デカルトがまず企てたのは、初等幾何学から引き出された教訓、「解析」の手法をもとに、数学全体、さらには自然学へ拡張しようとする「普遍数学」だった。「順序と計量に関して求められ得る一切について、特定の素材対象への適用例をなにも介さずに」(「規則」四、A. T. X, 378)説明するであろう「普遍数学」Mathesis Universalis

である。(8)

デカルトにとっては、他人がなしえた発見は自分の精神 ingenium の洞察力を鍛えるものとなる――「精神が洞察力を得るためには、すでに他人によって発見された事柄を探究する事に習熟する……。」(「規則」一〇、タイトル)。ライプニッツにとってはさらに、すでになされた発見を結びつけ、そこからじかに新たな発見を得ることが重要となる。(9)

ライプニッツにおいて普遍学は、「これまでに獲得された、あちこちに散らばっていて整理されていないあらゆる知識の厳密な目録」によって準備された百科全書の助けを借りなければならない。(10)「目録」や学問分類については、『人間知性新論』の最終章においてロックとの対応がみられるが、ベイコンの分類や目録にも遡るであろうし、他方将来的には一八世紀の『百科全書』にもつながっていく。

デカルトが学問の樹の比喩で学問(哲学)の全体について、形而上学を根、自然学を幹、機械学・医学・道徳を枝とする一本の木にたとえたのは知られている(『哲学原理』、仏訳者への手紙)。当時たとえばホッブズも哲学を、諸学問を包括する全体とみなして、海の比喩をもちいてイメージ豊かに表現している。(11)ライプニッツはさらに、実践的、歴史的知識にいたる学問の分類を課題とし、しかも論証的方法による統合をめざしたのであった。

ライプニッツは結局、完全で決定的な記号法の設定は果たしえなかった。それは、記号法の最終的設定が百科全書の体系化を前提していたからであり、しかもその百科全書そのものが実現しなかったからだといわれている。こうした普遍学の構想は、若い頃から晩年にいたるまで書き残されているが、そこでの終始一貫した視点は、知識が人間の幸福のためにあるということだ。(12)

「知恵とは幸福の学問であり……真の教養とは、知恵を準備するもの……幸福のために役立つ諸知識の体系である。……人間は一種の普遍的学問を努力して得なくてはならない。……一種の百科全書、つまり諸々の真理の秩序づけられた……集成を作成することが、人類の幸福のために重要である」。（「百科全書あるいは普遍学のための予備知識」（G P VII, 43））

普遍学は人間の幸福をめざしている。そして理性はつねに真理をめざしており、しかもそれは善を認識し、さらにその善に従う[13]。

「理性に反して語るのは真理に反して語ることです。なぜなら理性とは諸真理の連鎖だからです。理性に反して語るのは、自分自身に反して、また自分の善に反して語ることです。理性の主要な特質は、善を認識しそれに従うことにあるからです。」（『人間知性新論』 2－21－50）

一六八〇年ころ書かれた普遍学についてのメモには次のような学問理念が記されている。

「知恵とは……幸福の学問にほかならず、また真の教養とは、……正しく、幸せに生きるための知識を最高かつ最大に働かせることによって作り出される、心の習慣に外ならない。」（「百科全書あるいは普遍学のための予備知識」（G P VII, 45）[14]）

「心の習慣」については、ライプニッツとまったく同じ意味ではないが、デカルトも『規則論』において「精神」ingenium を鍛えるための「習慣」の重要性を強調していた。

「……これら系列すべてを一々吟味するのは容易ではなく、なおまたそれらは記憶に留むべきであるよりも、精神のある種の鋭敏さによって識別すべきものなのだから、……それらを看取するよう精神を淘冶するために……以前に覚知した……仔細なことがらを、一種の推理力をもって反省する習慣をつけること」(「規則」九)。

この「習慣」は、規則一の「身体のある種の活動や習慣を要する技術」における「習慣」とは意味を異にする。事物の経験を離れたところでの認識の「順序」をたてること、その技術=方法の訓練による習慣であり、この意味での新しい技術=方法が、新しい学問を組み立てることになる。[15] そしてデカルトにとって一般的な方法は、「理論よりはむしろ実践から」成り立つとしても、その実践とは、技術の問題であると同時にモラルの問題でもあった。[16]

二　表象・魂・自己意識

1

ライプニッツにとって永遠の真理は、神にとっても人間にとっても、ある意味で同一の関係でなければならない。[17]「神のもつ観念と私たちの観念との間には、完全性と広がりに関して無限の差異があるとはいえ、その同一の関係において一致している」(A. VI-6, 397)。神の知性と人間の知性のあいだには大きな隔たりがあるが、両者の間には共通の関係性が保たれている。両者を架橋するのが「表出」expressionである。

「何かあるものを表出するとは、表出されるべき事物の内にある諸関係を自分の内に持っているものについていわれる。」(GP. VII, 263)

「われわれには円の像があり、円の定義もあり、円を考えるために必要なものすべての観念がある。われわれは円について思考を形成し、円について論証をし、円を認識する……が、それは部分部分をとおしてにすぎない。ひとり神だけが、複合的な事物の観念をもつ」(A. VI-3, 463)

円の観念は、直観的精神としての神のうちにあり、神のみが観念をすべて同時に考えることができる。

「このように諸特性をもった円の本性とは、存在し、かつ永遠なものだ。つまり、われわれの外に、ある恒久的な原因が存在し、そのために、円を注意深く思考するすべての人が同じものを見いだすのであり、その人たちの思考が互いに一致するだけでなく、原因や経験もそれに合致する」(GP. I, 370)。

われわれの論証的精神は、円の観念を神の内に見ることはできず、われわれの精神の様態を介して初めて円の観念を間接的に認識するだけである。真なる観念の認識はわれわれの理解を超えているのであり、そのようなわれわれの精神は表出を構成する。表出とは、規則的な恒久的関係であり、それは、創造されたのではない論理によって保証されている。

ライプニッツは、概念を構成するもろもろの単純概念を同時に直観する能力における人間知性の本質的限界を考えるにつれて、十全かつ直観的認識をあくまで究極の理想としながらも、それは神のみに固有であり、人間知性においては記号的認識が実際の認識様式になるとする。だがそこでの記号認識は消極的に捉えられるのではなく、神の知性の内容を一定のしかたで「表出」し、神の知性と人間の知性を連続させていく。人間は神のように宇宙全体、歴史全体を構成する要素をすべて一挙に直観的に把握することはできないが、自らのうちに有する観念をもとにして記号的認識によって神と宇宙を表出することができる（『形而上学的叙説』二六を参照）。

「表出」expression と「表現」représentation はほぼ同義に用いられる。表出という働きは、「あらゆる形相に共通であり、かつ、自然的表象、動物的知覚、理知的認識を種として内に含む類」であるとアルノー宛書簡（一六八七年一〇月九日）で述べている（GP. II, 112）[18]。

そして、「内的なものにおける外的なものの表現、単純なものにおける複合体の表現、一における他の表現」が表象 perception である。『モナドロジー』では、表象は、「一なるものすなわち単純実体において多を含み、かつ多を表現している推移的状態」と定義されている（14節）。初期のアルノー宛書簡でも、表象は「単純で不可分な一なるものにおける表出あるいは表現」とされる（GP. II, 12）。

「表象」という訳語は、原語は perception で、「知覚」と訳されることも多い。注意すべきは、ライプニッツにおいて「表象」は、自覚される意識だけでなく、自覚されない意識、いわば今日いう無意識や前意識も含まれることだ。そして多くのものをそれ自身のうちに表現していることが、表象である。

表象はさらに、変化をも含む。「表象とは、内的変化において外的変化を表現することに他ならない」（『動物の魂』)。この変化をもたらすものが欲求である。[19]

一六八六年に書かれた『形而上学叙説』においてライプニッツは次のように述べている。

「何ものも自然的には外からわれわれの精神のうちへ入ってくることはない。……われわれが何かを伝達する形象を受け取るとか、魂が戸口や窓をもっているとかいったふうに考えるのは、われわれのもっている悪い習慣である。」(二六節)

この時点ではまだ「モナド」という言葉はもちいられていないが、精神、魂のもっている表象は、それ自体で完結していて、他からの自然的ないし直接的影響を受けない。「影響」とは物理的な作用であるが、こうした影響が一切ないにもかかわらず、宇宙全体を表象しているのである。

「あらゆる実体は、他のすべての実体と響応しあっているばかりでなく、全宇宙のなかでいかに微小な変化が生じてもそれに対応する……。どんなに微小な運動でもその働きは……隣からまたその隣へと……無限に拡がっていく。……したがってわれわれの肉体はいわば他のすべての物体の変化から作用を受けているはずであり……そのいかなる動きに対しても、魂の側から何らかの表象が相応じている。」(GP. II, 112)

そして魂は、「表象なしにあることは決してない。しばしば意識表象を欠くことはあるが……」(バーネット宛書簡、GP. III, 307)

2

ライプニッツにおいて人間の魂は、その内に意識、自我の記憶、自我の認識をもつ。一六八六年六月か七月のアルノー宛書簡をみよう。

「われわれの魂は意識をもっている。つまり自分の内にそれぞれが私［自我］(moy) と名づけるものを認識しているから、われわれの魂はつねにその本性の中に、いつでも思い起こせる潜在的な記憶とともに先行するすべての自己の状態の痕跡を留めている……。だからこそ魂は、現世が終わった後でさえ、道徳的資質をもちうるし、賞罰をうけることもできる。」(GP. II, 57)

ここでいう「記憶」は、経験的な記憶とは区別される精神的なものだ。経験的な記憶をもつために要されるのが、自己の意識である。[20] 動物の場合、「自分が何であるかも、何をしているかも認識しない」。これに対して、理性的叡智的魂は、「自分が何であるかを認識しており、あの意味深い〈自我〉という言葉を言うこともできるから……形而上学的にも他の魂よりもはるかに長く存続する……」(『形而上学叙説』三四節)

一六八七年一〇月九日のアルノー宛書簡でも、理性的叡智的魂としての精神 (esprits) に言及し、自己認識の力を強調している (GP. II, 125)。「精神はその人格性と道徳的性質を保持しなければならないのだから、……精神は特に一種の記憶、意識、自らが何であるかを知るための力を保存する必要がある。精神の道徳性全体がそのことに依存する」(GP. II, 125)。

こうしてライプニッツにおいて、能動的な自己意識は人間の人格性を特徴づけるものともなる。遅くとも一六八七年頃にはそうした能力は、魂のうちにある意識（conscience）と呼ばれるが、この背景として、デカルト主義、さらにマルブランシュの思想があげられる[21]。

自己認識にかかわる魂（âme）についてマルブランシュは次のように述べている。『真理の探究』第III巻純粋知性についての第二部「観念の本性について」をみよう。第七章のⅠで「事物を見る四つの異なった仕方」が述べられる（Pl. I, 347-348）――

「第一は、事物をそれ自体によって知ること。第二は、事物をその観念によって知ること、つまり……事物と異なったあるものによって知ること。第三は、事物を意識（conscience）によって、すなわち内的感得（sentiment intérieur）によって知ること。第四は、事物を推測によって知ること。

事物をそれ自体によって、観念なしに知るのは、事物がそれ自体で知られるとき、つまり事物が精神に作用することができ、それによって精神に見いだされるときだ。というのも、知性は魂の純粋に受動的な能力であり、能動性は意志のうちにしかないからだ。……観念によって事物を知るのは、事物がそれ自体によって知られないときだ。その理由は、その事物が物体的であるからか、または精神に作用できず精神に見いだされないからである。意識によって、自分と区別できないすべての事物が知られる。最後に推測によって、自分と異なる事物が知られ、それ自体において知られたり観念によって知られるものとは異なる事物が知られる。たとえば、ある事物が、知っている他の事物に似ていると思うようなときである。」

「意識」conscience は、独訳では（Selbst-）Bewußtsein「（自己）意識」と訳されているが[22]、第七章はつづいて

(II〜IV)、「いかにして神を知るか」、「いかにして物体を知るか」、「いかにして自分の魂を知るか」、「いかにして他人の魂を知るか」を述べていく。

「魂」が問題となるのは、IV「いかにして自分の魂を知るか」においてである。

「われわれは魂をその観念によって知るのではないし、それを神において見るのでもない。ただ意識(conscience)によってのみ知る。魂についてのわれわれの認識が不完全なのはそのためだ。われわれが自分の魂について知っているのは、われわれのうちで起こっていると感じている(nous sentons)ことだけである。」(Pl. I. 349)。

デカルトのコギト・エルゴ・スムに対してマルブランシュは、それによって精神の存在は知られても精神の本質は知られない、という立場をとる。マルブランシュは、「われ」の観念(idée)をわれわれがもつことはなく、その感得(sentiment)をもつのみだと考える。かれもまた、明晰判明な観念の明証を尊重するが、そのあり方はデカルトとは異なる。[23]

マルブランシュの「意識」conscienceは、感得sentiment、ないし内的感得sentiment intérieurといえる。意識あるいは内的感得は、精神や身体に起こることについてわれわれがもつ「あいまいで混乱した感じ」(E. III. OC. XII-XIII. 69)であり、観念による明るい認識とは対立する。観念は明晰判明であり、光の世界であり、形ある物体的延長を幾何学的・知的にとらえる。その認識能力は純粋知性である。これに対して、内的感得は、自らにおいて現実的に生じることを内的に感じる、いわば情感的ともいえる思考で、形なき精神をとらえるが、それは光をもたらすことのない漠然とした意識であり、いわば闇の世界である。[24] われわれの魂は己自身に対して闇でしかない、私は私自身にとって光ではなく闇でしかない、という印象的な表現は随所にみられる。[25]

いずれにせよ、意識や内的感得による自己の魂の不完全な認識は繰り返し説明されるが（たとえば「第一一解明」）、こうしたマルブランシュの「意識」ないし「内的感得」は、ロックにより英語に翻案されることになっていく。[26]

3

マルブランシュはさらに次のように述べる。

「われわれが魂について知っていることは、魂のそれ自体のあり方について、ほとんど無であるということがありうる。……魂を完全に知るには、ただ内的感得によって知っていることを知るのでは十分でない。なぜなら、われわれ自身についての意識は、おそらくわれわれの存在のごく僅かな部分しかわれわれに示さないからだ。」（Pl. I. 350）

ただし「われわれが意識についてもつ認識が不完全であるのは確かだが、しかしこの認識は虚偽ではない。」（Ibid. 351）

そして、「われわれは、魂 âme の存在を身体（物体）corps やわれわれを取り巻くものの存在よりも、判明に知ってはいても、魂の本性を身体（物体）の本性ほど完全には知らないということ」が結論される（Ibid.）。人間精神の本性が物体よりも容易に認識されるとするデカルトとは異なり、内的感得は〈わたし〉の現存を告げるだけであった。デカルトが「わたしの精神ほど容易にまた明証的に知られるものはない」（Med. II, A. T. VII, 34）とし、精神（魂）âme は、身体（物体）corps よりもよく知られる（たとえば、「第二省察」タイトル）とした立場へのマルブランシュの批判であり[27]、また、精神の本性は他のすべてのものよりもよく知られる、というデカルトの言明はマルブランシュにより詳細に検討批判されている[28]。

物体についてデカルトは、その「本質は延長（拡がり）である」という。本質ということは直接的な観念として、それによってわれわれは媒介的に物体を認識することになる。だが一つの実体「精神（魂）」から別の実体「物質（物体）」へどのようにつながりうるのか。「延長」の観念はどこからわれわれの内にやってきたのか、この観念は生得的なものだとデカルトはエリザベトに答えている（A. T. III, 665, 691）。神がわれわれの精神に刻み込んだのであり、誠実なる神は、創造された世界を認識するようにわれわれに与えた……。こうして物体については、精神の内にある「延長」の観念と、精神の外部にある「延長」そのものと、二つの次元があることになろう[29]。

マルブランシュは「延長」を、「叡智（可知）的延長と物質的延長」の二つに区別している（『キリスト教的および形而上学的省察』、Pl. II, 281）。われわれが物質的延長を見るとき、われわれが「見る」のは叡智的延長であり、それは物質の観念である。「実在的」世界は直接的に魂に現前することはなく、ただその観念の媒介によってあらわれる。けれども叡智的延長はそれ自体「実在的」であり、「限界のない空間」を表象（=代提示）し、魂は「叡智的延長が無限であることを見る」。叡智的延長は、有限な魂の変容ではなく、〈わたし〉なしに存続し、神のうちにのみあり（se trouver）うる。叡智的延長は、われわれが神において見る「物質世界の原型」である（『形而上学と宗教についての対話』、Pl. II, 675-683 参照）[30]。叡智的延長によって、被造物の「延長」が神の無限に媒介されることになる。

三　ライプニッツとマルブランシュ――魂、物体、自然法則

1

ライプニッツは先ほど引用したアルノー宛書簡（一六八七年一〇月九日）でさらにこう述べている[31]。人間の魂は「一における多の表現」の一例であり、「しかしこの表現は理性的魂においては意識を伴い、そのようなとき表現は思考（pensée）とよばれます」。そしてこう付け加える。「われわれが思考を認識するのは、（マルブランシュ師が指摘したように）内的感得によるしかありません」（GP. II, 112-121）

パリ滞在中の一六七五年に初めて『真理の探究』を読んだライプニッツは、一〇年後、ハノーファーでこれを再読し詳細な注釈を書いている。ライプニッツはパリでマルブランシュの知遇をえて、一六七六年から九八年にかけて文通し、文通はさらに断続的に一七一一年まで続いた[32]。『形而上学叙説』（一六八六年）の執筆もマルブランシュの『自然および恩寵論』に大きく影響されている[33]。

一六七九年、ライプニッツはマルブランシュにこう書いている。

「わたしはあなたが提起している二つの命題に完全に同意します。すなわち、わたしたちがすべてを神において見るということ、物体は実際には私たちに影響しないということ。」(GP. I, 330)。

しかし、魂と物体についてのアルノー宛の書簡では、マルブランシュとの違いが述べられる。(34) 少し長いが引用しよう。

「わたしは、一つの実体が他の実体に実在的な影響を与えるという通常の仮説にも同意しませんし、あたかも神が身体が動くたびに魂(âme)のなかに思考を作りだし、まったく不要な永続的奇跡によって魂の流れをかえるという、機会原因の仮説にも同意しません。わたしが支持するのは、異なる実体に起きることの同時生起あるいは一致です。すなわち、最初から神が、魂と物体それぞれのなかですべてが生起するように、そして魂が物体に物体が魂に、それぞれ自らを合わせる必要がないように、魂と物体を創造したと考えます。それぞれが各自の諸法則にしたがい、一方は自由に、他方は選択の余地なく動きながら、同一の現象において出会うのです」(GP. I, 382-383)

一六八六年アルノーの、魂の受動的知覚(痛みを感じる魂の、認知と痛みの原因)と随意運動(わたしが手をあげたいと思ったときに手があがるのは神の配慮によるものか)とについての二つ質問に次のように答え、機会原因説との違いを明示する。

最初の質問——痛みを感じる魂の認知・知覚とその原因——には、表出の理論をもって対応する。それは、明晰判明な認識よりもさらに根源的な、魂の身体への認知・知覚の関係を想定するものであるが、表出については前章でみたので、ここでは第二の質問——手をあげるというような随意運動について——への回答をみよう。

「あなたは、物体がひとりでに動くことは不可能だとわたしが主張することを前提しています。したがって、魂も物体も、腕の動きの実在的原因でないから、神が原因ということになる。しかし私はそう考えません。想念と意志が精神から生まれるように、運動と呼ばれる状態における実体的なものが物体的実体から生まれるというのが、わたしの意見です」(GP. I, 91)

この点でライプニッツはかれの物理学から議論を導いている。たとえば、物体Aの運動が物体Aを離れて物体Bに作用するというような、運動の実在的交渉はおこなわれない、といった原理である。衝突は、二つの物体内において内的な変更の機会を作る外的な誘発にすぎない。二つの物体は、この内的変更によって、両立不可能なそれぞれの運動を両立させることになる。外から見て、物体の運動の一部が他の物体に移ったかのように目に映るものは、実際には内在力(vis insita)——弾性理論の——の現れとして分析される。この内在力の概念によって、「運動のなかに」その様態的性格にとどまらない「何か実在的なもの」がある、と解される。そしてこの何かが、神が被造物に与えた「力」である。この「力」を通じて神は、被造物が世界内の活動においておのずから自然の法則に従うようにしたのだ、と。[35]

2

ライプニッツが自然の法則を説明するための連続律を公にしたのは、一六八七年七月の『文(学)芸共和国通信』における次の論文であった——「神の知恵の考察によって自然の法則を説明するために有用な普遍的原理についてのL氏の書簡。マルブランシュ師の返答への回答として」。（著作集八、三五―四三）。L氏とはライプニッツである。

ライプニッツはこの論文の前年、「自然法則におけるデカルトおよび他の学者たちの顕著な誤謬についての簡潔な証明——この自然法則に基づいて彼等は同一の運動量が常に神によって保存されると主張するとともに、この法則を機械学的な事柄に乱用している」という論文を『ライプツィヒ学術紀要』一六八六年三月号に発表している（著作集三、三八九―三九五）。デカルトの運動量保存の法則に対してライプニッツは、保存されるのは、運動量でなく力だと批判した。デカルトは『哲学原理』（一六四四年）において、運動量保存の法則（絶対量としての速度vと質量mの積）を示したが、それをライプニッツが批判し[36]、保存される量はmv^2であることを主張する。のちに活力（vis viva）とよばれるこれについての論争は、ダランベールの『力学概論』（一七四三年）にいたるまでつづくであろう[37]。

さてライプニッツのこの論文は、デカルト自然学の根幹をなす運動量保存の法則（$|mv|$の和の保存）を初めて真っ向から批判したものだけに多くの反論や批判がでた。デカルト主義者のカトゥラン神父[38]とD・パパンからの反論などがあり、ライプニッツも応酬するうちに、マルブランシュもそこに加わる……。そうした批判をうけて改めて論じたのが一六八七年のライプニッツの先の論文である[39]。

『文芸共和国通信』一六八七年二月号の「D・C・師〔カトゥラン神父〕に対するL氏の反駁」でライプニッツ

はマルブランシュの衝突規則の批判を始めている。「『真理の探究』の著者は……弾性のない硬い物体という前提に基づいて推論し……衝突の後でこれらの物体が跳ね返ったり、分離したりしなければならないのは、これらの物体が大きさに反比例する速度で互いに反対向きに運動する時だけであり、他のすべての場合にはこれらの物体は一緒になって運動するのだと[40]」。弾性のない硬い物体の衝突規則は、デカルトの衝突規則同様に、連続律の規則からは対立するものとなる。

さて同年七月の先の論文においては[41]、デカルト『哲学原理』四五−四七の第一規則と第二規則についてその不整合の事例を挙げる。マルブランシュに対しても、『真理の探究』において述べられた不整合の原因についての異論を示し、物体の硬さと弾性について、「硬性を物体のうちに想定しても、硬性が無限に急速な弾性と考えられるなら、弾性体一般に関する真なる法則に少しでも背くようなものがそこから帰結することはない」という。硬性と弾性、運動と静止のような反対概念、あるいは楕円と放物線のような非類似の二者が連続的に捉えられていくことになる。

ライプニッツの批判に部分的には応じるかたちで長い熟慮のあと、マルブランシュは『真理の探求』で提出した衝突の規則を、四四ページの小冊子『運動伝達の諸法則について』(一六九二年)で修正を示している。そしてデカルトの意味での絶対量としての運動量が、衝突に際して必ずしも保存されるわけではないことを、一定の留保条件を付しながらも、認めている[42]。しかしマルブランシュにおいては、物体衝突における弾性運動については微粒子の運動による説明が行われるのであり、この論文に対してライプニッツは、「流動体(fluide)の最小部分は、それがいかに最小であってもやはり弾性体なのだから、それよりもっと微細な流動体が存在するはずだ……」というコメントを残している[43]。

ライプニッツの衝突論について先ほど、運動と物体的実体との関係において見てきたが、ライプニッツ哲学において物体の弾性は重要である。かれは完全に硬い物体の存在を認めなかったし、完全に硬い物体が衝突の際にうける不連続な速度変化も認めなかった。[44] その根底には先にみた弾性理論における「内在力」の問題があり、様態的性格にとどまらない「何か実在的なもの」すなわち「力」が、神が被造物に与えたものであり、この力を通じて、神は被造物が自然の法則に従うようにしていることが主張される。[45]

マルブランシュは、自然法則の解釈に関しては、自然法則が神の意志の結果であるとは解釈せず、自然法則そのものが神の意志であると解釈する。たとえば、「ある物体が、その重さと地球の重さの積に比例し物体と地球の距離に反比例した力で、地球に引かれて落下する」と述べる。このように計算される力の存在を神の意志の結果としないで、神がこういったかたちの物体の落下を望んだのだ、と解釈する。[46] マルブランシュは、「神はすべてのものを運動させ、われわれはそのすべての結果が生じるのを見る。なぜなら神は物体の衝突においても、運動の伝達が従ういくつかの法則（loi）を望んだからである。」（OC. II. 314）。意志そのものに法則性が内在する意志であり、そうした意志が法則性に存在論的根拠を与えることができる。[47]

この立場は、力、自然法則、因果律などに、実在性を与えない。ライプニッツがニュートン力学の引力を隠れた力として批判したことは知られているが、マルブランシュは力の概念一般を批判する。そうしたマルブランシュの立場は、イギリス経験論に一定の影響を与えることになるだろう。[48]

＊　＊　＊

マルブランシュはデカルト主義者として出発した。デカルト『人間論』（一六六四年刊）をたまたま本屋で手にしたため、「これまで夢想だにしなかった学問を見いだし」「胸の動悸を静めるために、ときに読書を中断しなければばならなかったほどの感激をもって[49]」これをむさぼり読んだといい、その自然学探究の機械論的方法論に魅了された。思索の成果は最初の主著『真理の探究』に結実する。さらに、当時の自然学、数学にも大きな関心を寄せ、物体の衝突やライプニッツの微積分にも大きな関心を寄せていた。九九年には科学アカデミーの会員にも選ばれた。デカルト主義から出発して、当時の自然科学にも大きく触れているマルブランシュの哲学はまた、独自の神学を根底にもっている。

一七世紀の大きな合理主義は、いずれの哲学も、形而上学・自然学・数学さらには道徳までが密接に連結（あるいは接合）している。それゆえ、研究は多面的かつ総合的なアプローチを要し、ある意味で困難は大きいが、またそれだけに、豊穣で広い射程をもつ問題と内容を蔵しているといえよう。

（1）山田弘明『真理の形而上学──デカルトとその時代』世界思想社、二〇〇一年、一一三頁以下。
（2）佐々木能章『ライプニッツ術』工作舎、二〇〇二年、一三六頁。
（3）ただし二つの思考原理と二種類の真理との関係は判然とはしていない。（山田弘明、前掲書、一二二頁、および同頁、注（14）参照）。
（4）必然的真理を数学や論理学に限定するのは適切でないかもしれない。ライプニッツはそこに社会規範なども含めて考えていたし、法については理性の重要性を強調している（René Sève: *G. W. Leibniz — Le droit de la raison*, Vrin, 1994, 佐々木能章「理性、理由、真理──ライプニッツの合理主義」『フランス哲学・思想研究』八号、二〇〇三年、九五頁）。
（5）拙論「普遍的知への夢」『数学の楽しみ──デカルト、ライプニッツと数学』二〇〇五年冬号。
（6）小林道夫「ライプニッツの夢──百科全書の構想と普遍学」著作集一〇、一九九一年、三〇二頁。
（7）佐々木能章、前掲論文、一〇二頁。
（8）普遍数学の意義については次を参照。拙著『デカルト研究──理性の境界と周縁』岩波書店、一九九五年、三八頁以下。

なおこのテーマについての詳細な研究としては、佐々木力『デカルトの数学思想』東大出版会、二〇〇三年。

(9) Yvon Belaval, *Leibniz critique de Descartes*, Gallimard, 1960, p. 33.

(10) Couturat, 228.「目録」については『人間知性新論』最終章の学問の分類を参照。これはロックが、自然学、実践哲学、論理学の三つに学問を大別していることに対応したものだが、記憶や推論の位置も含めて、ベイコンの学問分類とも比較検討する必要があるだろう。

(11) ホッブズも、デカルトのように「哲学」を他の諸学問を包括する全体とみなし、「樹」ではなく「海」の比喩をもちいた。無論デカルトと違いもある。伊豆蔵好美「ホッブズと「哲学」」奈良教育大学紀要五〇巻一号、二〇〇一年、二〇頁参照。

(12) 佐々木能章、前掲論文、一〇二―一〇三頁。

(13) 同。

(14) cf.「徳とは知恵に従ってふるまう習慣である。善行がたやすく自然に行われるようになるためには、行為に認識が伴わなければならないからだ。習慣はもうひとつ別の自然だからである」(Grua, 581)。

(15) 望月太郎『技術の知と哲学の知』世界思想社、一九九六年、五〇頁。

(16) A Mersenne, mars 1637, *A, T*, I, 349, cf Belaval, *Op. cit.* pp. 32-34

(17) 以下は次を参照。Yvon Belaval, *Op. cit.* pp. 140-150. および前掲拙著、二四五―二四七頁。

(18) 拙論「ライプニッツと意識・記憶・表象」『思想』九三〇号、九九―一〇一頁。

(19) 欲求とは――「一つの表象から他の表象への変化や推移を引き起こす内的原理の働きを欲求と名づけることができる」(『モナドロジー』一五節)。個体はすべて、表象と欲求をもっている。それはすべての段階の個体に認められる。また、それぞれの個体は、それぞれの表象と欲求をもつことによって、他と異なるものになる。「一つのモナドがそれ自身で、ある瞬間に他のモナドから識別され得るのは、内的諸性質と内的作用によってでしかない。そしてそれらはモナドの表象(言い換えれば、複合的なもの、すなわち外にあるもの)とモナドの欲求(言い換えれば、一つの表象から他の表象へのモナドの傾向)以外のものではありえない」(『理性に基づく自然と恩寵の原理』二、佐々木能章、前掲書、一二五―一二六頁参照。

(20) 前掲拙論、『思想』九三〇号、九九頁。

(21) 福島清紀「ライプニッツにおける「意識」概念の形成――一六八〇年代を中心に」富山国際大学紀要、第九巻、一九九九年、一九二頁。

(22)　山田弘明、前掲書、三四六頁（八〇）。マルブランシュのテクストを読むにあたって山田氏の翻訳と注釈（二五一頁―）は貴重な助けとなった。

(23)　前掲拙著、岩波書店、一九九五年、八九頁。

(24)　以上は山田弘明、前掲書、四七―四八頁参照。たとえば痛みは、観念によって判明に知られるものでなく、心理的に感じられる判然としない知覚である。事実を教えても、ものの本質は教えない。「私が私自身についてもっている内的感得は、私が在り、思考し、欲し、感覚し、苦しむなどのことを教える。しかし、私が何であるか、私の思考、意志、直感、情念の本性を教えない」(Entretien. III)。

(25)　OCII, 98; III. 150, VI. 153, X. 102, etc. 伊藤泰雄『神と魂の闇――マルブランシュにおける認識と存在』高文堂出版社、一九九七、二九頁以下を参照。

(26)　マルブランシュのいう par conscience, ou par sentiment intérieur をロックは、An examination of Père Malebranche's opinion of seeing all things in God (1693) において by consciousness or interior sentiments とパラフレーズしている（福島清紀、前掲論文、一九四頁及び一九七頁注（27）参照）。

(27)　山田弘明、前掲書、三四八頁（八四）。

(28)　「第一一解明」(Pl. I, 937ssq)。

(29)　前掲拙著、一〇〇―一〇二頁参照。『規則論』ラテン語テクストの extensio/extensum の区別（A. T. X, 443）を参照。

(30)　Philippe Desoche, *Le vocabulaire de Malebranche*, Ellipses, 2001, pp. 18-19. なお、物体の観念と叡智的延長については、伊藤泰雄、前掲書、九五頁参照。

(31)　福島清紀、前掲論文、一九四頁。

(32)　同。

(33)　André Robinet, *Leibniz et Malebranche. Relations Personelles*, Vrin, 1955, p. 139sq.

(34)　Michel Fichant, Le système de l'harmonie préétablie et la critique de l'occasionalisme, 馬場郁訳「予定調和の体系と機会原因論の批判」『思想』九三〇号、二〇〇一年、一〇九―一一二頁参照。

(35) 以上は前掲 Fichant 論文、『思想』九三〇号、一一二頁参照。さらに一六九八年の『自然そのものについて』では、自然は事物に内在する法則 (lex insita) を要求することが要求される。これは、事物が自分自身のなかに力 (vis insita) をもつことを意味し、この力がなければ、神の命令は空疎で存在論的価値のないものになる (『自然そのもの、すなわち被造物の内在的力と動作について。動力学を確認、説明するために』De ipsa natura, seu de vi insita actionibusque creaturarum, ……、GP. IV, 506-59.) Fichant, *Ibid*. p. 113 参照。

(36) ホイヘンスはライプニッツのこの論文を注意深く読み、その議論の構造を批判している。「この自然法則〔運動量保存の法則〕の誤りを示そうとするライプニッツ氏は、デカルトが運動量と原動力を等価なものとみなしていると仮定する。次いで彼は両者が等価なものでないことを示す」「だがわれわれは、デカルトがこの等価性を仮定したということを、かれ〔ライプニッツ〕に対して否定することができる……」(著作集三、五四八－五四九の横山雅彦解説参照)。デカルトは『哲学原理』においで力を、相対的に物体間の関係に依存するかたちで導入しているし (II-40)、運動の起源は「神が運動の第一原因であり、宇宙において常に同じ量を保存している」ことである (II-36)。神は「物質を運動および静止とともに創造した、そして今もなお、そのときに物質全体に設けた運動と静止を保存している」(*Ibid.*) として、この量は「宇宙全体においては常に同一」である (*Ibid.*)。

(37) 前掲拙著、一二三－一二四頁。

(38) François de Catelan. 生没年不明。かなり教条的なデカルト主義者といわれ、ホイヘンスの振動理論やライプニッツの接線法にも反対し、とりわけこの活力論争を始めたことで名高い。一六七八年から一六九四年までマルブランシュの秘書を務めたらしい。

(39) 佐々木能章、前掲書、五一頁。

(40) 著作集三、五二〇頁 (注) 48、49参照。

(41) 著作集八、三五一－四一に邦訳。またこの時期アルノーに宛てた書簡に (たとえば七月二二日)、この間の事情が記されている。

(42) Paul Mouy, *Les lois du choc des corps d'après Malebranche*, Vrin, 1927, pp. 65-69.

(43) 伊藤泰雄、前掲書、一二〇頁 (一〇) を参照。なおマルブランシュにおける微粒子による説明については、同書九八頁を参照。

(44) 著作集三、五五六頁、横山雅彦解説参照。

(45) 前掲 Fichant 論文、邦訳、一一二頁。

(46) 前掲 Fichant 論文、馬場郁解説参照（『思想』九三〇号、一〇七頁）。

(47) 伊藤泰雄、前掲書、一〇七頁。

(48) 前掲馬場郁解説参照（*Ibid.*）。たとえばヒュームは『人間本性論』の因果律を扱った章で（I-1-14）、マルブランシュ『真理の探究』VI-II-3 を大きく参照している。マルブランシュのこの章には、「物体は大小にかかわらず、自ら動く力をもっていない」、「物質的・感覚的世界には、力も、力能も、真の原因もない……」(Pl. I. 643) などの説明がある。

(49) 赤木昭三・赤木冨美子『サロンの思想史――デカルトから啓蒙思想へ』名古屋大学出版会、二〇〇三年、六頁。デカルト『人間論』のマルブランシュへの哲学的影響については次を参照――G・ロディス＝レヴィス「デカルト哲学における「人間」の概念」『思想』六五六号。

使用テクスト一覧、略号は（ ）内に表示。

デカルト

Œuvres de Descartes, publiées par Ch. Adam et P. Tannery, Paris, Vrin, 1964-1973 (A.T.).

マルブランシュ

Œuvres complètes de Malebranche, dir. A. Robinet, Paris, Vrin, 1958-1968 (OC).

Œuvres de Malebranche, Bibliothèque de la Pléiade, Gallimard, 1979, 1992 (Pl),

ライプニッツ

Die philosophischen Schriften von Gottfried Wilhelm Leibniz, hrsg. C. I. Gerhardt, Olms, 1965 (GP).

Gottfried Wilhelm Leibniz. Sämtliche Schriften und Briefe, hrsg. Deutschen Akademie der Wissenschaften 3u Berlin, Akademie Verlag, 1923-(A)

Opuscules et fragments inédits de Leibniz, éd. L. Couturat, Hildesheim, Olms, 1988 (Couturat).

G. W. Leibniz, Textes inédits d'après manuscripts de la Bibliothèque provinciale de Hanovre, Paris, 1948; reprint, Paris, 2000 (Grua)

『ライプニッツ著作集』、全一〇巻、一九八八－一九九九年、工作舎（著作集）。

本論文は平成一六年度科学研究費基盤研究（C2-15520003）による成果の一部である。

三　存在と理由

――「存在論的証明」についての遡行的研究――

村上勝三

はじめに

歴史とは忘却であるとともに更新である。私たちはカントが「存在論的証明」という名前を与えた問題を遡行して、カントから、ヒュームへ、そしてライプニッツを経て、デカルトに辿り着く。レトロスペクティブな哲学史的研究である。この研究を通して、カント以来ほとんど忘却されている「完全性 perfectio」(「実象性 realitas」)としての「実在 existentia」、「必然的存在 ens necessarium」・「必然的実在 exitentia necessaria」という捉え方を掘り起こす。それらを存在の重さのなかに据え直す。このことを通して、実在と本質とが存在として一つになり、そこに真であることと善であることも安らぐ、そのような境地を見いだす。かくして本論は、「私」の思いに条件づけられた一般存在論構築の一環をなす。「私」とは思うのでなければ、あることのない、比類なき存在である。その「私」を真上に超えてこの存在論は開かれる。(1)「存在 esse」をめぐる概念は微妙な差異を内包している。差し当たって次のように整理しておく。「あること(存在)esse」は〈であること〉(本質 essentia)と〈があること〉(実在 existentia)と「存在 ens」を包み込む。「存在」は「あるもの」と「あること」を表す。これに対して「実在」

はもっぱら〈があること〉だけを示す。

一　「存在論的証明」とはどのような問題か

（1）「最も実象的な存在」と「必然的存在」

カントはデカルトが「第五省察」でおこなったア・プリオリな証明を「存在論的（デカルト的）証明」と呼んだ（A 602, B 630）。存在論的証明に対するカントの批判を次の二点に纏めることができる。第一に「ある Sein」ないしは「現にある Dasein」を事物の述語と看做すことへの批判（*cf*. A598, B626）[2]、第二に、「必然的存在」という概念に明確な意味内容を与えることができないという批判（*cf*. A603, B631）である。カントの議論に沿って、この二つの論点を一つに集約するならば、存在論的証明は「必然的存在（者）の概念と最もレアール（実象的）な存在（者）ens realissimum の概念との同一性の証明である」（久保、四〇〇頁）ということになるであろう[3]。この二つが一つになってゆく方向を導きの糸にしながら問題の所在を探索してみよう。第二の批判点を逆手にとってみると、必然的存在という概念が「凡通的規定の原則 der Grundsatz der durchgängigen Bestimmung」（A 571, B 599）[4]に則っているのならば、つまりは、個体としての条件を具えているのならば、存在論的証明は成立するということにもなりそうである。果たしてその通りであるのか。

このことを考えて行くなかで、「ある」（存在する）が事物の述語であるのかどうかということと「凡通的規定の原則」との関係が浮かび上がる。なぜならば、「凡通的規定の原則」の適用に際して「実象性 Realität」のうちに存在が含まれるかどうかということが問われなければならないからである。要するに、存在論的証明が妥当であるためには「ある」が実象性であり、かつ、先の原則を満たすことが要求されることになる。そこですべての「実象性」を具えた「最も実象的な（レアーレな）存在（者）」が希求されることになる（久保、三九四頁参照）。しかし、これを具えた「最も実象的な（レアーレな）存在（者）」という概念は「必然的存在（者）の概念を規定するのに何ら役立たない」（久保、三九八頁）。なぜならば、「最も実象的な（レアーレな）存在（者）の非存在は不可能ではない」からである（久保、四〇〇頁）。なぜか。「ある」（存在する）が実象性ではない、事物の述語ではないからである。かくて出発点に戻る。結局のところ判明した事態は、「必然的存在」という概念には「ある」が実象性として含まれているにもかかわらず、そのことの根拠が示されていないということである。このことは、先に挙げた二つの批判点が相互に深く関わっていることを示している。

（2） 原級と最上級

「凡通的規定の原則」というかなりライプニッツ的な捉え方が、『純粋理性批判』のあらゆる文脈のなかで衝突なしに納まるのかどうか、その点を問わないことにする。その上で、次のように問いを立てて論究を進め直すことができる。もし「ある」を実象性の一つに数え入れるという点で、例外を一つだけ認めると仮定するならば、「最も実象的な存在」と「必然的存在」は一つになるのであろうか。「実象性の総体 omnitudo realitatis」（A575, B603）と「必然的存在」とは、仮定上、前者が「ある」ことをその規定性に含むのであるから、概念として実質をともにすることになるのかもしれない。しかし、この二つの概念と「最も実象的な存在」という概念とが一つに切り結ぶためには、さらに実象性に度合いを取り入れなければならない。カントは、たとえば、「最高の存在 ens summum」、あるいは「むしろ最高の実象性は、あらゆる事物の可能性の根底に一つの根拠としてあり、総括としてあるのではないであろう」（A 579, B 607）と記す。このことは、彼が存在ensにも実象性にも最上級を認めていることを示す。

この最上級はどのような役割を果たしているのであろうか。そこで翻って考えてみると、カントによる存在論的証明批判の論脈において、比較級が重要な役割を果たしているとは考えられないことに気付く。ここから探りを入れてみよう。「最高の存在」とは自分を超える何もないということを意味する（*cf*. A 578, B 606）。このことは実象性にも当てはまるであろう。言い換えるのならば、この最上級はそれより上がないという最上級であり、原級と比較級を媒介にして相関する最上級ではない、ということになる。いわば絶対最上級のように捉えることができるであろう。別の言い方をすれば、原級と最上級の間には橋渡しのすべがない。あたかも根拠と根拠づけられるものとの間のような断絶がある。というのも、根拠と根拠づけられるものとの間で中間者は役割をもたないからである。それゆえに、たとえ「ある」が実象性と認められたとしても、原級の「存在ens」と「最高の存在」との間には渡ることのできない亀裂がある。かくして、たとえ、私たちが仮定したように、例外を一つだけ認めることによって「凡通的規定の原則」が満たされることになったとしても、二つの「存在」の間に架け橋がないのならば、結局のところ存在論的証明は不成立ということになる。概念としての「あることSein」は「現にあることDasein」（「実在Existenz」）に届かない。いや、おそらく事情は逆であろう。つまり、「存在」と「最高の存在」が隔離されているということが「凡通的規定の原則」が満たされていないことの理由になるのではないか。

(3) 神と世界

「一八〇〇年の終わりから一八〇三年の二月までの間に書かれたと推測されている」遺稿（Kant-M, p. 193）のなかには次の記述が見いだされる。「神という概念のもとに、超越論的哲学はすべての現実的特性に係わっている最も大きい実在をもつ実体eine Substanz von der größten Existenzを考える」。この「最高の存在がそれ自身として認識されることによって、その結果、神と世界との区分けが相互関係のうちにおかれることになる」(*Opus postumum*, Kant-A, Bd XXI, p. 13: Kant-M, p. 199)。このことが示しているのは、神と世界との橋渡しが可能になることと存在論的証明が可能になることとの関係である。「存在」と「最高の存在」とのつながりが与えられていることは、また、存在論的証明が成立しているということでもあろう。このことを通して、概念としての「ある」と世界のなかに「現にある」とのつながりも見通される。同じ部分には、神について「その単なる理念Ideeが同時にその実在の証拠である」という一文も見いだされる(Kant-A, Bd XXI, p. 14: Kant-M, p. 200)。『遺稿』においては「存在論的証明は受け容れられている」(Kant-M, p. 195)と考えてよいのであろう。しかしながら、私たちが『遺稿』のうちの或る断片だけを支えにしているということに慎重でなければならない。たとえば、その断片の欄外には、「神の実在を証明することはできない」が「そのような理念を原理としてPrinzip einer solchen Ideeそれに従うこと、「神の命令」のような義務を受け容れること、これらを避けることはできない、とも記されている(Kant-A, Bd XXI, p. 15: Kant-M, p. 201)。断片を断片的に取り上げても、カントの思考に届くことはないであろう。私たちが指摘しようとし、指摘できるのは、『純粋理性批判』からの或る揺れ動きの一面にすぎない。その揺れ動きについて、次のように考えることができる。

『純粋理性批判』「超越論的弁証論」の記述を通して、私たちは「存在」と「最高の存在」との隔離が存在論的証明不成立の根底にあるという次第を見た。これに対して『遺稿』の叙述から汲み取られるのは、存在論的証明が可能になれば「存在」と「最高の存在」との連関が見いだされるということである。しかし、この二つのことは実は同じことである。というのも、ともに「神」という概念の内実に係わることだからである。『純粋理性批判』の立場と『遺稿』の立場とを分けているのは、むしろ「最高の存在」の〈自明性（それ自身によって識《し》られること per se notum)〉であると思われる。このことは、「超越論的観念論」における第一の問題は「神が何であるか Was ist Gott」ということ、第二の問いは「唯一の神があるか Ist ein Gott」であるという記述とも係わる（Kant-A, Bd XXI, p. 13: Kant-M, p. 199)。「最高の存在がそれ自身として認識され」、「存在」と「最高の存在」との回路が開かれるならば、存在論的証明は成立し、神と世界とが区別されながら関係をもつ。この自明性（「スピノザ——神のうちにすべてを直観すること」Kant-A, Bd XXI, p. 15: Kant-M, p. 201）が成立しないならば、存在論的証明は不成立であり、「存在」と「最高の存在」は隔絶のままである。このことはむしろ、二つの立場におけるカントの思索の同質性を示唆しているのではないか。この同質性のなかの差異を摑む上で、看過すべからざることは「最も大きな実在」という表現であろう。『遺稿』においては「実在」の最上級が導入されている。このことは、「ある」が実象性ではないということに、たった一つの例外が認められていたことを予想させる。「実在」についての度合いの導入を、私たちは〈存在の重さ〉が測られていると表現しておこう。

（4）太陽か北風か

最後にカントの批判から私たちが汲み取ることのできた点をもう一度纏めておこう。存在論的証明が妥当であるための条件は、第一に「ある」が事物の述語、すなわち、実象性の一つであることが例外的に認められる場合をもつこと、[5] 第二に、「最高の実象性」という表現はすべての実象性が収斂されていることを示し、それにともなって「最高の存在」という表現も比較級を超えた最上級を示すこと。「必然的存在」を凡通的に規定することの可能性は

「最高の実象性」が「実象性の総体」でもあることに依存している。『遺稿』の「最も大きい実在をもつ実体」という表現はこの方向を指している。もちろん、その場合に「最高の存在」についての認識が「感性的表象に依存しない」ということも、カントは示さなければならなかった（Kant-A, Bd XXI, p. 13: Kant-M, p. 199）[6]。ここから、第三に指摘できることは存在論的証明の成否に際して、「最高の存在」ないし「神」という概念の自明性が問われるということである。このように纏めてみるならば、「ある」が事物の述語であるのか否かという点は存在論的証明批判にとって肝心要の点ではない。この点で例外を一つだけ認め、その例外の理由を明らかにすることができるのか。ここにこそ要点がある。そう捉えることによって、第一点と他の二点との関係も明らかになる。

『純粋理性批判』「超越論的弁証論」によれば、存在論的証明へと人を突き動かすのは、無条件な存在を求めるという「人間理性の自然本性的な歩み」（A 586, B 614: *cf*. A 584, B 612）であった。「存在論的証明」が不成立であることの根拠が「実在」概念と「神」概念の関係のなさに存するならば、「自然神学的証明」、「宇宙論的証明」の根底に「存在論的証明」を配置することは（*cf*. A 630, B 568）、〈理性の歩み〉を止めることへと向かっているであろう。晩年にカントはこの「歩み」を肯定的に受け止めるに至ったのであろうか[7]。この「歩み」を押しとどめようとする『純粋理性批判』全体の構想をごく切り詰めて言い抜けば「内容なしに思惟されたことは空虚であり、概念なしに直観されたことは盲目である」（A 51, B 75）ということになるであろう。すなわち、感性的直観に多様が与えられなければ経験的認識が成立しないという観点である。この観点からするならば、「実在する」ということは「触発される」という受動性においてのみ捉えられることになる。この構想に縛られて、実在が実象性（完全性）である唯一の例外をカントは認めることができなかったのであろうか。「人間理性」にとってこの構想は、はたして太陽だったのか、それとも北風だったのか。

二　実在と制度

（1）「必然的存在」を遡る

さて時代を一つ遡って上に得られたことをさらに展開してみよう。カントの二つの批判点は、ヒューム、ライプニッツ、ガサンディによって既に提起されている。このことは周知のところであろう。「実在 existentia」が事物の特性でないことは既にガサンディによって示されている（Gassendi, pp. 497-501）。「必然的存在」については、カントから遡って、時代的に近い方から辿るならば、ヒュームの指摘があり、それ以前に既にライプニッツによって指摘されていた。まず、ヒュームによる「必然的実在 necessary existence」という捉え方に対する批判から見て行くことにしよう。彼は『自然宗教に関する対話 *Dialogues concerning Natural Religion*』「第九部」において以下のように述べている。そこでは二×二が四であることの必然性と神が実在することの必然性とが対比的に論じられている。「われわれの能力が現在と同じにとどまる」かぎり、前者を否定することは不可能である。これに対して、以前に実在したと想ったものが今は実在していないと想うことはいつでも可能である。何らかの対象について、その対象が「常にあり続ける」と想定する必然性は心に課せられてはいない。「したがって、必然的実在という言葉は何ら意味をもたない」(Hume-D, Bk. II, pp. 490-491：一〇一頁－一〇二頁)[8]。

ヒュームの因果についての考え方からするならば、実在についてその原因を問うことは当然のように成り立たない。「何が物体の実在を信じるようにわれわれを促すのか、と問うのは悪くないが、物体があるかどうかと問うても無駄である」(Hume-T, Bk. I, Part IV, Sect. 2, p. 187：「第二巻」一五頁)。無駄な問いを立ててしまうのは、私たちが知覚の外に踏み出せるという思い違いをしているからである。しかし、翻って考えてみるならば、実在の原因を問うことの無効さと、常に実在することの不可能性とは問題として異なっている。どのように違うのだろうか。ヒュームが必然的実在を否定するときに否定されているのは〈常に実在すること〉である。この〈常に実在すること〉はデカルトによって与えられた「必然的実在」の規定である。二つの問題の異なりについては、デカルトの規定について調べた後で考究することにしよう。

(2) 神不在の根拠

ヒューム的視点からすれば、〈実在する〉とは感覚への或る種の現れ以外ではない。もし、そのような〈実在〉に原因が求められるとするならば、「私」が〈実在する〉と思い込むような原因以外ではないことになろう。すなわち、或る個体を実在すると「私」が認知するという個体認知の原因が探られてしかるべきである。個体認知の個人的な原因は、少なくとも人々による個体認知の原因によって制約されている。その制約として、かくかくの場合には当の事物が実在すると認知されるという一般的な原因が求められる。その原因が他に向かって開かれ、原因の系列が辿られるときに、その「「原因」とは究極的には真なる謎としての「他者」に他ならない」(一ノ瀬、二七二頁)ということになるのかもしれない。そうであるとして、また、その「他者」が神に重なりかねないとしても、この「他者」は事物の実在を産出するものではありえない。このことはヒュームの思索が実在の産出という意味での原因に届かないということを示している。これを纏めて言えば、ヒュームによる「実在」把握は認知理論の一環であり、存在理論を構築するものではない、ということになる。認知理論という枠内であったとしても、だからといってそのことから常に実在することの否定が帰結するわけではない。というのも、事物の実在に作用原因がないこと（あるいはそのような視点がないこと）から恒常的実在の否定は帰結しないからである。

『自然宗教に関する対話』の先に引用した箇所の次で、ヒュームは「必然的に実在する存在 the necessarily existent being」を否定する根拠を示している。たとえば、物質がそのような存在であると主張された場合の反対根拠は、「偶然性」である（Hume-D, p. 491：一〇一頁－一〇二頁）。このことを「神性 Deity」にまで彼は及ぼす。或る事物の何であるのかということ、何からなるのかということ、その何れの場合にせよ、偶然的であるとは反対が可能であることを示す。ヒュームの述べていることを一言で言い換えてみるならば、神の何であるかということから、その非実在の不可能性を示そうとしてもその道がない、ということになる。もっと押し詰めてしまうのならば、二×二が四でないことの不可能性がわれわれにとって明らかであるように、神の本質に非実在の不可能性が刻み込まれているのならば、神は実在することになる。しかし、神の非実在を「想像する」ことができ、神の属性を変えてしまうこともでき、神にはわれわれに知られていない性質もある（*ibid.*）。これがヒュームにとって神不在の根拠である。つまり、彼にとって私たちの知の現状が神不在の根拠なのである。先に見たように、二×二が四であることは「われわれの能力が現在と同じにとどまる」限り否定することは不可能であり、その限りで必然的である。この立言に立脚すれば、必然性が人間能力の不変性に基礎をもつことと神の不在とは、同根の問題であると了解されるであろう。

（3） 知の共同体

「われわれが物質のあらゆる性質を知ることができる」（*ibid.*）のならば、物質の非存在が不可能であることを知ることもできるかもしれない。私たちの知の現状の変更により、ヒュームはカントの言う「存在論的証明」を認めることになりうるのであろうか。それが経験主義というものなのかもしれない。ヒュームの経験主義に「他律性」（一ノ瀬、二七一－二七二頁参照）という観点が含まれているのならば、「感覚（器官）に関する懐疑論」（Hume-T, Bk. I, Part IV, Sect. 2, Title, p. 207：「第一巻」一五頁）の後にも、物体の或る程度の持続的実在を支える理論が残されることになるであろう。公共的な知のありさまによって、あるいは「知の共同体」（黒田、二三五頁）を通して、私たち個々人の知が条件づけられている、あるいは「「志向性」とはすなわち「制度になった因果関係」である」（黒田、三〇一頁）というように。この方向性に反抗を企て、感覚的に知覚されていない事物は実在しないとする主張は、畢竟するところ、事物の実在に関する基準を身体の構造に求めることに帰着するであろう。私たちは目にも見えず、触れるという感覚もなく、香りも感じることがなく、聞こえもしなくとも、味さえなくとも、実在すると考えることがある。多くの場合に身の回りの空気がそうである。これがヒュームの採った方途ではないことは明らかである。それにもかかわらずヒュームが「必然的実在」という概念を否定したのは事物の非実在の不可能性が、現在の私たちの経験を超えてしまうからである。その根底には事物とは「印象」として与えられるもの以外ではないということがあった。知覚の対象ではない二×二＝四は必然的だと考えられていたのである。私たちにとって手の届く必然性は現状を支えとする論理的なものだけであり、実在について必然的と言うことはできない。しかし、その一方で、何かが持続的に実在すると私たちが思うに至る経緯は私たちの一人一人を超えて、いわば「制度」として、あるいは、「他律的に」与えられているという思考線を、ヒュームの思索のなかに見いだすこともできた。「必然的実在」という概念が知覚をその出自としているのではないという、このことと、この概念が論理的・存在論的概念として成立するということとは、一枚のコインの裏表のような関係にある。経験主義的立場に立つならば、「必然的実在」の思考可能性は「他者」へと超えて行く方向に求める以外にはない。たとえそのようにして「必然的実在」が遠望されたとしても、手を伸ばせばさらに遠ざかる陽炎のようなものになるであろう。知覚される〈実在〉は「常に」をもたないからである。

三 「可能的存在」と理由

(1) 「自分からの存在」

ヒュームからさらに遡って、ライプニッツの場合について考察しよう。「デカルトによって刷新された聖アンセルムスの証明」(Leibniz-G. IV, p. 405) について、ライプニッツはいくつかの箇所で批判している。そのうちの一つをまず取り上げる (Leibniz-G. IV, pp. 405–406)。そこでなされている議論は手短に要約しにくい点を含んでいるので、少し丁寧に議論を追ってみる。ライプニッツはまずデカルトの証明の核心を次のように纏める。「神は、その観念にすべての完全性を含むものである、ないしは、すべての可能的な存在のうちで最も大きいものである、このものはまたその本質のうちに実在をも含んでいる、なぜならば、実在は完全性の数に入り、さもなければ、何らかのものがこの完全なものに付け加えられうることになるからである」。デカルトのこの証明の欠点は「完全な存在が可能である」ことを論証せずに、暗黙のうちに前提している点にある。どうして欠点なのかと言うならば、先のことを論証しないと「すべての完全性の両立可能 compatible であることが否定され」て、証明までも否定されてしまうことになるからである。この点を補うためにライプニッツは「神は自分からの存在である Ens a se」ということを導入する。神をこのように定義すれば批判されない。なぜならば、この定義から帰結してくることは「このような存在は、もし可能ならば実在する」ということだからである。つまり、「自分からの存在」という捉え方で神を定義するならば、完全な存在が可能であることを示していることになる。なぜならば「事物の本質とは、もっぱらその可能性を作るもの以外ではなく、それゆえ自分の本質によって実在するものが自分の可能性によって実在するということはきわめて明白だからである」。

しかし、これに対してさらに反対しようとする者がいるかもしれない。その場合には、「その可能性を作る」ことの可能性を否定する以外にない。その批判も結局のところ、「自分からの存在」という概念の可能性を否定することにもどってしまう。この批判者が陥ってしまっている事態を抜け出す方策として、「必然的存在が可能ならば、それは実在する」という様相命題を提示することができる。視点は違うとしても、「必然的存在」と「自分の本質からの存在」（つまり、Ens a se）とは同じ一つのことである。さらに、「自分からの存在」でも「必然的存在」でも納得できない者に対して、「もし自分からの存在が不可能ならば、すべての他による存在も不可能になる。なぜならば、他による存在は結局自分からの存在によるのだから」という論点が提示される。ここからもう一つの様相命題が導かれる、すなわち「もし必然的存在がないのならば、けっして可能的存在はない」である。私たちが考察した部分において、デカルトの証明を補足する手立てとして、ライプニッツは「永遠真理 les vérités éternelles」（*Cf. Monadologie*, § 44, Leipniz-R, p. 95）のような「可能的存在」の〈存在すること〉を用いていない。また、二つの様相命題が論証の完成に役立つのは、批判をする人たちが批判の道から抜け出す手立てを与える点においてである。そういう意味でこの二つの命題が「論証の隙間を埋め」「証明を完成させる」。デカルトの証明の欠陥は「自分からの存在」という概念を用いて神を定義することによって補われる。なぜならば、「自分からの存在」ということはそれの本質が実在であることを示し、それの本質であるとは、それが自らの可能性を自らに与えることだからである。「自分からの存在」は「必然的存在」の可能性を示す表現と考えることができる(9)。

（2）「必然的存在」の可能性

別の箇所で、ライプニッツはデカルトの論証を次のように批判している（Leibniz-G. I, pp. 212-215）。この部分についても概要を記しておこう。まず、デカルトの証明が以下のように纏められる。「神は最も完全な存在である。最も完全な存在の概念には実在が属する（実在は諸完全性のなかに入るのだから）。ゆえに、神は実在する」。これをライプニッツは次のように修正する。「それの本質が実在である存在は必然的に実在する。神は、それの本質が実在である存在である。ゆえに神は必然的に実在する」。ライプニッツの論証に対して、反論者は小前提が証明されるべきだとするが、彼はそれを認めない。その理由は、次の定義が立てられるのならば、小前提を証明する必要はないからである。「神の定義、つまり、自分からの存在であること、ないし、自分自身から、つまり、自分の本質から自分の実在をもつ存在であることDei definitio: esse Ens a se, seu quod existentiam suam a se ipso, nempe a sua essentia, habeat」。それゆえ、問われるべきは「それの本質が実在である存在が矛盾を含んでいないかどうか」という点にある。「そういう存在が可能である、ないし、そういう概念あるいは観念が可能であるということをひとたび受け容れるのならば、それが実在すると帰結することを私は認める」。このことから「もし必然的存在が可能であるのならば、それは実在する」（Leibniz-G. IV, p. 406）とされる場合の、必然的存在の可能性とは思考可能性であることがわかる。事柄それ自身としてみるならば、上に述べられたように「自分からの存在」は自分自身に可能性を与えるのである。

それゆえ、「デカルトによって証明されなければならないことは、そのような存在が概念されうるということである」。「実際の問題というのならばsi de praxi agatur、必然的存在、あるいは、最も完全な存在の可能性が前提されていることを、私は認める」。この（デカルトによる）神の実在証明について批判されるべき点は、かくて二点である。第一は、「最も完全な存在が矛盾を含まないかどうか」ということ、第二は、「もし、最も完全な存在が矛盾を含まないのであるのならば、実在が諸完全性の数のうちに入るかどうか」ということ、この二点である。後者の点について、この後に記されている討論の記録のなかで決着がついているとは考えられない。つまり、実在が完全性（実象性）であるか否か、明快な答えがここに提示されているわけではない(10)。

(3) ア・プリオリな証明とア・ポステリオリな証明の順序

上記の二つの部分を参照してわかることが三つある。第一に、今述べたこと、存在が完全性（実象性）であるか否か、この点については明確にはなっていないということである。第二に「自分からの存在」という神の定義によって、デカルトの証明は妥当なものになると考えられているということがある。第三に、しかし、その場合にも問題が残り、「最も完全な存在が矛盾を含まない」ということが示されねばならない。このことは「最も完全な存在」、「必然的存在」、「自分からの存在」という概念の可能性の問題である。言い換えれば、この三つの概念が一つの事態を示しているその事態が私たちにとって思考可能であるのか、ということである。それが「もし必然的存在が可能であるならば、それは実在する」ということの示している内容である。この思考可能性はどのようにして示されるのであろうか。一つには、ア・ポステリオリな証明の帰結としてこの可能性が開かれるということがある。『モナドロジー *Principes de la philosophie ou Monadologie*』の記述に即してこの点を考えてみよう。ア・ポステリオリな証明の一つは「第三六節」から「第三九節」に提示されている（Leibniz-R, pp. 91–93）。そして「第四三節」から「第四四節」に第二のそれが見いだされる（Leibniz-R, p. 95）。前者は「偶然的真理」のなかに見いだされる「充分な理由」に着目され、最後の理由としての神に行き着くものである。後者は諸本質のなかに実象性があり、この実象性が「実在する何らかのもの」つまり「必然的存在の実在l'existence de l'Être nécessaire」に基礎をもつということを示している。偶然的な真理の最後の理由と本質の基礎、この二点に「必然的存在」の内実を見ることができる。「第四五節」においてこの「必然的存在が可能であるのならば実在しなければならない」とされる。「何の限界をも、何の否定をも、したがって、何の矛盾をも含んでいないことの可能性を何も妨げることがありえないならば、神の実在をア・プリオリに認識するためには充分である」(Leibniz-R, pp. 95-97)。必然的存在に内実が与えられ、その不可能性が見いだされない限り、神の実在はア・プリオリに証明できる。その内実がア・ポステリオリな証明を通して明らかにされたということは、世界と神とが区別されながらも、何らかの連関のうちに捉えられているということを示す。「必然的存在」という概念の思考可能性は世界との係わりのなかに求められる。思考可能性、つまりは認識可能性という点で、ア・ポステリオリな証明がア・プリオリな証明に先立っている。

(4) 完全性の強度から実在へ

「必然的存在が可能であるのならば、それは実在する」。それでは、その実在とは何を意味しているのであろうか。もし本質と実在とが隔絶していて、連絡する通路がないのならば、このテーゼは成り立たないであろう。可能性から実在へとどのように進むことができるのか。まず第一に、可能的なものである完全性の度合いについて確認しよう。ライプニッツは或る箇所で次のように述べている。「最大の嵩の存在も、無限な延長の存在もけっして与えられていない」。「そうではなく、完全性の最高の強度をもつ、ないしは強さにおいて無限な存在 ens maximum intensione perfectionis, seu infinitum virtute だけが与えられている」(Leibniz-G. IV, p. 511)。前者が不可能であるのは、「常にいっそう大きい」ということがあるからである (*ibid.*)。強度において最高の存在にはそれ以上がない。それだけではなく、「さらにいっそう」の先なのであるから、それ以下がなければならない。完全性が（内包的な）強度において捉えられている。完全性は可能性の下にあると言える規定性であり、事物の規定性として捉えるのならば実象性である。完全性も実象性も可能的なものである。その可能的なものに度合いが認められる。

次に「実在」そのものに迫ることにしよう。一六六六年頃の自伝的断片に基づいて、ライプニッツは「実在の定義を定式化しようとして多くの労力を払った」（Dascal, p. 109: *cf*. Foucher de Careil, *Mémoire sur la Philosophie de Leibniz*, t. I, p. 11, dans Belaval, p. 43）と言われる。その断片の中には次のような記述が含まれる。「感覚された存在という概念以外に、実在の判明などんな概念をも見いだすことは de trouver aucune autre notion claire de l'existence que celle d'être sentie」できない。「事物の実在は無謬な或る精神によって感覚された存在ということにある。われわれはその精神からの、つまり、神からの流出物にほかならない」（dans Belaval, *ibid.*）。ここでは、実在することを感覚に基づけるという「主観的」（Belaval, *ibid.*）な事態が、神によって支えられ、「事物の内的原理が普遍的調和である l'harmonie universelle」ということへと展開されるさまを窺うことができる（dans Belaval, p. 44）。また、別の箇所には次の記述が見いだされる。「何であれ感覚されるものが実在する。このことは論証不可能である。実在するものは何であれ感覚される。このことは論証されるべきことである。じつに、感覚されるものは何であれ実在するというわけではないが、明晰判明に感覚されるものは何であれ実在する」（Leibniz-A, VI, ii, p. 282）。また別の箇所に、次の定義が示されている。「実在とは或る人にとっての判明な感覚可能性である Existentia est alicuius sensibilitas distincta」（Leibniz-A, VI, ii, p. 487: *cf*. Dascal, pp. 109–110）。以上の箇所から汲み取ることができるのは、繰り返しに過ぎないが、実在することと感覚されることの連関である。感覚することが「或る人の」ことであるので、これからの脱却方途として神と理由に基づく「普遍的調和」が示されている。

別の或る箇所を参照することによって、ライプニッツの「実在」についての理解をもう少し進めることができる。「実在するものの概念 conceptus のうちには、実在しないものの概念のうちよりも、いっそうの何かが内在しなければならない oportet plus inesse、ないしは、実在は完全性でなければならない existentiam esse perefectionem。というのも、実際、実在において説明可能なことは、事物の最も完全な系列に入り込むということ以外ではない revera nihil aliud sit explicable in existentia, quam perfectissimam seriem rerum ingredi のだから。それは、肯定 positio を外在的な何かとして捉えるのと同じような仕方によってである。つまり、この外在的な何かは肯定された事物に何も付け加えない。しかしながら、他の諸事物によって変状されるその仕方を付け加える」(Leibniz-C. p. 9)。実在は本質以外の何かである。先に見た感覚することとの関連からすれば、実在は事物の述語ではないとされているように思われる(*cf*. Belaval, p. 43)。しかし、ここで実在は「完全性」であるとされている。この点については後に論じることにする。肯定するということは、他の事物との関係に入るということである。実在するとはそれと同じ仕方だ、とライプニッツは言う。つまり、実在するとはその他の事物との「最も完全な」関係の網の目のなかに入るということだ、と。個体概念に付け加わるそのような特徴が「実在」である。

(5)「最も可能な存在」と実在

上述のことは「概念と真理の解析についての一般研究 Generales Inquisitiones de Analysi Notionum et veritatem」の「第七三項」においていっそう明確に述べられている。このテクストを解読するのは難しい(*Cf*.《The analysis in the *Generales Inquisitiones* is tentative and obscure》, Parkinson, xxxvi)ので、やや詳しくテクストを見ながら議論を進めることにする。まず要点を以下に記す(Leibniz-C. pp. 375-376)。実在するとは「存在ないし可能的なもの Ens seu possibile」に加わる何かである。実在はさまざまな存在するものに適用されるのだから、実在するものにおいて「存在の或る段階 aliquid Entis gradus」が包み込まれて捉えられる。ライプニッツが述べているわけではないが、この段階は存在することの度合いではなく、例えば、植物、動物、人間のような、存在する事物相互の段階のことと考えられる。「実在するものは最も数多くのものと両立可能である存在、ないし、最も可能な存在である ens maxime possibile」。「あるいは同じことになる Vel quod eodem redit」のであるが、このことが知るという観点から次のように言い直される。実在とは、もし知解能力をもった精神が実在するならば、その精神が実在すると受け容れること、そして「最も力能のある精神 mens potentissima」がこれを拒まないこと。さらに同じく「七四項」には、「すべての実在命題は真であるが必然的ではない。なぜならば、それは、無限個の命題の使用によって、つまり無限にいたる分解によってのみ証明されるからである」(Leibniz-C. p. 376) と述べられている。「第七三項」を酌量して理解を進めるならば、必然的でないのは、一つには、「精神に受け容れられる」ということによると考えられる。だが、主な理由は「第七三項」に述べられている次の点に求められる。すなわち、この命題が真であることは当該個体の「完足概念 notio completa」の分解によって証明されるが、これには「無限に多くのもの」が含まれていて、証明を完結できないという点である (*Cf.* Leibniz-P, xxxvi)。

さて、上に触れた実在と精神との関係について述べられている箇所を、少し長くなるがもう一度引用してみよう。「あるいは同じことになるが、(1) 実在することは知解し力能あるものに受け容れられるということである。しかし、その場合に当の知解し力能あるものが実在するということが前提される。(2) まさに、実在することとは、もし何であろうと精神どもが実在すると仮定されるとしたならば、或る精神に受け容れられ、かつ、他のいっそう力能あるものに斥けられないこと quod Existens est quod Menti aliqui placeret, et alteri potentiori non displicere, si ponerentur existere mentes quæcunque'、と少なくとも定義することができるであろう。(3)かくして事柄は戻るのであるが、実在することとは、もし最も力能ある精神が実在すると仮定されるとしたならば、最も力能ある精神に斥けられないこと、と言われることになる。(4)しかし、この定義は実経験にも適用されうるapplicari possit experimentisのだから、そうするとむしろ次のように定義されるべきである。すなわち、或る(実在する)精神に受け容れられ、(もしわれわれが定義を単純命題として求めているのでないのならば、「実在するもの」ということが付け加えられてはならない)、また(絶対的に)最も力能ある精神に斥けられないことが、実在する、と」(Leibniz,-C. p. 376. ただし、引用文中の(1)などの数字は引用者による付け加えである)。ここには数字で示した四つの段階がある。(1)で手がかりが提示され、(2)で定義という形式をとるように表現され、(3)で事柄自体が述べられ、(4)では実経験という場面に適用される。(4)の定義をそれだけで存立するものと考える場合には、「或る実在する精神に受け容れられ、また(絶対的に)最も力能ある精神に斥けられないことが、実在する」ことである、と表現してよいであろう。そう捉え直すならば、(4)の「実経験」ということで示される(3)との差異分は「或る実在する精神に受け容れられる」という点にあることがわかる。(4)と(2)との差異は、(4)における最上級が(2)では比較級になっているという点に集中する。このことは(4)における最上級が(2)の比較級を伴う「精神」と(4)における「(実在する)精神」を包み込むという機構を示しているということも判明する。最上級が原級を包み込むのであるが、実経験への適用という局面において、「或る実在する精神」が受け容れるという場所がまず以て確保されなければならない。この「或る実在する精神」という視点から実在の受け容れを捉えるのならば、「最も力能ある精神に斥けられないこと」とは当該の事柄の実在することが矛盾を引き起こさないこととして捉えられるであろう。このことを論理的に示すならば、「実在するものは最も数多くのものと両立可能である存在、ないし、最も可能な存在である」という先の表現になる。このことからもう一度精神の問題として「最も力能ある精神に斥けられないこと」を実経験における事柄として捉え直すならば、肯定的には理由があるということ、否定的には矛盾が見いだされないことによって示されるのではないのであろうか。要するに、実際の経験的状況においては、有限的精神によって当の事柄の実在することに理由が認められ、かつ、対他的に矛盾が見いだされない場合に、当の事柄が実在する、ということになるのではないか。

(6) 感覚可能性と完全性

さてそれでは、先に見いだされた「実在すること」の論理的規定と、今推定された実際上の条件との間にはどのような関係があるのか。論理的規定とは、繰り返しになるが、「実在するものは最も数多くのものと両立可能である存在、ないし、最も可能的な存在」ということであった。これが事物の実在することの定義になる。このことが示しているのは、可能的でありながら現実的と同じことになる可能的であること、それが実在するということである。言い直せば、可能性のうちでの特別な可能性が実在である。これに対して、実経験の側では、「力能ある精神」が原級から最上級までへと展開されていた。このことは、一つの或る何かの度合いが貫かれていることを示す。一方では、有限精神に個体概念を分解し尽くすことはできない。他方では、有限精神は「最も力能ある精神」には達しえない。この状態のなかで私たちは「実在する」かどうかを見定めて行かなければならない。先に「実在は完全性」であるとされている箇所にぶつかった。しかし、その一方で「実在とは或る人にとっての判明な感覚可能性である」ともされていた。「実在する」ということを可能性の特別の場合であると考えるのならば、この二つの表現を矛盾なく納めることができる。実在は個体の特徴として、個体に帰すことのできる完全性の一つである。しかしながら、他の完全性とはまったく異質な完全性でなければならない。実在することは可能性の最高度に位置しなければならないからである。その可能性をも超えた頂点を占めるのは必然的存在である。個体概念を限無く分析し尽くすことができれば、当の個体が実在するかどうか決めることができる。しかし、実在命題は偶然的命題である。この二つのことが両立するのは、「実在すること」が個体概念のうちに「実在」として含まれているのではなく、可能性として包み込まれており、その可能性が「最も数多くのものと両立可能」である場合に実在することを示しているからである。可能性の特別の場合と捉えられる限りでは、完全性の秩序に入るが、実在するという観点からは感覚可能性としてのみ捉えられる。

先に見た箇所において、「実在が諸完全性のうちに入るかどうか」(Leibniz,-G. I, p. 214) という点についての応酬に決着がついていないことも、上記のことを仄示しているのではないか。また、ライプニッツが「可能的実在Existentia possibilis とは本質そのもの」のことだとして、「可能的実在」という表現を認めないのも (Leibniz-C. p. 376)、上記のことと平仄が合っているのではないか。[11] もし、私たちの解釈が受け容れられるのならば、可能性から現実性へ、現実性から必然性へと移行する途が見えることになる。必然的存在の可能性とは思考可能性であった。実在とは可能性の特別な場合である。必然的存在も実在も可能性の下に考察可能になる。完全性 (実象性) に度合いがあるように可能性にも度合いがある。それでは私たちの視野から免れていた「必然的実在」という表現は、ライプニッツにとってどのような事態なのか。ライプニッツは「必然的実在」に特別の意味を込めて使ってはいないように思われる。[12] 可能的実在も、必然的実在も、表現として適切ではないと考えられたのであろう。可能的実在とはすでに見られたように本質のありさまのことであり、必然的実在とは必然的存在以外のことではないであろう。言い換えれば、必然的実在がデカルト、ヒュームのように「常に実在すること」とは捉えられていないということを示す。実在とはまさしく現実性のことである。

もう一度得られたことを捉え直しておこう。「必然的存在が可能ならば、それは実在する」と言われる場合の、「可能」とは思考可能性のことである。必然的存在についての思考の内実は世界と神との係わりのなかで、ア・ポステリオリな証明を介して示される。その意味で、ア・ポステリオリな証明がア・プリオリな証明に先立っている。その「必然的存在」の内実を示す表現として「自分からの存在」、「最も完全な存在」、「事物の最後の理由 la dernière raison des choses」(Leibniz-R. p. 93) などを挙げることができる。「自分からの存在」は自分が自分自身に可能性を与えること、その本質が実在であることを示す。この場合の可能性は思考可能性ではなく、事柄自身における可能性である。

そしてまた、「実在」についてライプニッツの述べていることから私たちが見いだしたのは、実在することは可能性の最高度を示し、その可能性をも超えたところに必然的存在が見いだされる、ということであった。この必然的存在が思考可能であるのならば、それは実在する。必然的存在という概念の内実はア・ポステリオリな証明を介して得られる。しかしその思考可能性は、「最も可能な存在」を超えた必然的存在として開披される。この超えているということは、ひたすらその本質が実在であることに求められる。最も可能な存在であることをその本質にしているということは、実在を完全性として含むということである。「自分からの存在」とはこのことを示している。これに対して有限的事物は、その個体概念に最も可能な存在であることを含まない。その概念を分解し尽くしたときに、当該の個体に帰するすべての規定が一切の完全性と両立可能であるか否かが、明らかになり、両立可能であるのならば、その個体は最も可能な存在として実在することが論証される。しかし、そのことは有限的な私たちにはなしえぬことであり、私たちは私たちによって感覚された当該の個体の実在を受け容れることができるかどうかを問うことになる。「或る人」は当人の感覚しているという事実を越えて、「普遍的調和」へと向かう、つまりは、当該個物の実在に理由があり矛盾を引き起こすことがないかどうかを判定する。同じことであるが、「或は人」は当の個体がその他の事物との「最も完全な」関係の網の目のなかに入るかどうかを評価する。

四　結　論

(1)　存在は完全性であるか否か。

私たちは、カントからヒュームを経て、ライプニッツについて論究してきた。最後にこれまでに獲得されたことを土台にして、デカルト哲学との関連の下に、存在が完全性か否かという点と、必然的実在について捉え直してみよう。カントとヒュームは例外なしに実在（存在）を完全性から排除した。ライプニッツとデカルトは神だけを例外として扱い、神の実在はその完全性であるとした。この考えは、「神はその〈あること（存在）〉である Deus est suum esse」という伝統の上に立っている（*e. g.*, Thomas, *Summa theologiae*, p. I, qu. 3, art. 4）。ライプニッツの哲学においては、有限的個体の実在も無限なる神の実在も可能性の強度（存在の重さ）の下に捉えられる。デカルト哲学においては、神における完全性は、完全性の超出として必然的実在と一つの頂点を築く。両者の哲学において存在は重さをもっている。カントの『純粋理性批判』の構想における感性的直観と実在することとの結びつきは、ヒュームにおける知覚と実在との連関に重なる。その点から観るかぎり、カントの「実在」観は認知論的な「実在」把握として解することができる。この理論は対象を認識するのはどのような条件の下であるのかということを解明することはできても、対象が実在することの原因を問う装置をもっていない。そもそも神の存在を証明する装置がない。この点ではヒュームについても同断であった。そしてまた、このように実在することをそれとして、つまり、認知連関とは別に問うことをやめるという点は、現代哲学の大方と軌を一にする。実在が完全性であることについて例外を認めないということは、実在の何であるかを問うことをやめることである。それは経験主義的な認知論からの帰結である。

実在の何であるかを見失うということは、有限的事物の実在と無限なるものの実在との間に越えることのできない、緊張のない断絶をおくことである。そして状況により、論脈により、概念図式のありさまにより、実在するものが異なることになる。結局のところ何が実在するのかということは、関係性のなかで人々の約定に基づいて定まることになる。ヒュームの哲学が示唆していたのがこの方向である。経験的世界において何が実在するのかということは伝統と制度を通して決まってくる。ライプニッツもまたこの方向性を見据えていた。「普遍的調和」を背景にもちながら「精神に受け容れられる」とはそのことであった。デカルトは、精神が物体の実在を捉えるぎりぎりの接点を感覚の直接性に求めた。この点は認知論的な「実在」把握に基づいている。しかし、彼が「第六省察」における物体の実在証明において「第三省察」における第一の神の実在証明と同じく「観念の対象的実象性」を用いたということは、認知論と存在論との接点を示すことになる（*cf.* E. 82. 07-26: AT. VII, 79. 11-27）。デカルトにとってもライプニッツにとっても実在は認知の結果以上の重さをもつ。それが経験主義によっては届かない地点である。届かないがゆえにカントにとって（『純粋理性批判』においては）最初から「存在論的証明」は不成立にならざるをえない。

（2） 必然的実在

『純粋理性批判』において「必然的存在」は人間理性が追いかける幻であった。しかし、『遺稿』が教えているのはこの幻が幻でないことの重さである。ライプニッツは「必然的存在」の思考可能性を問うた。「必然的存在」は事柄の上ではその本質が実在であることを示す。このことが私たちの世界構成とどのように結びつくのか。これが思考可能性の内実である。すなわち、「必然的存在」という概念は、世界と世界の外側との関係を示す概念である。それゆえにア・プリオリな証明はア・ポステリオリな証明の後に措定されうる。神概念をこの関係から形成しなければならないからである。こうして私たちは、デカルトが『省察』において発見の道を辿るときにア・ポステリオリな証明をア・プリオリな証明に先立てたこと、ア・ポステリオリな第二の証明が「自分からの存在」という規定をア・プリオリな証明に受け渡していること、ア・プリオリな証明が五日目に数学の学としての基礎づけとして提示されなければならなかったこと、これらに理由を提示できる[13]。

ライプニッツは「必然的実在」という概念を「必然的存在」とは別の意味で用いることはなかったと推定される。それはまた、彼のこの概念が〈常に実在する〉という含意をもっていなかったからである。ヒュームはこの点を突き、常に実在するという把握が経験を超えていることを神不在の証拠に用いた。デカルトは既に「必然的実在」を〈常に実在すること〉という意味で用いていた。彼は神の自然本性に「常に実在すること」が属していると考えた（「第五省察」E. 65. 22: AT. VII, 65. 24. «ut semper existat»）。「必然的実在は、実際、神において最も厳密に解された特性であり、それというのも、必然的実在は神にだけ適合し、独り神においてだけ本質の部分をなすのだから」と「第五答弁」において述べている（AT. VII, 383. 03–05）[14]。必然的実在は実在の頂点として本質から引き離すことができない。「第五省察」におけるア・プリオリな証明が示していることは、無限なもののありようが、つまり、そこにおいて本質と実在が同じであることが、必然性に内容を与えるということである。必然性とは神なしの不可能性である。

デカルト哲学において「必然的実在」は感覚知覚によって確かめられるような何かではない。こうしたデカルトの「実在」についての捉え方を、敷衍しながら〈常に実在すること〉である「必然的実在」の意味を探ってみるならば、以下のようになるであろう。必然的実在と可能的実在の間に（現実的）実在が位置する。かつて実在したこと、今実在すること、これから実在するであろうこと、この何れも或る程度の持続の厚みをもった実在である。可能的実在とは、本質領域における例えば〈三角形の内角の和は二直角である〉というような本質ないし特性のありさまを示している。この可能的実在は持続の相のもとに捉えられる実在ではない。これに対して（現実的）実在は、いつも或る程度の持続をもつ。したがって、可能的実在と過去の実在、および、未来の実在は異なる。（現実的に）実在するとは、或る程度の持続をもつが常にということはない。必然的実在は、実在の持続を「最も」という方向に引き延ばして、しかし、それを超えて摑まれる。実在しうる、実在する、常に実在するという三相は実在することの三相であるが、持続を視点に観れば、ゼロ持続、或る程度の持続、程度を超えた持続というように理解される。（現実的）実在は、あたかも、最上級と原級の間にある比較級のようである。「必然的実在」は、〈があること〉と持続との関係の下にデカルト存在論の一部を構成する。

そこにおいて実在がそれの実象性（完全性）であるもの、これを措定することはまた必然的に実在するものを立てることでもあった。このことから明らかになる一つのことは、有限的存在と無限な存在とが原級と最上級という度合いの関係におかれるということである。それを私たちは存在の重さと表現した。存在の重さが存在に理由を与える。この存在の重さにおいて、真であることはもっとも真であることに支えられ、善いことは最も善いことを源にもつ。そしてもっとも真であることと最も善いことは最も実在することとして一つの無限（絶対的他）である。歴史にとって忘却はまた更新であったように、私にとって欠乏はまた希望である。それが有限的な私のありさまである。私の実在の原因は、絶対的に私ではないもの、無限なものである。

（1） 目指されている一般存在論については、差し当たって村上(4)の「序」、村上(3)の五三頁以下を参照していただきたい。また、本論およびその註における引用・参照についての出典はすべて略記号を用いて示す。これらの略記号は「文献表」における各項目の末尾に示されている。

（2） あるいは、『神の現存在の論証の唯一可能な証明根拠 *Der einzig mögliche Beweisgrund zu einer Demonstration des Daseins Gottes*』の「第一部第一考察第一節」の表題は次のようになっている。「現存在は何らかの事物のどんな述語ないし規定でも全くない Das Dasein ist gar kein Prädikat oder Determination von irgendeinem Dinge」(Kant-DemB, S. 9)。カントのテクストに関しては、『純粋理性批判』(Kant-KdrV) と『神の現存在の論証の唯一可能な証明根拠』については主に、Philosophische Bibliothek (Felix Meiner) 版を用い、その他のものについては、Kant-Werke, Kant-A, Kant-M を用いた。また、翻訳としては理想社版『カント全集』を主に参照し、岩波版『カント全集』をも適宜参照した。

（3） 引用文中括弧内の「実象的」という言い換えは、本論文筆者による補足である。以下においては、「レアーレ」という久保の訳語を、本論における用語の統一という観点から「実象的」に変更した。また、久保は《ens》を「存在者」と表記しているが、本論では「存在」と表記し、久保の文章を引用するに際して「者」を括弧に入れることにした。中世哲学における《ens》の使用までを視野に収めるとき、「存在すること」と「存在するもの」との両義を汲み取らなければならないからである。本文中に紹介したもの以外に指摘されている久保の主張を一つ補足して付け加えれば、カントは「思惟のなか」と「思惟のそと」という区別に基づく批判は「一七六三年以降」二度としなかったとされる（久保、三五八頁）。

（4） 「凡通的規定の原則」は久保によれば次のように示される。「すべての事物は凡通的に規定されており、そのそれぞれの規定のされ方の独自性によって互いに区別される」（久保、三八二頁）。言い換えれば、或る事物が他の一切の事物との関係のなかで、それがもっている完全性のいっさいが規定されていることを示す。

(5) この点が存在論的証明批判の問題にとどまらず、カント哲学にとって或る根底的な問題をなすことについて桧垣は次のように記している。「「存在は物の述語でない」からこそ、「存在認識」に関して、「悟性」と「感性」ないしは、「概念」と「直観」とが区別」される。「この順序は注意されるべきである」(桧垣、一六四頁)。私たちの後文における見解はこれと対立するように見えるが、私たちは「感性論」に「弁証論」が制約されているということを主張しているに留まる。

(6) 福谷によれば、「『遺稿』の段階における超越論哲学の論理を集約的に示している表現が、頻出する「forma dat esse rei (形相がものの存在を与える)」というラテン語である」とされる(七〇頁)。そしてこの「形式 Form」が出発点になり、「経験」が「形式」の役割を果たすことになる(七〇–七二頁)。このことは、晩年においてカントが「存在」について『純粋理性批判』とは近接していながらも異なる思索に到ったことを示唆しているのではないのであろうか。

(7) この「自然本性的な歩み」が存在論的証明の背後にあることについては、久保、三九〇から三九一頁、および、Scribano, p. 290 参照。

(8) *Cf.* Scribano, p. 277 & Henrich, S. 129-130：一八八頁。

(9) ライプニッツの神証明については、多くを山本、四二頁から五三頁までに依拠している。しかし、ライプニッツの神証明のなかで「論理学と存在論的証明と宇宙論的証明」(四九頁)の三つが相互に循環しているという点については異議を申し立てたい。「ライプニッツは、かかる循環あるいは誤謬推理を以て「証明の完成」と言う」。この「証明の完成」について、私たちは論理的な道筋というよりも、説明に欠落がなくなることによって「それとともにこの論証が完成する et qui jointe avec elle achève la démonstration」(G. IV, 406)と解している。その理由は、提起されている二つの様相命題が、本文中に示したようにデカルトの証明の欠陥を直接的に補っているとは思えないからである。

(10) Animadversiones in partem generalem Principiorum Cartesianorum, Art. 14, G. IV, pp. 358-359 においても、デカルトが『哲学の原理』「第一部第一四節」で提示しているア・プリオリな証明を、ライプニッツは批判的に検討しているが、本文中に述べたことをさらに補足するような論点は見いだせない。

(11) このようなライプニッツの記述の背後には、パーキンソンの記しているように「実在するあらゆる事物が必然的存在であるという結論を避ける」という意向があったであろう(Leibniz-P, xxxvi)。石黒はこのテクストを取り上げて次のように指摘している。「ライプニッツは「現実存在の概念について説明できるのは、事物の完全な系列の構成要素であることだけだ」。ここで「事物（res）」が現実に存在するものを意味しているのなら、この説明は循環的であるし、可能なものを意味しているのであれば、我々は再び現実存在を個体概念の特徴として説明しているに過ぎないことになる。」（石黒、二二六頁）、と。この指摘への反論として、本文中に示したように、ここで言われている「事物」が可能的なものであり、可能性のうちの特別の場合が現実性であると解釈する可能性を私たちは提起したい。本文中に引用した「事物の最も完全な系列に入り込む」ことと「最も数多くのものと両立可能である」ということは同じこと、つまり「共可能性 composibilité」を意味しているであろう。論理的にはこれが可能的なものと現実的なものを分かつ基準になる。しかし、このことは「無限にいたる分解によって」のみ示されうることである。経験的・実践的局面においては、この基準は効かない。可能性の特別な場合という「実在」についての解釈は、たとえば、「形而上学的完全性の原理 the principle of metaphysical perfection」（Russell, pp. 73-74）、この考えを継承させながら展開される「充溢の原理 the principle of plenitude」（Lovejoy, p. 52）という思索と親和的であるように思われる。

(12) 「必然的実在 existentia necessaria/existence necéssaire」という連辞は Gerhard 版の中では、Leibniz-G. I, pp. 215, 219, 220, 249 など Eckhard の文のなかで使われ、Leibniz-G. III, pp. 446, 447, 449, 451 など Jacquelot との遣り取りのなかで用いられ、Entretien de Philarete et d'Ariste, suite du premier entretien d'Ariste et de Theodore のなかでテオドールの説を代弁するアリストの文のなかに現れる（Leibniz-G. VI, p. 590）。また、Animadversiones in partem generalem Principiorum Cartesianorum において、デカルトの『哲学の原理』の表題には使われているが、それについて展開されているライプニッツの文章の中には使われていない。決定的なことは言えないが、ライプニッツは自分固有の思索を表すのにこの表現をおそらく使わなかったのではないであろうか。

(13) ア・プリオリな神証明がなされている『方法序説』（AT. VI, 36. 22-31）において〈常に実在する〉に類する表現は用いられていない。「第五省察」において「必然的実在 existentia necessaria」という表現をデカルトは使わなかったが実質的にはこの考え方が採用されている。『哲学の原理』（AT. VIII-1, 10. 08-11）においては「可能的実在」との対比の下にこの概念が用いられている（村上(3)参照）。デカルト哲学における「完全性」、「必然的実在」、「実在」、「可能的実在」について、その結論の一部だけを再掲しておこう。「(一) 完全性は一つ二つと数えられる規定とは考えられていない。度合い、ないし、強度を核心に据えながら、デカルト的「完全性」概念は理解されるべきである。（二）神における完全性は完全性の超出（ないし、逸脱）である。すべての完全性が一つになるところに必然的実在が立ち上がる。この「すべて」は数え上げられる〈すべて〉ではない。一つになってすべてであるような「すべて」、言い換えれば、無限ということである。（三）神において、その必然的実在がその他の一切の完全性を締めくくる。神の本質をなすという点で、神について言われる実在は完全性である。（四）被造物について言われる（現実的）実在は完全性ではない。（六）可能的実在は完全性とされる。可能的実在とは本質領域におけるさまざまな本質・特性のあることを示している。そこでは三角形もその内角の和も同じく可能的に実在する」（村上(3)、五一頁)。また、デカルト的「必然性」概念については村上(1)を参照。

(14)　これらの点については、村上(2)を参照のこと。ただし、順序についてだけはその結論を再掲しておく。「『諸根拠』においても、『哲学の原理』においても、『省察』の順序とは異なり、ア・プリオリな証明が先立つ。これらにおける証明だけではなく、「第一答弁」と「第二答弁」に提示されている証明も、神の観念に必然的実在が含まれること、帰属の明証性、この二つのことが証明の核芯を形成する。ア・ポステリオリな証明は、「観念」という、事物の本質開示方式を練り上げつつ、形而上学を樹立する過程のなかでなされ、それゆえに、『省察』の流れから取り出して独立に提示するためには、ア・プリオリな証明よりも先行了解事項が複雑になる。それぞれの作品の性格と、作品の構成とともに、これが「諸根拠」と『哲学の原理』でア・プリオリな証明がア・ポステリオリな証明に先立たねばならない理由になる」（村上(2)、一八頁)。

文献表（末尾の括弧内に記されているのは本文中に記した略記号である。）

Belaval, Yvon, *Leibniz —— Initiation à sa philosophie*, J. Vrin, 1975. (Belaval)

Dascal, Marcelo, *La sémiologie de Leibniz*, Aubier Montagne, 1978. (Dascal)

福谷茂「形而上学としてのカント哲学」『哲学』五五号、二〇〇四年、五六－七三頁。（福谷）

Gassendi, Pierre, *Disquisitio Metaphysica* (1644-seu Instantia), Texte établi, traduit et annoté par Bernard Rochot, Vrin, 1962. (Gassendi)

Henrich, Dieter, *Der ontologische Gottesbeweis*, J. C. B. Mohr (Paul Siebeck) 1960（ディーター・ヘンリッヒ（本間その他訳）『神の存在論的証明』法政大学出版局、一九八六年）(Henrich：和訳)

桧垣良成『カント理論哲学形成の研究』渓水社、一九九八年。（桧垣）

Hume, David, *Dialogues concerning Natural Religion*, Part IX, in *Philosophical Works of David Hume* (Reprint of the 1854 edition), Thoemmes Press 1996. 福鎌・斎藤訳『自然宗教に関する対話』法政大学出版局、一九七五年。（Hume-D：和訳）

Hume, David, *A Treatise of Human Nature*, Bk. I, Part IV, Sect. 2, Edited, with an analytical index, by L. A. Selby-Bigge, Oxford 1888/1973. 大槻春彦訳『人性論』岩波文庫、一九六七年。（Hume-T：和訳）

Descartes, René, *Œuvres de Descartes*, publiées par Charles Adam & Paul Tannery, Nouvelle présentation, Vrin 1964-1973. (Descartes-AT.)

Descartes, René, *Les Textes des «Meditationes»*, éd. par TOKORO, Takefumi, Chuo University Press, 1994.（これに依拠した一六四二年第二版については、Descartes-E. と略記する。）

一ノ瀬正樹「ヒューム因果論の源泉――他者への絶え間なき反転」（ディビット・ヒューム（斎藤・一ノ瀬訳）『人間知性研究』法政大学出版局、二〇〇四年、二二七―二七八頁）。（一ノ瀬）

石黒ひで『増補改訂版　ライプニッツの哲学――論理と言語を中心に』岩波書店、二〇〇三年。（石黒）

Kant, Immanuel, *Kant's gesammelte Schriften*, begonnen von der Königlich Preußischen Akademie der Wissenschafte. Berlin, Bd. XXI, 1936. (Kant-A.)

Kant, Immanuel, *Der einzig mögliche Beweisgrund zu einer Demonstration des Daseins Gottes*, Philosophische Bibliothek (Felix Meiner), 1963/1974. (Kant-DemB)

Kant, Immanuel, *Kritik der reinen Vernunft*, Philosophische Bibliothek (Felix Meiner), 1956. (Kant-KdrV)

Kant, Immanuel, *Opus postumum*, Passage des principes métaphysiques de la science de la nature à la physique, Traduction, présentation et notes par François Marty, PUF, 1986. (Kant-M.)

Kant, Immanuel, *Kant Werke*, Akademie-Textausgabe, Walter de Gruyter & Co., 1968. (Kant-Werke)

久保元彦『カント研究』創文社、一九八七年。（久保）

黒田亘『知識と行為』東京大学出版会、一九八三年。（黒田）

Leibniz, Gottfried Wilhelm, *Sämtliche Schriften und Briefe*, Deutschen Akademie de Wissenschaften, Darmstadt, (Leibniz-

A.)
Leibniz, Gottfried Wilhelm, *Opuscules et fragments inédits de Leibniz*, par Louis Couturat, Olms 1966. (Leibniz-C.)
Leibniz, Gottfried Wilhelm, *Die Philosofischen Schriften von G. W. Leibniz*, herausgegeben von C. I. Gerhardt, Berlin 1875/ Olms 1960. (Leibniz-G.)
Leibniz, *Logical Papers, A Selection*, Translated and edited with an introduction by G. H. R. Parkinson, Oxford, 1966. (Leibniz-P.)
Leibniz, Gottfried Wilhelm, *Principes de la nature et de la grâce fondés en raison / Principes de la philosophie ou Monadologie*, publiés par A. Robinet, PUF, 1954/1986. (Leibniz-R.)
Lovejoy, Arthur O., *The Great Chain of Being*, Harvard University Press, 1936/1964. (Lovejoy)
村上勝三「デカルト哲学における「必然性」の問題」『西日本哲学年報』一九九三年、一一一四頁。(村上(1))
村上勝三「ア・プリオリな証明と順序——デカルト「第五省察」研究」『東洋大学大学院紀要』、第三六集、二〇〇〇年、二一二二頁。(村上(2))
村上勝三「実在は完全性であるのか？——デカルト的「完全性」概念の究明」『白山哲学』三八号、二〇〇四年、三一一七〇頁。(村上(3))
村上勝三『観念と存在　デカルト研究Ⅰ』知泉書館、二〇〇四年。(村上(4))
Russell, Bertrand, *A critical Exposition of the Philosophy of Leibniz*, George Allen & Unwin, 1900/1975. (Russell)
Scribano, Emanuela, *L'existence de Dieu —— Histoire de la preuve ontologique de Descartes à Kant*, Éditions du Seuil, 2002. (Scribano)
Thomas Aquinas, *Summa theologiæ*, Marietti, 1952. (Thomas, *Summa theologiæ*)
山本信『ライプニッツ哲学研究』東京大学出版会、一九五三年／一九七五年。(山本)

〔真理の探究〕　ISBN4-901654-54-3

2005年6月25日　第1刷印刷
2005年6月30日　第1刷発行

編　者　村　上　勝　三
発行者　小　山　光　夫
印刷者　藤　原　良　成

発行所　〒113-0033 東京都文京区本郷1-13-2
電話(3814)6161　振替00120-6-117170
http://www.chisen.co.jp
株式会社　知泉書館

Printed in Japan　印刷・製本／藤原印刷

執筆者略歴

（執筆順）

小泉義之（こいずみ・よしゆき）
1954年生。東京大学大学院博士課程退学。立命館大学大学院先端総合学術研究科教授。『兵士デカルト』勁草書房，1995年，『ドゥルーズの哲学』講談社現代新書，2000年，共編著『生命の臨界』人文書院，2005年。

香川知晶（かがわ・ちあき）
1951年生。筑波大学大学院博士課程単位取得退学。山梨大学大学院医学工学総合研究部教授。『生命倫理の成立』勁草書房，2000年，『バイオエシックス入門・第三版』（共編著）東信堂，2001年。

鈴木　泉（すずき・いずみ）
1963年生。東京大学大学院博士課程中途退学。神戸大学文学部助教授。「無限性から必然的実在へ——デカルトにおける神の実在証明」『デカルト読本』湯川・小林編，法政大学出版局，1998年。「ドゥルーズ哲学の生成：1945-1969」『現代思想』2002年８月号。「スピノザ哲学と『形而上学的思想』」『スピノザーナ』第５号，スピノザ協会編，2004年。

伊藤泰雄（いとう・やすお）
1950年生。学習院大学博士課程満期退学。大学非常勤講師。『神と魂の闇——マルブランシュにおける認識と存在』高文堂出版社，1997年，共著『思想の鍵』勁草書房，1995年，（共訳）メルロ＝ポンティ『フッサール『幾何学の起源』講義』法政大学出版局，2005年。

佐藤一郎（さとう・いちろう）
1952年生。東京都立大学大学院博士課程中途退学。山梨大学教育人間科学部助教授。『哲学的冒険——形而上学へのイニシアシオン——』丸善，2002年，『個と無限——スピノザ雑考——』風行社，2004年，「哲学するジャコメッティ——「夢・スフィンクス楼・Ｔの死」『みすず』447号，1998年。

上野　修（うえの・おさむ）
1951年生。大阪大学大学院博士後期課程単位取得退学。大阪大学大学院文学研究科教授。『スピノザと政治的なもの』（共著）平凡社，1995年，『精神の眼は論証そのもの——デカルト，ホッブズ，スピノザ』学樹書院，1999年，『スピノザの世界——神あるいは自然』講談社，2005年。

松田　毅（まつだ・つよし）
1956年生。京都大学大学院博士課程単位修得退学。神戸大学文学部教授。Ph. D. Der Satz vom Grund und die Reflexion－Identität und Differenz bei Leibniz－, Verlag Peter Lang，1990年。『デカルト読本』（共著）法政大学出版局，1998年。『ライプニッツの認識論』創文社，2003年。

佐々木能章（ささき・よしあき）
1951年生。東京大学大学院博士課程満期退学。東京女子大学文理学部教授。『ライプニッツ術』工作舎，2002年，「記憶の可視化——忘れやすさからのライプニッツ的転回」哲学会編『哲学雑誌』118号，2003年，『いのちの倫理学』（共著）コロナ社，2004年。

谷川多佳子（たにがわ・たかこ）
1948年生。パリ第一大学大学院終了。同大学哲学博士。筑波大学大学院教授（哲学・思想専攻）。『デカルト研究——理性の境界と周縁』岩波書店，1995，「眼と表象」『思想』928号，2001年，「ライプニッツと意識・記憶・表象」『思想』930号，2001年，「主体・精神・エクリチュールとその病」『哲学・思想論叢』23号，2005年。

山田弘明（やまだ・ひろあき）
1945年生。京都大学大学院博士課程満期退学。名古屋大学大学院文学研究科教授。博士（文学）。『デカルト『省察』の研究』創文社，1994年，『『方法序説』を読む』世界思想社，1995年，『真理の形而上学』世界思想社，2001年。

村上勝三（むらかみ・かつぞ）
1944年生。東京大学大学院博士課程退学。東洋大学文学部教授。文学博士。『デカルト形而上学の成立』勁草書房，1990年，『観念と存在　デカルト研究１』知泉書館，2004年，『数学あるいは存在の重み　デカルト研究２』知泉書館，2005年刊行予定。

人名索引

事項索引

凡　例

(1) 項目の選択，および，訳語の選定は各執筆者の裁量にゆだねられており，必ずしも統一がとれていない．

(2) 項目は，日本語，ラテン語，フランス語，英語，ドイツ語の順になっており，各国語の区切りにはスラッシュ（／）を用いた．また，同一言語における名詞，動詞などの区切りにはコンマ（，）を用いた．

(3) 同一言語に対応する複数訳語を明確にするために，煩瑣になることをいとわず矢印（→）で交差的参照を可能にした．

(4) 書物の名前は拾わないことを原則にした．

あ　行

愛（amour）　64,83,104-08,110-12,115-16,118,122-23

愛徳（charité）　123

欺く神（dieu trompeur）　14,16,164,245,249,251,270

与えられた（観念）（data）　137-45

与えられる（dari）　142

アダム（Adam）　113,115

ア・プリオリ（な証明）　185,187,306,316,320,327,330,336-37

ア・ポステリオリ（な証明）　319-20,327,330,337

洗い浄める（知性を）（expurgare）　139

ありかた〔本質〕（「本質／本質的」も見よ）（essentia）　130,141,145,149

ある／在る，あること／在ること　（→「存在／あること」）（esse）　131,142,308-10,313

アルキメデスの点　184,186

イエス／イエス＝キリスト（Jésus/Jésus-Christ）　104,115,123

医学（medicina/médecine,）　14,33-55,284

生きる（vivere）　139-40,

意見（opinio）　249,252

意志（→「思想」）（voluntas/volonté）　12-13,17,37,64,83,88,104-05,107,114,179,182,188,203-04,279,297,300

意識（conscience）　64,95,107,114,289-93,303

――表象（→「覚知／覚知する」）（apperception）　289

一義性／一義的（univocité/univoque）　62,83,88

一性（unité）　69,71

一般的規則（regula generalis/règle générale）　21,30,245,272

一般存在論（ontologia generalis）　307,334

意味と意義（Bedeutung und Sinn）　197

因習的記号（signum quod vocant ad placitum）　153

疑い／疑う（dubium, dubitare）　132,136,144

疑わしい（観念）（dubia）　149

生れつきの（nativus）　139

運動（motus/mouvement）　7-8,12,16,19,27,31,40-42,53,56-57,83,104-05,107-08,110,113-16,124,188,199-200,204,296-300,304

永遠回帰　206,209

永遠真理（vérité éternelle）　163,187-88,214-16,225,233,239,253,255-56,260-67,273-74,279-80,319

叡智（sapientia）　139,152

英知（sagesse）　65,67,83,88

叡知的（intelligible）　61-62,65,67-68,

70,80-81,87,89-90
——延長（étendue intelligible） 61-62,67-68,70,80,87,89-90,98-99,121,294-95
——存在（être intelligible） 65
延長（extensio） 14,18,27,44,48-49,57,61-62,67-68,70,80,87,89-90,97-98,121,156,294
臆見（opinio/opinion） 233-34
思い（→「思惟」）（cogitatio） 145,151
思いの様態（modus cogitandi） 145,150-51
オラトワール（Oratoire） 262,265
オルガノン（Organon） 149
恩寵（grâce） 83,104-05,108-10,114-17

か　行

快（plaisir） 114-16,122-23
外延 181,189-90,194,197,208
懐疑（dubitatio/doute） 14,31,43,55,164,245-46,253,266,268,270-71
——論（scepticisme/scepticism） 136,159-60,162-64
——理由（ratio dubitandi） 47
——主義 173,179-81,185,199-207
改善する（知性を）（emendare） 139-40,152
蓋然性（probabilitas/probabilité） 180,234
外的命名（denominatio extrinseca） 163,202
概念（→「想念」,「知見」）（notio, conceptus, terminus/notion, conception/Begriff） 35,39,43,57,65,68-72,82,87,91,95,99,111,151,188-89,193-201,208,278,233,307-09,311,313,317,319-24,329,332,335
外部感覚（sensus externus） 46-51,57
確実性（certitudo） 184,187,249,251,253,266-68
確実な（certus） 27-28,138
確信（persuasio） 77,160,249,251
覚知／覚知する（→「意識表象」）（apperception, appercevoir） 65,75-77,79,82,84,90,94-96,98,101-03,111,120-21
学問（scientia/science） 33-38,40,43,54,188,206,230,232
確率（probabilité） 234-35
——論 188
かすかさ／かすか（な／に）（légèreté, léger, légèrement） 61,63,73-74,76-84,89,91,99-100,103,117,121
かすかな知覚（perception légère） 61,63,73-74,78-83,91
仮説（hypothèse） 180,184,187-89,192,203-04
形としてのありかた（essentia formalis, formalitas） 129-30,134-36,143,150-51
神（Deus/Dieu） 6,9-15,21-23,25-29,31,41,48-53,55,61-75,77-91,93,97,99-100,104,108,112-13,120-23,128,145,156,166-67,171,179,188,201,204,209,217,239-74,278-79,294-97,304,311-16,318-23,329,333,335,337
神において見る（voir en Dieu） 62,64,66-67
神の実在証明 65,74-75,77,89
体（corpus） 129,141-42,145
仮の道徳（morale provisoire） 140
可能的／可能性（possibile, possibilitas） 68,70,87,109,117,122,162,180-87,278,309,311,314,316-17,320-23,327,329-30,332-33,336
可能的世界（monde possible） 187,220-21
可能的存在（ens possibile） 319
感覚／感覚する／感受する／感じる／感覚的（sensatio, sensus, sentire, sensibile/sense, sensation, sentir, sensible） 10,12,15-20,27,29,35,42,44-54,57-58,75-80,82,95,99-100,103,107,110-11,113,115-17,121,123,136,142,145,

180, 182, 198, 208, 215, 217, 223, 317, 323-24, 327-31
関係（rapport） 61-62, 64, 68, 82
感受性（sensibilité） 78, 90
感情 83-84
完全性（perfectio/perfection） 31, 61, 69-71, 81-82, 87-88, 103, 108, 110-12, 119, 123, 166, 207, 250, 307, 313, 318, 320-23, 327-31, 333, 336-37
完全概念（notio completa） 186-87, 196, 203, 209
完全な（perfectus） 20-25, 28
——存在（ens perfectum/être parfait） 22, 66, 69-70, 74, 88, 94, 97, 99-103, 117, 120-22, 318
感得（sentiment）（→「サンティマン」） 119
観念／観念性／観念的（idea/idée, ideal, idéalité） 21-24, 27, 31, 45-47, 49, 51, 57, 61-64, 66-68, 71-82, 86-89, 91, 95-103, 112-17, 119, 121-22, 127, 129-45, 149-54, 156-58, 160-64, 170, 180, 207-08, 241, 254, 262, 279, 286-87, 290-92, 294, 302, 320, 331, 337
観念対象（ideatum） 129-30, 134-36, 151
（観念の内の）対象というしかたで（objective） 130, 143
観念の内の対象というありかた（観念の内で対象を表している観念のありかた）（essentia objectiva） 130, 132-37, 143-44, 150-51
観念の観念（idea ideae） 129-33, 135-36, 142, 144-45, 150-51
喜悦（délectation） 83, 108, 115, 122
記憶（memoria/mémoire/souvenir） 12, 54, 149, 216, 286, 289-90, 301
機械（machina） 5-8, 11-13, 15-20, 22-25, 28-29, 31, 41-42, 48, 53, 56
——学（mécanique） 33, 37-39
——論的自然観（théorie de la nature machinale） 5-6, 8-9, 11, 13, 28
機会（原因）論 62
幾何学／幾何学者(geometria/géométrie, géomètre) 14, 27-28, 43-45, 61, 180, 185, 194, 196, 202, 215-16, 239, 244, 246-47, 252, 259-61, 266-67, 271-72, 280, 283
聞き伝え（auditus） 153
記号（character） 192-96, 200, 217, 228-29, 281
規則（regula） 132, 140, 143
基底づけ（Fundierung） 185, 189, 199, 205
偽である（観念）（falsa） 149
規範（norma） 157-58, 164, 167
きまり（norma） 132, 137-38, 140, 143-45, 153-54
義務（devoir） 110
虚構（fiction） 75
——による（観念）（ficta） 149
僥倖（fatum） 144
空間（espace） 18-20, 27
具体／具体的存在者 196, 202-06
功徳（merite） 109-10, 114-16, 123
経験／実経験／経験主義（experientia, experimentum/expérience, empirisme） 35, 44, 46-47, 90, 102, 127, 131-32, 137, 142, 145, 148, 153, 168, 172, 182, 185-86, 198, 200, 205-07, 209, 317, 326-27, 331-32, 335-36
経験によって確かめる（experiri） 130-31, 142
形式（forma） 131, 142, 144-45, 150-51
——の力（via formae） 200
形而上学（metaphysica/métaphysique） 6, 33-34, 37-38, 40, 43, 53, 55, 57, 62, 83, 87, 103, 118, 182-83, 187, 207-08, 216, 241, 243, 245, 260, 263, 265-68, 284
形相／形相的（forma, formel） 7-8, 10, 44, 57, 105-08, 113, 156, 196, 199
結合／心体結合（→「一つに結ばれている（こと）」）（unio） 142, 145
原因（causa/cause） 7-10, 22-24, 35-37, 40-41, 46-47, 49, 61, 105-09, 114, 117, 123, 157, 163, 168, 170-72, 188,

287,314-15,330
幻影肢　79
言語行為　184-85
現実存在（→「実在／実在する」,「存在する」）(existence)　93,96,99
現象学　197-98
現象を救う　207
現前（présence）　62-63,65,68,72-73,78-82,84
見神　66,68
交渉（commercium）　134,136,150
広大無辺さ（immensité）　67,87
言葉（langue）　12
幸福（felicitas/bonheur）　105-08,111,115,123,230-32,285
構成主義　185,196-97,201
公理　181,189-96,209
合理性／合理主義／合理論／合理化（rationalité, rationalisme）　62,83,85,117,183-85,189,206-07,213,225,229,235,239-41,243,255,262,270,277-78
コギト　184
心（anima/âme, cœur）　80,112-13,117,124,141-42,145,153
個人（individuum）　128,134
個体　187,194,196-206
根拠（ratio/raison/Grund）　96,107,116,121,124,167,179-90,198-99,202-07,308
──づけ　181-93,198-203,205-06
──律（principium rationis）　179-88,204,207
混雑した（不分明な／混乱した）(confusa/confus)　52,106-07,111,114

さ　行

最近原因（causa proxima）　141,164,166,170
再現する（referre）　134,138,143
最高完全者（ens perfectissimum）　167
最高の存在（ens summum）　309-13
最上級　310,312,326-27,333
錯雑さ（confusion）　82
作品（œuvrage,œuvre）　81,84
算術　181,189-93,198-99,207
サンティマン（→「感得」）(sentiment)　93-97,101-03,105-06,110-12,117-20
三位一体　67-68,72,83
思惟／思惟する／思う（→「思い」）(cogitatio, cogito/pensée, penser)　5-7,11-12,14-18,20-21,25-26,44-46,48,52-53,65,75-77,79,81-82,90,100,117,121
しかるべき順序で（debito ordine）　132,143-44,154
始原（全自然の）(origo)　134,138,143
時間・空間　203-04
思考　157,163-64,295
──の真理（vérité de raisonnement）　232-33,279
志向／志向的　72,80,82
自己原因（者）(causa sui)　23,128,166
自己現前／自己呈示（se présenter）　72,121
為事《しごと》（opera）　139,152
事実（の）真理（verité de fait）　179,181-82,186-89,200,206-07,279
自然／自然的（natura, Natura/nature, naturel）　5-9,11-13,16-17,23-24,28-30,39-41,53-54,95,105,109,111,115,119,122,128,134-36,138,143-45,150,154,156,165-66,171,182,185-86,201-03,206-07,218,220,281,297,302-03
──学（physica/physique）　33-34,37-38,40,42-44,47,50-51,55,57-58,145,263,265-66,271
──の教え（institution naturelle）　47,51-54
──の数学化　182,206
──法（droit naturel）　216-17
──法則（lois de la nature）　263,266

——の像（すがた exemplar Naturae）　134,138
——本性／自然の性（natura）　128,134,148,332
思想（→「意見」）（opinio）　14-16
事象性（→「実象性」,「事物性」,「実在性」）（rēalitē）　65,74-79,81,86,89,101-03,121,123
事象的（→「実在的」）（rēel）　61-62,69,71,73,75,87,101,117,120
——区別（→「実在的区別」）（distinction rēelle）　69,71
実践的（pratique）　61,89,91,93-94,103-04,111,113,116-17
自存性　105-06
思弁的（spēculatif）　61-62,93-94,97,99,111,113,117
実象性（→「事象性」,「実在性」,「事物性」）（realitas/Realität）　307-10,312-13,321-23,331,333-35
実効的（に）／実効性（efficace, efficacement, efficacitē）　75,105,114
実在／実在する（→「現実存在」,「存在する」）（existentia, existere/existence, exister/Existenz）　6,15,21,27-28,31,65,74-75,77,79,84,89,137,140,307,310-36
実在的（→「事象的」）（reale/rēel）　157,180,198-99,204,206
実在性（→「事象性」,「実象性」,「事物性」）（realitas, rēalitē）　182,196,205
実在性の程度（gradus re alitatis）　180,205
実在的区別（→「事象的区別」）（distinctio realis）　47-48,53
実体（subst antia/substance）　48-49,57,71,75,81,83,87,99,113,128,136,145,153,196,203,289,296
質料の力（vis materiae）　200
自分からの存在（ens a se）　318-21,329,332
自明性（per se notum）　191,312-13
自動機械（automatum/automate）　8,17,19-20,42,165
事物性（→「事象性」,「実象性」,「実在性」）（realitas）　22,31
至福直観（vision bēatifique）　66
自由（libertas/libertē）　104,109-11,113-17,123-24,188,203,257-60,262,264,273
十全な観念（idea adaequata）　152
十全に（adaequate）　142
充足根拠律（→「充（十）分な理由」,「理由の原理」,「理由律」）（principe de la raison suffisante）　181-88,203-04
充（十）分な理由（→「充足根拠律」,「理由の原理」,「理由律」）（raison suffisante）　179,181-88,203-04,219,221-22,321
主観（sujet）　30
循環（circulum/cercle）　30,244-45,248,272
衝突（percussio/choc）　297-300
証明（preuve）　65,74-75,77,89,97-100,117,120-21,181,187-95,200,202
照明された（ēclairē）　93,106-07,114,122
情念（passion）　12
触発／触発する（affection, affecter）　73-80,82,89
知ることを知る（scire se scire）　130,132,141,150
徴（しるし signum/signe）　79-80,127,131-33
ジャンセニスト（jansēniste）　114
心身　47-48,53,80
心臓　40-42,56
神学／神論（thēologie）　80,83-84,90
真である／真な／真の／真なるもの／真理（verus, verum, veritas/vrai, vēritē）　15,21,25-27,29-30,34,36-38,40-41,43,46,50,52-55,59,61-63,69,82-85,88,91,93-94,97,99,103-04,111,113,117,127-33,136-45,147-49,151-53,155-67,169-73,179-212,217-18,223-33,239,242-46,248-74,278-81,321,324-55

身体（corpus/corps）　6,10-13,15-16,39-42,45,47-48,52-54,56-57,82,111,115,117,171,286,293-94
神秘（→「秘義」）（mystère）　242-43,250
神名（noms divins）　65,68-69,71,74,87
真理値保存による置換（substitutio salva veritate）　192-96
真理の連鎖（enchainement des vérités）　180,218,223,225-27,231
推理（ratiocinatio）　152
数　181-82,188-205
数学（mathematica/mathématiques）　15,29,43-44,50,61,181-82,188-201,204-06,216,223,239,243-45,253-57,259-61,267-68,270-71,273,277-78,301
スコラ（scolastique）　256,259-60,269
ストア派（stoïcien）　122
整合説　155-58,170-71
誠実な／誠実性（veracitas）　247,249-50,253,267,269
静寂主義（quiétisme）　105,107,122
精神（mens/esprit）　6-7,17-20,22,24-28,31,36-37,39-42,44-46,48-49,52-54,56-57,65,72-73,75-79,81,83-84,90,93,95-96,102,104,106,108-09,111-13,115-17,121,123-24,128,132,134,137-38,143-45,150-53,162,165,170-71,207,214,280,287,290-94,323-27
精神（ingenium）　283-84,286
制度　315
正当化　178,179-207
生得観念（idées innées）　198
生得の／生れながらにそなわる（innatus）　137,139-41,144
生物（vivant）　5,7-11,18-20,25,28-31,188
生命観（théorie de la vie）　5
世界（mundus/monde）　5-6,8-9,13,25-26,28,31,39,81,110,122,203-05,311,322,327,330
善（bonum/le bien）　104-07,109-11,113-16,123,128,134,148,156,158,166
先行的喜悦（délectation prévenante）　83,108,122
創造（creatio）　245,253,264
想像／想像する（imaginatio, imaginari/imagination, imaginer）　15-20,27,41,43-47,49-50,52,54,75,95,121,149,316
想念（→「概念」,「知見」）（notion）　96-97,120
属性（attributum/attribute）　65,68-72,86,88,136,145,156,187,205,316
存在／あること（→「ある／在る，あること／在ること」）（esse）　9-11,14-15,19,31,179,182-85,195-204,219-22,307,320,330,333
存在（ens, être）　21-22,30,43-51,57,59,61-63,65-67,69-84,86-88,90-91,94,97-99,100-03,106-07,117-18,120-22,307,310-11,313,316,318,320,323,324-26,333-34,336
存在-神-論　83,87
存在する（→「実在／実在する」）(existere)　162
存在の響き　61,78,82-84,90
存在論的証明（preuve ontologique/ontologischer Gottesbeweis）　99,307,310-13,316,331,335

た　行

第一原因（causa prima）　145,153
対応説（真理対応説）（correspondence theory）　127,154-58,170,180
対象（objectum/objet）　22,24,27-28,31,37,44,50,57,62,71-73,75,84,87,94-96,98-99,101-02,105,107,110,113,116,120,129,131,134-36,142,145,150,156-57,159-60,163-64,170-71,180,189-91,201-02
代提示（する）／代呈示性／代呈示的（→「表象／表象する」）（représentation,

représenter, représentativité, représentatif) 86,98-101,103
確かさ／確かであること (certitudo) 132-33,136,144
他者 (l'autre, autrui/他者) 96,119,241,315,317
魂 (anima/âme) 5-8,10,12-18,20,25,34,42,55,64,75,86,89-90,94-103,105-17,119-21,123-24,214-15,280,288-97
単位 197-200,208
単純性 (simplicité) 69,71,81
探究する／探究 (investigare, investigatio) 139-40,144-45,150,154
智恵 (知恵) (sapientia/sagesse) 33,35-38,285,302
知解する (→「解る／解る(ことができる)」) (intelligere/entendre) 17,28,45-46,48-49,57,88,171,323
知覚／知りかた／知覚する (→「知得」,「表象／表象する」) (perceptio, percipere/perception, percevoir) 61,63,74-83,89-91,93-103,107,111,117,119-22,131,139,141-43,152-53,161,168-69,315,330,333
力 (vis/force) 297,299-300
知見 (→「想念」) (notion) 70-71,86
知識 (scientia) 244,248-54,258
知性／知性的 (intellectus/entendement, intellctuel) 17,19,28,31,37,44-46,50-52,54,67,71,77,79-80,82-84,90,95,110-15,118-19,123,137,139-40,143,149,151-52,154,157,162,165,172,179-81,188-90,241,278,287
秩序 (ordre) 61,93,103,110-19,122-23,179
知的 (道具，為事) (intellectuale) 139
知得 (perceptio) 20-21,25-26,44-46,50-51
知の共同体 316-17
抽象／抽象的／抽象的存在者／抽象作用 73,91,181-82,186,192-207
超越 (性)／超越者 (transcendance, transcendent) 61-63,67,70-72,83-84,100,240-41,258
超越論的 (transcendental) 30,81
直観／直観的 (intuition, intuitif) 66
追究する／問い尋ねる／追究 (inquirere, inquisitio) 138,140,144-45,148,150,153
手当する (知性を) (mederi) 139
定義 (definitio) 143,153,181,186,191-92,196,199-200,202
適合性 (convenientia/convenance) 180-81,184
デカルト主義者 (cartésien) 147,150
哲学 (philosophia) 62-64,73,75,83,88,128,147
伝統論理学 195-96
同一説 173-74
同一律 (principium identitatis) 180,190
道具 (instrumentum) 133,137,139-40,152
道徳／モラル (morale) 33-39,54-55,61,286,300
——的 (moral) 93
同値 (aequivalentia) 181-82,189-97,200-08
動物 (animal) 37-38,40-42,56,215,280
止《とど》める (精神を) (cohibere) 132,144
トートロジー 183,186
同語反復 193-94
独断主義 (dogmatisme) 180,185
トリレンマ 183-84

な　行

内在 (immanence) 81,100
内属 (述語の主語への) (inesse) 80,186-87,208
内的感覚／内的感得 (sentiment intérieur) 64,80,95-98,100,103-04,106-

07,110-13,119-21,123,292-93,295,
302-03
内的命名　156,163-64
内部感覚（sensus internus）　47,49,52-53,57
内包　187,194,208
人間（homo/homme）　33,35-42,53-54,61,73,81,83,93,95,104,109,112,115,123,171,185-88,206,209,215,222,226-27,230-34,242-43,264,268,272
認識／認識する（cognitio/connaissance, cognoscere/connaître）　63-72,74,76,78-79,84-85,87,128,134,137-38,140-41,143,148-49,151,153-54
認識論　180-92,200-06

は　行

排中律　187,208
発見（inventio/invention）　187-88,199,203,208-09,228-29,281-83
発見術（ars inveniendi/art d'inventer）　283
範型（人間本性の）（exemplar）　148
反照（反映）する（reflectere）　151
反照的認識（cognitio reflexiva）　131,133-35,137,144-45,151
反省的認識（cognitio reflexiva）　161,167
反省能力　198,205
凡通的規定の原則（der Grundsatz der durchgängigen Bestimmung）　308-10,335
半ペラギウス主義（semi-pelagianisme）　105,109,116
判明な（に）（distinctus/distinct, distinctement）　20-21,25-28,69,99,321
光（lumière）　93,104-05,109-15,122
秘義（→「神秘」）（mystère）　67,72
被造物（créature）　106,112,120,122-23
必然真理（vérité nécessaire）　179-92,200-06
必然性（necessitas/nécessité）　82,93,167,179-92,200-06,312,315,326,335
必然的（に）（nécessaire, nécessairement）　105,108,114,116,122
必然的存在（ens necessarium）　307-09,312,314,318,320-21,322,328-29,332,335
必然的実在（existentia necessaria/necessary existence）　307,314-15,317-18,328,332-33,336-37
一つに結ばれている（こと）（unio/unitus）　128,134,141,145
ひとりでに／自然発生的に（sponte）　144,154
不可解／不可解性（→「包括的に把握（することが）出来ない」）（incomprehensibilis, incomprehensibilitas）　258,263,268-69
不可識別者同一の原理（principium identitatis indiscernibilium）　182,201-06,208
不可能／不可能性（impossibile, immpossibilitas）　101,108,114,121,162-63,183,187,309,314,316,322,333
ピュロニズム　180,183-84,191
表象／表象する（→「代提示（する）／代呈示性／代呈示的」）（représentation, représenter）　24,30,62,65-66,70-72,75,86-90
表象／表象する（→「知覚／知りかた／知覚する」,「知得」）（perceptio, percipere/perception）　197-98,203,205,208,286,288,302
表現（expression）　72,87,97-99,107,101,103,106-08,112-13,116-17,119,121-23,156,180,187,194-97,203,205
表現（représentation）　288,295
表出（expression）　288,286-88
物質／物質的（matière, matériel/matter）　10,13,26-28,87,96,121,316
物体（corpus/corps）　14,16,18,20,24,27-28,40,42,45-46,48-51,57,61,

64-67,70,72,96-97,101,107,114-15,117,119,124,204-05,291,294-300,331
普遍学（scientia generalis） 222,228-29,231-32,281,284-85
普遍記号学（charactersitica universalis） 207,282
普遍数学（mathesis universalis） 198-99,283,301
普遍的調和（harmonie universelle） 323,330-31
普遍的理性（Raison universelle, raison universelle） 61,218,227
触れる（toucher） 18,73-76,78-79,82,90,101-02,112,120-21
プラトニズム 208
竝行論《へいこうろん》（parallélisme） 134-35,150
並行論 156
弁証法 186
法律（loi） 216
法則／理法（lex/loi） 9,53,80,138,149,168-69,295-300,303
包括的に把握する（comprehendo） 18,88
包括的に把握（することが）出来ない（→「不可解／不可解性」）(incompréhensible) 69-71
方法（methodus） 127-33,135,137-45,147-51,153-54,161-62,164-66,186-87
本質／本質的（→「ありかた〔本質〕」）(essentia/essence, essentiel) 44-46,48,50,57,61,64,70,72,87,107,121-22,141,168,307,316,318-22,324,329,332-33,337
本性（natura/nature） 12,34,37-38,41-42,44,48,67,123,131,143,148-49,153,157,161,169

ま　行

まじりけのない（purus） 143,145,148-49,153
マテーシス（mathesis） 5,26-29,31
御言（Verbe） 61,67,71-72,82,88
道（via） 127-29,132-33,138-40,142-45,148-49,153-54
蜜蠟（cera） 18-19,50
源（fons） 134,143
無意識 204
無限（な）（infinitum/infini） 65-67,69-71,73-76,78,81,83,87-90,102,120,123,156,163,171-72,180,186-87,200,203,208-09,242-43,250,260-62,268,272,322,325,331-34,337
——後退 184,187
——者（l'infini） 65,75,89,99-103,120-21
——小（infinitésimal, infiniment petit） 90,180,201,209
——性（infinité） 67,69-70,98
——知性 156,171-72
無神論（者）（athéisme, athée） 239,244,247,249-52,254,257-59,261,266,268-71,
矛盾（contradiction） 258-60,264
——の原理（principium contradictionis/principe de la contradiction） 185,187,190,207,221,278
明晰性（clarté） 99,112
明晰な（clarus, claire） 35-36,49,73,91,98-100,110-13,239,244-48,252,254
明晰判明な（clarus et distinctus） 20-21,25-26,28,44,53,143,153,165,244-45,249-53,323
明証性（évidence） 20,26,93
明証的（に）（évident, évidemment） 36
明証性／明証的な（evidentia, evidens） 244,246-51,254,258-59,261
命題（propositio） 183-94,198
最もレアール（実象的）な存在／最も実象的な存在（ens realissimum） 308-09
もっとも完全（perfectissimus） 137-38,140,145,151
最も（もっとも）完全な存在（ens perfectissimum） 134,137-38,140,142-45,

151, 153, 167, 320-21, 328
最も可能な存在（ens maxime possibile） 324-25, 327, 329
モナド（monade） 188, 204-05, 289, 302
物としての性格をもつ（→「実在的」，「事象的」）（reale） 129, 134

や　行

闇（tēnēbres） 94, 97-100, 107, 112-13, 120, 158, 292
有限者（le fini） 89, 100-01, 121
有限（な）（fini） 65, 67, 70, 73, 75, 83, 101-02, 120, 123
唯名論 182, 190, 196, 198, 203-05, 208
要件（requisite） 199, 205
欲求（appētition） 288, 303
欲愛（concupiscence） 109, 112, 114-16
様態（modification） 98, 100, 103-07, 109-10
様態（modus） 136, 145, 153
（真理）様相（modus） 186-87
容量（capacitē） 89-90, 101-02, 110-11
よく基礎づけられた現象（phenomena bene fundata） 208
予定調和説（haromie prēētablie） 180
喜び（joie） 110-11, 114-15, 118-19, 123

ら　行

ライプニッツの法則 193-95, 208
理解する（intelligere） 162
力能／力能ある（potentia, potens/puissance） 16, 83, 91, 157, 166, 171-72, 325-26
理拠（ratio） 71
理性（ratio/raison/Vernunft） 17, 62, 64-67, 108-11, 113, 122, 163, 171, 179, 184-86, 189, 206-07, 214, 219-22, 224-26, 228, 231, 240, 268, 270-71, 280-81, 285, 301, 313, 332
理性的（raisonable） 106-08, 114, 122
両立可能（compatible） 180, 196-97, 204, 318, 325, 327-29, 336
理由（raison） 105, 321-23, 327, 329-30, 332
理由の原理（→「充（十）分な理由」，「充足根拠律」，「理由律」）（principe de la raison suffisante） 278
理由律（→「理由の原理」，「充（十）分な理由」，「充足根拠律」） 219, 221-22, 231
流動体（fluide） 299
類比 88, 180, 193, 198-201, 208
霊的自動装置（automa spirituale） 154
歴史 179, 183, 187-88, 198-200, 207
連続律 207, 298-99
論理学／論理（logica/logique） 189-200, 207-08, 215-16, 227, 223, 242, 245-55, 257, 260, 267, 279-80
論証（dēmonstraiton） 179, 183-89, 200, 203

わ　行

解る／解る（ことができる）（→「知解可能性」）（intelligere, intelligibile） 129-32, 134, 137, 139, 141-43, 149, 151, 154
私／自我（ego/moi/私） 15-18, 20-22, 25, 84, 103, 108, 112, 122, 158, 162, 209, 280, 290, 307, 315, 335